KB052913

다문화주의와 페미니즘

이 도서의 국립중앙도서관 출판예정도서목록(CIP)은 서지정보유통지원시스템 홈페이지(http://seoji.nl.go.kr)
와 국가자료공동목록시스템(http://www.nl.go.kr/kolisnet)에서 이용하실 수 있습니다.
CIP제어번호: CIP2017014699

| *M u l t i c u l t u r a l i s m   &   F e m i n i s m* |

다문화주의와 페미니즘

| 김민정·김경미 엮음 |

한울
아카데미

국가 간 경계가 점차 사라지고 인구 이동이 많아지면서 세계는 점차 하나가 되어가고 있다. 이러한 현상의 다른 측면은 한 사회 안에 서로 다른 문화적 배경을 지닌 집단들이 공존하게 되는 것이다. 물론 그러한 공존이 어제오늘의 일은 아니지만, 이러한 현상은 점차 심화되고 있다. 이와 더불어 한 사회 내에서 서로 다른 문화의 공존을 위해 기존의 폐쇄적인 자문화 중심 정책이 지양되는 가운데, 좀 더 개방된 다문화주의로 정책적 전환이 요구되고 있다. 그러나 이러한 다문화주의적 접근은 페미니즘의 입장에서 보면 또 다른 문제를 야기한다.

이 책은 다문화주의라는 시대적 요구와 마주해 페미니즘의 입장에서 다문화주의적 접근을 재해석하려는 학자들의 노력이 빚어낸 산물이다. 다문화주의가 동화주의 또는 다른 정책적 접근보다 더 나은 접근이라는 데 많은 학자가 동의하지만, 다문화주의를 페미니즘의 시각에서 재해석했을 때는 여러 문제가 생겨난다. 이러한 문제들에 대해 생각해보려는 것이 이 책의 목적이다. 이 책은 서구 사회에서 이미 위법이거나 구시대적 산물로 여겨지는 명예살인, 여성 성기 절제(Female Genital Mutilation: FGM) 관습, 미국 형사재판 과정에서의 문화적 항변, 베일, 강력한 가부장적 문화 등을 이민자 집단에게는 다문화주의의 이름으로 인정해주는 현상에 대해 페미니즘적으로 접근해 재해석하고자 했다.

그렇다고 이 현상들을 페미니즘의 시각으로 강하게 비판한다면 결국 서구적 보편주의 논리에 빠지는 것이 아닌가 하는 의구심이 연구자들의 뇌리에서 떠나지 않았다. 이러한 딜레마를 해결할 보편적 답변을 내리기에는 아직 시기상조라는 생각이 들지만, 적어도 이러한 문제들에서 다문화주의적 용납이 비판의 소지가 있음을 밝히는 정도로 논의를 전개하려 했다. 이 책의 저자들은 모두 연구 대상 지역에 관한 전문가로, 해당 지역 연구의 맥락에서 문화적 충돌 현상을 자세히 살펴보고, 그 현상에 나타난 다문화주의와 페미니즘의 충돌에 대해 연구했다.

이 책은 2000년에 한국정치학회 여성정치연구위원회의 이름으로 만나 15년 동안 함께 여성과 정치의 다양한 문제를 공부해온 여성정치연구회의 또 다른 연구 결과물이다. 여성정치연구회는 지난 15년간 『젠더정치학』(2011), 『세계가 주목하는 여성정치인의 리더십』(2007) 등 두 권의 공저를 출판했고, 이번에 세 번째 공동 연구로서 이 책을 펴내게 되었다. 그동안 여성정치학 연구가 거의 이루어지지 않은 한국에서 함께 공부하고 연구하며 서로를 격려했고, 또 서로에게 자극받으며 공동으로 연구해왔다. 또한 정치학이라는 지극히 남성적인 학문 영역에서 여성적인 공간을 조금씩 만들어가며 나름의 자부심을 느끼는 가운데 후학들이 이 분야에서 더욱 많은 연구 성과를 내기를 기대해왔다. 사실 외국 학계에서 여성정치학이나 젠더정치학 분야는 정치학의 중요한 한 분야로 자리 잡아왔고, 많은 연구자가 정치학의 현상들을 젠더적 관점에서 분석하고 있는 반면, 한국에서는 아직 그 기반이 다소 취약해 보인다. 그러나 우리 연구회가 처음 연구를 시작했을 때에 비하면 그동안 많은 성과가 나왔고 연구진도 많이 늘어서 앞으로의 발전을 기대해볼 수 있을 것 같다.

이 책은 모두 아홉 장으로 구성되어 있으며, 문화적 충돌 현상에 대해 페미니즘의 입장에서 다문화주의의 문제점을 지적하려 한다. 서론은 각국의 개별 사례들을 확인하기 전에 다문화주의와 페미니즘의 관계를 어떻게 보아야 할지 문제 제기를 하고 있다.

서론은 전 지구화(globalization) 과정에서 점점 심각성을 더해가는 갈등 중 하나인 다문화주의와 페미니즘의 갈등에 관한 검토다. 다문화주의와 페미니즘 모두 차이가 차별로 이어지는 현실을 비판하며, 차이의 인정을 통해 문화적 다양성을 이루거나 젠더 정의를 이루려는 목적을 지녔지만, 실제 상황에서는 갈등으로 나타나는 경우가 왕왕 있다. 이 글은 그러한 갈등의 원인이 다문화주의와 페미니즘 논의에 전제된 문화 개념이 본질주의적인 데 있음을 밝히고, 문화를 어떻게 이해해야 할지에 관해 성찰한다. 결국 두 가치가 공존할 수 있는 문화 이해의 틀을 모색하는 노력으로서 문화 개념을 어떻게 재구성해야 할지에 대해 트랜스 문화성 개념을 통해 검토한다.

제1장은 '젠더 평등국'으로 알려진 스웨덴의 이민자 공동체에서 발생한 여성에 대한 폭력, 구체적으로 명예살인에 관한 논의 내용과 정책적 대응을 살펴본다. 이민자 여성에 대한 명예살인 논의는 한편에서 스웨덴의 젠더 평등에 관한 근본적인 의문 제기로, 다른 한편에서는 이민자 공동체의

폭력 문제를 단편적인 문화 차이 또는 가부장제의 문제로만 봐서는 안 된다는 논쟁으로 이어졌다. 결과적으로 스웨덴에서는 여성이 어떤 문화적(인종, 민족, 계층, 섹슈얼리티 포함) 배경을 지니든 남성의 폭력으로부터 동등하게 보호받아야 한다는 보편적 젠더 평등 원칙이 합의되었으며, 이는 정책의 형성에도 반영되고 있다.

제2장은 여성 성기 절제 문화가 있는 사하라 이남 아프리카 출신 이민자들이 많이 사는 프랑스에서 그러한 여성 성기 절제 관행에 어떻게 대응하는지 살펴보고, 세 가지 논쟁점을 중심으로 이민자 문제와 여성 인권의 충돌 문제를 다룬다. 프랑스는 원칙적으로 공화주의적 동화정책이라는 이민자 통합 정책을 추구하므로 이미 1970년대 말부터 여성 성기 절제를 사법 질서에 따라 처벌해왔다. 따라서 영국과 달리 특별법을 제정하지 않았고 특수 병원을 설치하지도 않았다. 그럼에도 여성 성기 절제를 둘러싼 세 가지 논쟁이 있는데, 첫 번째는 어느 법정에서 다룰 것인가의 문제로 법정 관할권과 관련한 인종차별적 시각의 문제다. 예컨대 흑인 여아가 성기 절제를 당했을 때는 하급법원에서 다루었지만, 백인 여아가 피해자일 경우 이를 중대 범죄로 다루었다. 이후 여성 성기 절제는 점차 중대 범죄로 다루어지게 되었다. 두 번째는 여성 성기 절제를 철폐하는 효과적 방법에 관한 논쟁으로, 보편주의자들은 형법에 따른 엄격한 처벌을, 문화상대주의자들은 교육과 예방을 주장했다. 이 논쟁은 점차 양자의 병행, 즉 보편주의적 시각과 다문화 존중의 시각을 융합하는 것으로 이어졌다. 세 번째는 여성 성기 절제의 위험이 프랑스 체류를 정당화하는지에 관한 것이다. 보편주의적 시각에서는 당연히 프랑스 체류를 인정하는 입장인 반면, 문화상대주의 관점에서는 인정하지 않는다. 2000년대 이전에는 프랑스 정부가 여성 성기 절제의 위험을 프랑스 체류의 이유로 인정했지만 2000년대 이

후에는 인정하지 않고 있다. 프랑스 사회가 이민 문제에서 보수화되고 있음을 보여주는 좋은 예다.

제3장은 다문화주의와 페미니즘 간의 충돌을 미국의 소수 이민자 집단에게 적용되어온 '문화적 항변' 제도를 중심으로 살펴본다. 먼저 다문화주의와 페미니즘의 관계 및 충돌을 구성주의적 문화관에 입각해 새로운 시각에서 재조명한다. 그리고 이러한 시각에서 미국의 형사재판 과정 중 발생한 문화적 항변 사례를 구체적으로 살펴본다. 사례를 통해 얻은 결론은 문화적 항변을 무조건 포기하거나 인정하기보다는 인정 여부를 사안별로 신중하게 판단해야 한다는 것이다. 또한 그 판단 과정에서 관련자들의 참여와 의견을 독려해 민주적 심의를 실현해야 한다. 이러한 해결 방법은 비단 문화적 항변 사례뿐 아니라 다문화주의와 페미니즘이 충돌하는 경우에도 일반적으로 적용될 수 있다.

제4장은 독일의 이민자 사회에서 발생하는 강제 결혼 문제를 다룬다. 독일에서 이슬람 이주민의 강제 결혼에 관한 사회적 논의는 대략 세 가지 관점으로 구분될 수 있다. 첫 번째는 강제 결혼을 이슬람의 문화 또는 종교와 연관시켜서 보는 관점, 두 번째는 강제 결혼을 보편적 인권침해 문제로 보는 관점, 세 번째는 강제 결혼을 사회경제적·문화적·인구통계적 조건 등 다양한 조건과 관련해 다차원적으로 접근하는 관점 등이다. 강제 결혼에 대한 독일 사회의 논의에서는 첫 번째 관점이 지배적이다. 강제 결혼에 대한 문화적 접근은 독일에서 다문화주의에 관한 부정적 인식을 확산시키고, 동화적 사회 통합 정책을 정당화하는 기능을 했다. 독일의 이슬람 이주민 공동체는 강제 결혼에 대한 문화적 접근이 이슬람에 대한 차별이라 보고, 이에 대응하기 위해 이슬람의 단합을 민족적 또는 인종적 이슈로 주장했다. 그러나 이러한 대응 과정에서 강제 결혼의 여성 억압과 성폭력

문제가 함의한 젠더 이슈의 중요성이 희석되거나 뒷전으로 밀리게 되었다. 또한 강제 결혼에 대한 문화적 접근이 강제 결혼은 이민자들이 겪는 다양한 사회적·경제적·문화적 문제들과 복합적으로 연관되어 발생한다는 사실을 경시하게 함으로써 독일 사회가 여성 이민자를 위한 사회적·경제적 통합 정책에 소홀하도록 만드는 문제점을 보여준다.

제5장은 최근 10여 년간 호주에 나타난 무슬림 이민자에 대한 문화적 인종주의 확산 현상에 주목하며, 그 과정에서 등장한 '호주성(Australianess)'과 베일 착용 논란에 대해 살펴본다. 호주 무슬림 여성 이민자의 베일 착용 논의는 한편으로 국가 안보와 사회 통합, 여성의 권리 획득이라는 명분 하에 진행되었지만, 그 과정에서 '호주성'에 내재된 가부장적 백인 민족주의와 기독교 세속주의를 표출하고 확대·재생산하는 데 기여했다는 것이 이 장의 주요 논지다. 아울러 이 연구를 통해 최근 호주 사회에서 '호주성'을 중심으로 강화되는 민족적 정체성 확립과 사회 통합 인식 때문에 무슬림 여성이 사회적으로 배제되고, 그들의 문화적 다양성과 시민적 권리가 위협받고 있는 점을 강조한다.

제6장은 20세기 중반부터 무슬림 이민자의 급속한 유입 및 일련의 폭력 사태와 함께 반이슬람 분위기가 고조된 영국의 불안한 사회적 분위기를 전제한다. 이러한 사회적 분위기 속에서 다문화주의에 대한 관심과 더불어 젠더 이슈가 논란의 대상으로 부각되었다. 문제는 최근 영국 사회에서 부각된 젠더 이슈가 다문화주의와 맞물리며 젠더 이슈 논쟁이 그 자체가 아니라 테러의 위협, 사회 안전, 이민자 통합, 다문화주의의 성패에 대한 갈등과 불만, 소수자 집단의 문화와 종교에 대한 공격이 표출되는 통로로 이용되고 있다는 점이다. 이 연구는 영국 사회에서 지속적으로 존재해온 소수 문화의 젠더 이슈가 왜 이 시기에 부각되었는지에 초점을 맞춘다. 어

째서 다양한 젠더 이슈 중 베일 착용이 영국에서 관심의 대상이 되었는지의 대답은, 영국에서 베일 논쟁이 젠더 이슈로서 무슬림 여성의 베일 착용 맥락과 개인적 권리 증진 및 안전의 측면에서 이루어진 것이 아니라, 사회질서 유지와 타인의 권리를 존중한다는 명분 아래 사회 통합 정책의 여론 조성이라는 다문화 이슈를 위한 방패로 이용되었다는 것이다. 즉, 베일 착용에 대한 영국 사회의 태도 변화는 영국이 그동안 표방해온 다문화주의 정책의 변화를 내포하는 것이다.

제7장은 소수집단이 용인·수용하는 문화적 관습 가운데 여성의 보편적 인권과 충돌하는 사안 중 하나인 헤드스카프 문제를 둘러싸고 유럽연합과 회원국들이 정책적으로 어떻게 대응하는지 다루고자 했다. 다양한 문화가 공존하는 유럽연합에서는 국가마다 무슬림 여성의 헤드스카프와 관련해 서로 다른 정책적 입장이 존재한다. 유럽연합 차원에서 헤드스카프와 관련된 법적 규정은 아직 나오지 않았고, 각국 정부의 입장과 이 문제를 다루는 재판소 및 일반 시민의 입장과 시각은 각 나라의 사회마다 차이가 있으며, 그에 따라 정책적 대응도 다르게 나타난다. 헤드스카프를 둘러싼 유럽연합 내 다양한 논쟁을 살펴보면, 헤드스카프를 여성에 대한 보편적 인권침해의 문제로 보고 이를 법적으로 금지하는 국가도 있지만, 전반적으로는 매우 실용적인 입장을 취하고 있다. 즉, 이민자 사회와의 관계에서 헤드스카프를 이슬람의 문화 또는 종교와 연관시켜 문화적 권리에 대한 요구로 인정하고 이를 전면적으로 거부하지는 않는다. 그러나 부르카처럼 얼굴과 전신을 다 가리는 베일은 유럽 사회에 대한 도전으로 인식해 공공 영역에서 부르카 착용을 금하는 것이 옳다고 생각하는 경향이 증가하고 있다. 이에 제7장에서는 여성의 보편적 권리와 다문화주의가 충돌하는 사례로서 헤드스카프 논쟁에 관해 국가별 정책을 중심으로 살펴본다. 이를

통해 인종, 성, 계급, 국가 등 여러 범주에서 드러난 여성들 간 차이를 살피고, 종교·문화·젠더가 교차하는 헤드스카프 문제를 유럽연합과 그 회원국들이 문화적 충돌과 갈등을 제도화하는 과정에서 어떻게 접근하는지 알아본다.

제8장은 유럽의 가장 큰 소수민족 집단으로서 동유럽 지역에 집중적으로 거주하는 로마 공동체인 이른바 집시 공동체를 중심으로 다문화주의와 페미니즘의 갈등을 살펴본다. 로마는 전통적으로 강력한 가부장적 구조와 젠더화된 권력관계 속에서 여성에 대한 차별 문화가 심각하다. 따라서 로마의 전통문화를 인정하는 동유럽 국가들의 다문화주의 정책 속에서 로마 여성은 오히려 인종, 젠더, 빈곤 등 여러 차원의 중층적 차별 또는 킴벌리 크렌쇼(Kimberlé Crenshaw)가 말하는 교차적 차별에 놓여 있음이 연구를 통해 제시된다. 문화적 자율성의 보호라는 다문화주의의 미명 아래 로마 공동체에서 자행되는 로마 여성에 대한 인권침해 관행이 묵인되어서는 안 될 것이다. 그렇다고 이를 근거 삼아 로마 문화를 모두 야만적인 것으로 치부해서도 안 될 것이다. 다문화주의와 페미니즘 간에 서로 수용할 수 있는 적절한 한계를 규정하는 것이 로마 공동체의 경우에는 특히 긴요한 과제로 나타난다.

제9장은 서구와 달리 대량 이민의 수용 없이 고도의 경제성장에 성공했고, 단순 취로와 거주 목적의 국제 이주를 받아들이지 않는 엄격한 이민정책을 유지하는 일본에서 나타나는 여성 이민자 문제를 다룬다. 일본 사회는 엄격한 이민정책을 고수하고 있지만, 경제 격차로 인해 아시아로부터 국제 이주가 지속적으로 증가하면서 다문화 사회에 진입했다. 다양한 문화적 배경을 지닌 이민자가 생활자로서 대등하게 공존하는 사회를 지향한다는 다문화 공생 담론에는 이민자의 시민권에 관한 논의가 누락되어 있

으며, 이민자의 커뮤니케이션과 생활 지원을 중심으로 한 다문화 공생 정책이 시행되고 있다. 일본은 필요에 따라 아시아 여성을 선별해 일본인의 배우자나 성 산업 종사자로서의 이주를 유인해왔고, 그러한 아시아 여성의 일본 이주의 한 유형으로 인신매매가 있다. 제9장은 일본에서의 인신매매 아시아 여성 이민자에 대한 사회적 담론과 일본의 정책적 대응을 고찰한다.

이 책의 글들이 품은 공통된 생각은 다문화주의라는 이데올로기 속에 담긴 페미니즘과의 충돌 가능성이다. 그 가능성이 각 국가에서 어떻게 나타나는지 다양한 사례를 통해 조명해보려는 것이 필자들의 공통 관심사다. 이 책을 통해 우리의 관심이 학계 전반에 확대되기를 기대해본다. 이 책은 옥고를 내주신 필자들의 관심과, 특히 모든 글을 꼼꼼히 읽으며 일관성 있게 용어를 정리하고 수정해준 김경미 선생님의 노고로 나올 수 있었음을 밝힌다. 또한 책을 출판해준 한울엠플러스(주)에도 감사를 드린다.

2017년 여름
필진을 대표하여 김민정

차 례

다문화주의와 페미니즘 사이의
갈등에 전제된 문화 개념

여성 디아스포라의 관점에서

최현덕

1. 들어가며

이 글은 전 지구화(globalization) 과정 속에서 점점 더 심각해지는 특정한 종류의 갈등, 곧 다문화주의와 페미니즘 간의 갈등에 대해 검토해보려는 시도다. 또한 이 시도는 문화를 어떻게 이해할 것인가에 관한 근본적인 개념의 문제로 이어진다.

교통과 통신 기술의 발전으로 교류와 이동이 빈번해지고, 인터넷을 통한 실시간적 소통이 이루어지는 오늘날에는 상이한 문화권 출신의 사람들 간 만남과 교통이 점점 더 많아지며, 이들이 한 공간에서 어울려 사는 것이 일상화되고 있다. 단일민족으로 구성된 국가라고 생각되어온 한국에서도 최근 다문화 사회에 관한 논의가 점점 더 활발해지고 있다. 그러나 강제 추방되는 노동 이민자에 관한 뉴스나 남편의 폭력에 목숨을 잃은 베트남 결혼 이민 여성의 이야기 등은 한국에서 다른 문화권 출신 이민자에 대한 차별이 얼마나 심한가를 극단적으로 보여준다. 이런 상황에서 인정의 정치를 바탕으로 다른 문화권 출신 소수자들의 정치적·사회경제적·문화적 권리를 존중하려는 다문화주의의 이념은 문화 간 권력관계 불균형의 극복을 지향하는 방향에서 큰 의미를 지닌다고 할 수 있다.

그러나 다문화주의 이념이 확산되면서 또 다른 종류의 권력관계에 관한 문제가 제기되었다. 이에 대해 여러 측면이 있지만 이 글에서는 성적 위계질서의 문제에 초점을 맞추려 한다. 즉, 소수 문화에 대한 인정이 그 소수 문화에 존재하는 여성 억압의 관행들, 예를 들어 일부다처제, 명예살인, 여성 성기 절제 등과 같은 관행들을 묵인하는 것이 된다면 다문화주의는 페미니즘과 갈등 관계에 놓이며, 페미니즘을 선택하고 다문화주의를 포기할 것인지, 아니면 다문화주의를 선택하고 페미니즘을 포기할 것인지 양자택일의 상황에 처하게 된다.

그러나 문화 간 위계적 권력관계를 극복하려는 다문화주의의 의도와, 수천 년간 내려오는 성적 불평등을 극복하려는 페미니즘의 지향은 둘 다 오늘날의 세계에서 포기할 수 없는 가치들을 담지한다. 상황에 따라 이 두 지향은 정말 모순 관계에 처할 수밖에 없는 것인가. 이 두 가치를 동시에 실현하는 것은 불가능한 일일까.

국내에서도 한국 사회가 다문화 사회로 진입하고 있다는 진단과 더불어, 특히 지난 수년간 다문화 사회와 다문화주의에 대한 논의가 폭증하고 있으며, 철학계 역시 이러한 상황을 외면하지 않는 중이다. 결혼 이민자의 증가와 함께 다문화 사회의 문제를 젠더적 관점에서 고찰하려는 시도 역시 여러 분야에서 이루어진다. 그러나 한국의 현실을 돌아볼 때 다문화 사회로 진입해가는 과정에 있기는 하나,[1] 다문화주의가 실천되고 있는 것으로 보기는 어렵다. 다문화주의 정책의 이름하에 동화주의적 정책이 수립·시행되는 경우가 많은 현실은 아직 다문화주의 개념이 일반적으로 확산되지 못하고 있음을 단적으로 보여주는 예라 할 수 있다.

이 글에서 다루는 문제는 다문화주의 정책을 구현하는 사회에서 그러한 실천이 페미니즘과 빚는 갈등에 관한 것이다. 한국 사회의 현실을 고려하면 이러한 논의는 한국 사회가 다문화주의를 수용하려 할 때 성찰해야 할 문제들 중 하나의 중요한 측면이다. 국내에서 이미 몇몇 연구자가 이 문제를 논의하기 시작했고, 그러한 모든 연구는 다문화주의와 페미니즘의 갈등 문제를 해소하며 두 가치의 동시적 실현 방안을 모색하는 방향에서 이루어지고 있다. 그러나 방안을 찾는 장(場) 또는 전략에서 차이가 나타난다.

정미라는 2008년에 발표한 「여성주의와 다문화주의」라는 논문에서 다문화주의와 페미니즘이 공유하는 공통의 지반으로서 '차이'의 인정에 대한 규범적 요구를 강조한다. 그러면서 "'차이'에 대한 강조가 또 다른 억압이 되지 않기 위한" 방안으로 인권이라는 최소한의 보편성을 인정하는, 차이와 동일성의 통일을 제시한다(정미라, 2008). 그러나 이러한 논지는 그 최소한의 보편성이라는 것 역시 문화적 맥락을 지니는 것이 아니냐는 반론에 대해 충분한 대답을 주지 못하는 난점을 안고 있다.

현남숙은 2009년에 발표한 「다문화주의와 여성주의의 갈등에 관한 심

의민주주의적 접근: S. 벤하비브의 심의민주주의 다문화 정치학을 중심으로」라는 논문에서 다문화주의와 페미니즘의 갈등이 심의민주주의적 입장에서 볼 때 갈등일 필요가 없다는 세일라 벤하비브(Seyla Benhabib)의 주장을 소개·검토한다. 그리고 벤하비브의 접근이 실천적 힘을 발휘하려면 "공론장의 실질적인 탈중심화와 더불어 약자들에게도 공평한 방식으로 소통 구조가 보완되어야" 할 것을 지적한다(현남숙, 2009).

김혜숙은 2007년에 발표한 「여성주의 관점에서 본 다문화주의: 열린 주체의 형성 문제」에서 문화가 순수한 통합체가 아니라 "복합적인 재해석과 재의미화의 과정으로서 다층적, 심지어는 상호 갈등적 가치들이 서로 다투는 담론의 과정"이라는 점을 제시한다. 그리고 "모든 종류의 집단적 정체성을 닫힌 정체성이 아니라 열린 정체성으로 받아들이는" 것을 전제하는 열린 주체와 열린 유대를 통한 갈등의 해소를 제안한다. 이 과정에서 김혜숙은 다문화주의의 문제를 극복할 수 있는 개념으로 상호문화주의를 소개한다(김혜숙, 2007). 2009년에 발표된 오은경의 논문 「이슬람 여성과 다문화주의: 테일러, 오킨, 지젝의 통찰을 중심으로」는 정신분석 이론을 원용해 찰스 테일러(Charles Taylor)와 수전 몰러 오킨(Susan Moller Okin) 모두에게 내포된 이분법적 틀을 비판한다(오은경, 2009).[2]

이 글에서는 다문화주의와 여성주의가 표방하는 두 가치가 갈등으로 파악되는 것은 본질주의적 문화 개념을 전제로 하기 때문임을 밝히고자 하며, 나아가 이 두 가치를 함께 실현하도록 해주는 개념적 틀을 모색해보려 한다. 이 글은 본질주의적 문화 개념에 대한 비판이라는 점에서 벤하비브·

---

2 이 외에 문경희(2006)의 논문도 다문화주의와 페미니즘의 갈등을 이론적으로 소개한다.

김혜숙·오은경과 같은 사고 선상에 있으나, 문화 개념에 초점을 맞추고 구체적인 실례를 통해 문화 개념의 문제에 대한 토론을 전개한다는 점, 그리고 이 과정에서 '트랜스 문화성(transculturality)' 구상을 검토한다는 점에 그 특징이 있다.

2. 다문화주의와 페미니즘의 갈등?

세계화라 불리기도 하는 전 지구화 과정의 급속한 확산과 이주 현상의 폭발적인 증가로 사회는 크게 변하고 있다. 여러 종족·인종 집단 또는 상이한 문화 출신의 소수자 집단들이 한 사회에 함께 사는 것은 점점 더 흔한 일이 되고 있다. 사회가 실제로 다문화적으로 바뀌고 있는 것이다.

캐나다의 정치철학자 윌 킴리카(Will Kymlicka)는 "이민자, 소수민족, 토착민, 인종 집단 및 인종 종교 집단"과 같은 '인종 문화 집단'이 제기하는 '인정의 정치'의 요구에 입각해서 다문화주의 개념을 발전시킨다. 즉, '인종 문화 집단'에 속하는 각 집단의 요구는 서로 상이함에도 중요한 공통점이 있는데, 이는 시민적·정치적 권리의 범위를 넘어 그들의 독특한 정체성과 그들에게 독특하게 필요한 것들(the distinctive identities and needs)을 인정하라는 요구다. 킴리카는 '다문화주의'라는 용어를 "이러한 인종 문화 집단의 다양한 요구를 우산처럼 모두 포괄하는 개념"으로 사용하며, 이는 또한 '소수자 권리(minority rights)'라는 용어로도 사용된다(킴리카, 2006: 465~466).

서구의 자유민주주의 사회에서 출발해 다문화주의 개념을 발전시킨 킴리카에 따르면, 다문화주의란 자유민주주의 사회가 사회 구성원의 개인적 권리를 보장해주기는 하지만, 그 속에서 소수자의 문화나 삶의 양태가 충분히 보호되지 못한다는 점을 고려해 특수한 집단의 권리 또는 집단에 부여되는 특권을 인정해주는 것이다(Okin, 1999). 그러한 권리는 예컨대 고유 언어에 관한 권리, 정치적 대표권, 집단의 매체 운영을 위한 재정권, 과거 불의한 역사에 대한 보상권, 권력의 지역적 분배부터 특정 부분에 대한 소수민 자치권까지 이른다(Kymlicka, 1999: 32).

다문화주의와 이에 입각한 정치는 분명 다문화적으로 변화하는 사회에 대응하는 가치 있는 시도임이 틀림없다. 그러나 소수 종족 집단(ethnic minority group)이 자기 집단 내 여성을 억압한다면 어떻게 할 것인가. 소수자 집단의 권리를 보장하는 것이 이 집단 내 여성에 대한 억압을 의미하는 것이 되더라도 소수자 집단의 권리는 보장되어야 하는가? 명예살인, 여성의 성기를 훼손하는 여성 할례, 사티(남편이 죽은 후 의식적으로 치러지는 여성의 자기 분신), 다우리(인도 여성의 결혼 지참금) 제도와 관련해 여성에게 가해지는 폭력과 살인, 일부다처제, 강제 결혼 등 특정 문화권에서 나타나는 여성에 대한 폭력 또는 억압을 다문화주의라는 이름 아래 묵인해야 할 것인가? 미국의 페미니스트 철학자 수전 몰러 오킨은 1990년대 말 프랑스 파리의 약 20만 가구가 일부다처제 가정이었다는 사실을 지적하며, 이 가정에 사는 많은 아랍계 혹은 아프리카계 여성에게 중요한 문제였을 일부다처제 가정의 문제가 여론의 주목을 거의 받지 못했다는 점에 주의를 환기시킨다(Okin, 1999: 9). 이주 현상의 증가와 더불어 한편으로는 가부장적 억압으로부터 여성을 해방시키고자 하는 페미니즘과, 다른 한편으로는 문화적 다양성을 보호하려는 다문화주의적 노력 사이에 긴장이 고조되는 양상이다.

1990년대 말에 오킨은 "다문화주의는 여성에게 나쁜 것인가?"라는 도발적인 제목으로 다문화주의와의 논쟁을 전개했다. 오킨이 제기하는 다문화주의 비판은 다음의 두 가지로 요약될 수 있다. 첫째, 다문화주의자들은 인종 문화적 집단을 하나의 독립적이고 폐쇄된 단위(monolith)로 간주하고 있으며, 그들이 주목하는 것은 집단 간 차이에 관한 문제일 뿐 집단 내부의 차이를 제대로 고려하지 않는다는 것이다. 이로 인해 성차 문제, 성별에 따라 권력과 이익이 불평등하게 분배되는 상황은 보지 못하게 된다. 또한 오킨에 따르면 소수집단의 권리를 옹호하는 사람들은 개인이 자존감과 자기의식을 발전시키기 위해 "자기의 고유문화"를 필요로 한다고 주장하면서 삶의 '사적 영역'에는 거의 관심을 기울이지 않는다. 이들이 간과하는 것은 인간이 자기 자신을 감지하고 자기를 형성하기 시작하면서 문화를 전수받고 실행하는 바로 그 공간, 즉 가정이야말로 성적 차별이 일어나는 일차적 공간이라는 사실이다. 즉, 가정에서는 성에 따라 역할과 과제가 다르게 분배되고, 딸과 아들은 각기 다르게 사회화된다(Okin, 1999: 12).

나아가 오킨은 대부분의 문화가 초점을 맞추는 영역이 바로 사적이고 성적이며 재생산의 삶의 기능과 관계되어 있음을 지적한다. 문화가 규정되고 실행되는 데 있어 지배적인 주제들이 바로 이 영역에 속한다는 것이다. 종교나 문화에서 결혼, 이혼, 양육권, 가족의 재산 또는 상속을 다루는 법은 중요한 위치를 차지한다. 문화적 관습이라고 하는 것들은 통상 여성의 삶에 훨씬 더 큰 영향을 미치고 있으며, 여성에 대한 남성의 통제를 실현하는 기능을 한다(Okin, 1999: 12 ff). 그러므로 오킨에 따르면 이러한 문화적 관행을 보호하는 것은 지극히 많은 문제를 안고 있다.

킴리카는 오킨의 비판, 특히 첫 번째 비판을 수용해 자신의 입장을 일부 수정한다. 그는 인종 문화 집단의 권리를 두 가지, 즉 대내적 권리와 대외적 권리로 구분한다. 특정 권리가 '내적인 제한'을 가하는 경우, 즉 집단의 구성원, 특히 여성이 전통적인 문화적 관행 또는 역할 부여에 문제를 제기하거나 고치거나 폐지할 수 있는 가능성을 집단의 문화적 통합이라는 이름으로 제한한다면 그러한 권리는 인정하지 않는다. 그러나 자기 집단의 권리를 대외적으로 보호하려는 경우, 즉 주류 사회에 대해 자기 집단의 경제적 혹은 정치적 이해를 고수하고자 한다면 이는 인정하자는 것이다. 후자의 경우는 종족 문화적 집단 간의 공평성을 실현하는 데 도움이 될 것이며, 소수자들 역시 자신의 이해관계를 관철할 수 있는 동일한 권리가 있음을 주류 사회의 구성원들에게도 확실히 보여줄 수 있기 때문이다(Kymlicka, 1999: 31 ff).

그러나 이처럼 소수집단의 권리를 구분하는 것만으로는 충분한 해결책이 되지 못한다. 그 이유는 첫째, 킴리카의 논변은 계속 공적 영역의 문제를 대상으로 삼고 있다. 그의 관심은 서구적 자유민주주의 국가의 '국민 만들기(nation building)', 즉 소수자들 혹은 소수집단들을 주류 사회에 통합시키는 데 집중되어 있다. 이는 킴리카 자신도 인정하듯, 여성의 시민권이 공적 영역에서 형식적으로 보호를 받더라도 여성이 전통적 역할에 문제를 제기하고 이에 변화를 가져오려 하면 심각한 제약을 받을 수 있다. 둘째, 소수집단의 권리 중 일부를 인정하지 않는 것이 집단 내부의 권력관계 문제에 주의를 환기시키기보다는 그 문제가 마치 소수집단과 주류 사회의 갈등인 것처럼 호도할 가능성이 있다. 예를 들어 명예살인의 경우 그것을 야기하고 묵인하는 폭력의 문제가 그 집단 내에 존재하는 가부장적 권력관계의 문제로 부각되기보다는, 명예살인이 일어나는 소수 문화 집단과 이를 금지하는 주류 사회 간 갈등으로 부각됨으로써 갈등의 근본적 성격이 잘 보이지 않게 되는 문제가 등장한다.

이때 주류 사회는 자신의 기준에 따라 소수집단을 부분적으로 인정 또는 불인정하는 것이 되며, 이는 사실상 다른 문화의 인정이라는 다문화주의의 근본적 취지와 모순을 일으키게 된다. 아무튼 오킨과 킴리카로 대변되는 페미니즘과 다문화주의 간의 논쟁은 문화적 소수자의 권리와 양성평등의 가치가 갈등을 일으키고 있음을 명백하게 보여주었다. 그러나 정말이 두 가치는 양자택일의 상황에서 벗어날 수 없는 것인가? 이에 대답하기 앞서 왜 이 두 가치가 서로 모순적인 것으로 파악되는지 구체적 사례를 통해 분석해보려 한다.

3. 명예살인[3]

2005년 2월 7일 밤, 23세의 쿠르드계 터키 이민자 여성이 독일 베를린의 한 버스 정류장에서 살해되었다. 경찰은 이 죽음이 일종의 '사형 집행'이었다고 발표했다. 살해된 여성의 이름은 하툰 쉬뤼쥐(Hatun Sürücü)였다. 그녀가 15세 때 아버지는 그녀를 터키로 보내 사촌오빠와 결혼시켰다. 원치 않은 결혼을 당해버린 하툰은 얼마 후 임신한 채 집을 나와 베를린으로 돌아왔다. 하툰은 17세에 아들을 출산한 후 가족과 절연한 뒤 자신의 길을 가고자 노력한다. 히잡을 벗어버렸고, 독일인 남성과 사귀기도 했다. 모자원에 들어가 도움을 받으며 학교를 다시 다니기 시작했으며 졸업 후 직업교육을 받아 전기 기사 자격증을 땄다. 터키인인 그녀의 가족에게 "독일 여자처럼 살고

---

3 오은경은 '명예살인'을 다루는 터키 소설 『독사를 죽였어야 했는데(Yılanı Öldürseler)』에 대한 분석을 통해 명예살인의 메커니즘을 생생하게 보여준다(오은경, 2008). 이 논문은 국내에서 명예살인 문제를 본격적으로 분석한 보기 드문 논문 중 하나다.

있는" 그녀는 커다란 수치였다. 그녀의 오빠와 남동생은 그녀를 죽임으로써 가족의 명예를 회복하고자 했다(Anonym, 2007).

이 사건은 이민자 통합 문제와 관련해 독일 사회에 열띤 논쟁을 불러일으켰다. 터키 이민자 사회의 반응도 엇갈렸다. 하툰이 "독일 여자처럼 살았다"는 이유로 살인을 옹호하는 남자들이 없지 않았던 것이다. 독일의 많은 페미니스트는 다문화주의가 문화상대주의적 태도를 취하기 때문이라고 다문화주의에 화살을 돌렸다. 그리고 독일의 지배적 가치인 자유주의적 규범을 받아들이길 거부하는 이민자들에 대해 독일 정부가 단호한 태도를 취하도록 요구했다. 독일의 보수적 정치가들은 다문화주의가 간접적으로 폭력적이라고 비난하며, 이민자들을 강제적으로라도 독일의 주류 문화에 동화시키는 것이 해결책이라고 주장했다.

이 사건에는 여러 종류의 갈등이 여러 차원에 걸쳐 뒤섞여 있다. 우선 갈등의 종류를 구분해 각 맥락에서 드러나는 문제점들을 분석해보려 한다.

1) 다문화주의 대 페미니즘

논란의 표면에서는 두 입장이 갈등을 일으키고 있다. 한편에는 다른 문화에 대한 인정, 즉 터키 소수집단의 삶의 방식 또는 문화를 인정함으로써 결국 명예살인과 같은 폭력 행위까지도 묵인하는 결과를 초래했다고 비난받은 다문화주의적 입장이 있다. 이러한 입장은 법(法)다원주의적 판례, 즉 피고의 문화적 배경을 참작해 그의 범죄에 비교적 가벼운 형을 선고하는 판결을 가능케 하는 바탕으로 작용하기도 한다.[4] 다른 한편에는 여성에 대한 폭력을 고발하며 여성의 인권을 보호하고자 노력하는 페미니즘이 있다. 이 과정에서 많은 페미니스트가 여성의 권리를 보호하기 위해 독일에서 유효한 규범이 독일에 거주하는 소수자들에게도 당연히 관철되어야 한다고 주장한다. 보수적 성향의 정치가들은 하툰의 살인 사건과 같은 사례를 이민자들이 독일의 지배적인 주류 문화에 적응하도록 요구하는 근거로 삼는다. 이로써 독일 페미니스트들과 보수적 정치인들 간에 묘한 연합이 성립된다.

그런데 이상하게도 두 입장 사이에는 공통점이 있다. 다문화주의자나 페미니스트 모두 '명예살인'이라는 행위를 터키나 이슬람의 문화 현상으로 파악하며 독일의 문화와 대립시킨다는 점이다. 이로써 갈등은 또 다른 한편에서 독일의 주류 사회 대 터키-이슬람 이민자 사회의 문화 갈등으로 나타난다.

2) 독일 문화와 터키-이슬람 문화 간의 갈등

하툰 사건이 발생한 후 독일 사회의 반응을 보면, 이러한 사건이 여성을 잔인하게 억압하는 이슬람 문화와 여성의 인권·시민권을 보장해주는 '문명화된' 독일 문화의 갈등, 즉 문화 간 갈등으로 비춰지는 것이 일반적인 경향임을 알 수 있다. 단순화해서 말하자면, 두 진영이 대립하고 있는데

---

4 그 판례는 다음과 같다. 캘리포니아에서 라오스 출신의 한 미국 여성이 그녀의 직장인 프레즈노 국립대학에서 납치된 후 원치 않는 성교를 강요당했다. 범인은 몽족 이민자(베트남 전쟁 말기에 캄보디아와 라오스에서 탈출한 보트피플 중 한 부류)였는데, 그는 자신이 속한 부족사회에서 이러한 행위는 신부를 선택하기 위해 흔히 있는 일로 받아들여진다고 진술했다. 그는 120일의 징역형을 선고받았으며, 희생자는 900달러의 배상금을 받았다(Benhabib, 2002: 87). 자세한 내용은 제3장 참조.

한편에는 터키 이민자가 그들의 문화적 전통에 입각한 정체성을 고수할 것을 요구하는 터키 근본주의자들이 있다. 이에 따라 하툰을 살해한 오빠와 남동생은 자신들의 문화가 독일 문화에 의해 '더럽혀지는' 것을 막고 고유의 정체성을 고수해 명예를 지키려 한 것이 된다. 다른 한편에서는 독일의 보수적 정치가들이 이민자들에게 '문명화되고 현대적인' 독일의 지배적 문화(Leitkultur)에 동화될 것을 요구하고 있다. 터키 출신 이민자들 중에는 후자에 동조하는 개혁적 성향을 지닌 사람들 역시 적지 않다.

만약 하툰의 사건이 독일 주류 사회와 터키 이주민 사회 간 문화 갈등의 표출이라면, 이 갈등의 기본적 틀은 독일적인 것과 터키적인 것 사이의 위계적 권력관계가 될 것이다. 이러한 구조를 전제하고 터키 문화의 관점에서 보면, 터키 이주민 사회는 지배적인 독일 주류 문화에 저항해 자신의 고유한 문화권을 행사하고 방어한 것이 된다. 하툰의 죽음이나 하툰을 살해한 남동생의 감옥행은 자신의 문화를 방어하는 과정에서 치르는 희생인 셈이다.

이러한 독일 문화 대 터키 문화의 대립 구도 속에서 독일 문화와 터키 문화는 각기 하나의 고유한 독립적 단위로 상정된다. 말하자면 본질주의적 문화 개념이라고 할 수 있다. 그런데 정말로 하나의 독립적 통일체로서의 독일 문화와 또 하나의 독립적 통일체로서의 터키 문화가 대립하고 있는 것일까. 독일에는 하나의 독일 문화가, 터키에는 하나의 터키 문화가 존재하는 것인가. 명예살인을 가능케 하는 것은 그러한 터키의 문화일까.

3) 가부장적 사회 내부의 갈등

하툰 살해 사건을 계기로 시작된 논란이 문화 간 갈등의 문제에 집중되는 동안 사실상 이 문제의 가장 본질적인 측면은 등한시되고 있다. 이 사건에서 가장 기본적인 갈등은 터키 이민자 가족 내부의 갈등이다. 가부장적 질서를 체화한 남성 가족 구성원과, 가부장적 질서에 기초해 부여된 가족 공동체 내의 역할과 규칙을 거부하고 공동체를 떠나 자신의 길을 가려 하는 젊은 여성 사이의 갈등이다. 여기에는 명확한 권력관계가 존재한다. 가부장적 권력은 한 여성을 살해함으로써, 즉 자기 집단 내부의 규범에 복종하지 않고 다르게 생각하며 행동하는 한 인간을 없애버림으로써 갈등을 해소하려 했다. 그녀의 오빠와 남동생은 가부장적 사회의 지배적 규범의 수호자로서 자신의 누나 혹은 여동생에게 사형을 집행한 것이다.

명예살인은 "가족의 명예를 다시 회복하기 위해 가족의 명예를 더럽혔다고 여겨지는 가족 구성원(특히 여성)을 살해하는 행위"로서(Zehet, 2007: 2), 가족 구성원에 대한 폭력이라는 점에서는 일종의 가정 폭력으로 볼 수 있으며, 가부장적 권력이 여성에 대한 통제권을 시위하고 관철하는 한 양상이라 할 수 있다. 따라서 명예살인과 같은 관행에 대한 비판의 초점은 가부장제에 맞춰져야 한다.

가부장제는 세계 도처에서 사회를 지배하고 있으며, 지역에 따라 형태와 강도의 차이가 있을 뿐 어느 특정 문화에 국한된 문제가 아니다. 독일 사회에도 여러 형태의 가부장적 억압의 관행이 있으며 페미니스트들은 이에 저항하는 운동을 전개하고 있다. 종교와 관련해 보자면 세계적으로 큰 종교에 속하는 기독교, 유대교, 불교, 유교, 힌두교 모두 가부장제와 깊이 연관되어 있다. 여성에 대한 가정 폭력 문제만 보더라도 독일, 미국 등 많은 나라가 이 문제를 안고 있다. 하툰 쉬뤼쥐 살해 사건은 특정 문화권의 문제로 보기에 앞서 세계 도처에 존재하는 가부장제의 문제임을 강조할 필요가 있다.

물론 터키 이민자 스스로 터키 문화 자체를 가부장적이라 여기고 터키 문화에 페미니즘적 비판을 가하는 경우도 종종 있다. 그러나 조금 더 시야를 넓혀보면, 즉 여러 문화권 출신의 이민자들 이야기를 들어보면 젠더 문제에 관한 한 비슷한 유형의 토론이 거의 모든 이민자 집단에서 진행되는 것을 쉽게 알 수 있다. 한국 여성 이민자는 한국의 유교적·가부장적 문화를 독일의 문화와 곧잘 비교해 비판하며, 인도 출신의 여성 이민자는 인도의 힌두교적·가부장적 문화를, 인도네시아 여성 이민자는 인도네시아의 이슬람적·가부장적 문화를 비슷한 방식으로 비판하곤 한다. 이러한 토론은 대개 주류 사회에서 여성이 어떤 상황에 놓였는지에 대한 피상적 관찰에 근거한다. 그러한 견해는 현재 독일 여성이 독일 사회에서 누리는 권리가 오랜 기간 투쟁을 통해 역사적으로 쟁취된 것일 뿐 결코 그 자체로 본질적 의미에서 '독일적'인 것이 아니라는 점을 간과한다. 또한 이민자들의 눈에 얼른 뜨이지 않더라도 독일 사회 역시 가부장적 지배의 문제를 온전히 극복한 사회가 결코 아니며, 페미니스트들이 씨름하는 과제들이 산적해 있음을 가리킬 뿐이다.

독일의 페미니스트들 역시 터키나 이슬람 문화를 여성 억압적인 가부장제 문화와 동일시하는 경향이 있다. 따라서 페미니스트적 비판이 터키나 이슬람 문화 자체에 대한 비판으로 이어지는 것이다. 이러한 태도는 다음 두 측면에서 큰 문제점을 안고 있다. 첫째, 그러한 태도의 밑바탕에는 흔히 유럽 문명에 대한 우월감이 자리하고 있는데, 이 우월감은 제국주의적·식민주의적 혹은 인종차별주의적 태도와 명확히 구분되기 어렵다. 페미니스트 사이에서도 서구의 백인 여성이 좀 더 우위를 점하는 권력의 위계질서가 존재한다. 이는 둘째, 즉 이러한 상황에서 주류 사회의 여성과 이민자 여성 간의 연대를 조직하는 것이 어렵게 된다는 문제와 연결된다. 이민자 여성이 어떻게 자신의 뿌리를 부정하고 자신을 열등하게 볼 것을 요구하는 사람들과 연대할 수 있겠는가.

명예살인의 관행을 없애는 데 세계 여러 지역 여성의 연대가 도움이 될 것이다. 그러나 연대는 연대하려는 모든 주체가 스스로의 상황에 대해 비판적일 때 가능하다. 서구 문화에 대한 우월감이 아니라 자신의 상황에서 겪고 있는 가부장적 지배 질서에 대한 철저한 비판이 서로를 페미니스트 관점에서 만나게 하는 기반이 될 수 있으며, 특수한 상황에서 일어나는 특수한 형태의 억압에 대해 서로의 이해를 심화할 수 있는 기반을 제공할 것이다.

서구 문화의 우월성에 자신만만한 사람들은 인권과 평등 같은 서구의 기본 가치들이 오랫동안 노예제나 식민주의와 공존했으며, 이러한 가치들이 오랜 기간 여성, 식민지의 피지배자, 종족적 혹은 종교적 소수자에게는 적용되지 않았다는 점, 그리고 이렇게 배제된 자들이 서구와 비서구 지역에서 전개한 정치적 투쟁을 통해 비로소 인권이나 평등 같은 가치들이 이들에게도 적용되어야 함을 알게 되었다는 역사적 현실을 생각하지 못하는 경우가 왕왕 있다.

4. 문화 간 갈등?

명예살인과 같은 관행이 도처에 널린 가부장적 지배의 한 지역적 형태임에도 일차적으로는 특정 문화의 문제로 여겨지는 것은 어떤 이유에서일까.

한 사회의 지배적 규범에서 엇나가는 행태는 흔히 이질적인 것으로 배척되곤 한다. 비서구 세계에서 하룬과 같은 여성은 자기 문화와 자기 문화

를 오염시키는 서구 문화 간의 갈등으로 감지되기 일쑤다. 비서구의 가부
장적 사회에서 여성의 자기주장은 자기 사회 내부에서 일어난 문제 제기
라기보다는 서구의 문화제국주의 현상으로 해석되곤 한다. 독일에서 이민
자로 살고 있었던 하툰의 경우에도 그녀의 사고방식과 행태는 '독일식'으
로 치부되었다. 그럼으로써 하툰의 투쟁은 터키 사회 내부의 가부장제에
대한 터키 여성의 문제 제기가 아니라 터키 대 독일의 문화 갈등 양상으로
해석되었다. 즉, 하툰은 독일식으로 오염된 자, 터키가 아닌 독일에 속한
자로 규정되었으며, 하툰은 죽기 전에 이미 자신이 태어나고 자란 세계의
시민권을 박탈당한 것이다.

비슷한 유형의 배제 메커니즘은 독일 주류 사회에도 존재한다. 명예살
인을 저지르는 자처럼 이질적인 존재는 다른 문화, '덜 문명화된' 문화의
문제로서 독일 사회문제의 테두리 밖으로 밀려난다. 명예살인이 독일 땅
에서 일어났고, 범인이 독일 국적을 소유한 자일지라도 그렇다. 명예살인
을 독일 사회에도 존재하는 가부장제 억압과 연결시켜 보려는 시도는 존
재하지 않는다.

필자는 명예살인이 본질적으로 터키나 이슬람 문화만의 문제라고 생각
하지 않는다. 물론 명예살인은 터키 혹은 이슬람 사회에서 일어나는 일이
며, 그 사회가 이 문제를 일반적 살인보다 상대적으로 가볍게 취급한다는
사실을 간과하는 것은 결코 아니다. 또한 이곳에서 왜 하필 이런 형태로
여성에 대한 폭력이 존재하는지 연구할 필요성이 있다는 점도 충분히 알
고 있다.

필자가 동의할 수 없는 이유는, 명예살인을 터키 또는 이슬람 문화의 문
제로 봄으로써 터키나 이슬람 국가들에 존재하는 다른 종류의 문화들이
무시되고, 무엇이 어떤 문화에 속하며 또 무엇이 그 문화로부터 배제되는

지의 문제에 권력관계가 개입된다는 데 있다. 터키에는 명예살인을 금지하는 법이 있으며, 이 법은 2004년에 강화되었다. 연극을 통해 명예살인 문제를 사회적으로 이슈화하는 예술가가 있으며, 명예살인에 관한 실태 조사를 벌여 이슬람 여성운동의 자료로 활용하는 카메르(Ka-Mer) 같은 여성 단체가 존재한다.[5] 즉, 터키에는 명예살인과 같은 가부장적 지배 문화가 존재하는 한편, 이에 대한 저항 문화가 있다. 또한 여성들 나름의 문화가 있다. 저항 문화는 터키 문화가 아닌가? 왜 명예살인은 터키 문화라고 규정하면서 이에 대항하는 저항 문화 혹은 여성의 문화는 터키 문화에서 배제되는가? 왜 이러한 문화는 터키 문화를 생각할 때 떠오르지 않는가?

바로 여기에서 우리는 지배 권력이 본질주의적 문화 개념과 공모하는 지점을 발견한다. 본질주의적 문화 개념이 문화를 분화해서 보지 않고 하나의 동질적 단위로 상정할 때, 지배 권력은 자신의 문화를 그 사회 전체의 문화로 제시한다. 지배 권력은 단지 부분에 불과한 자신의 문화가 전체 문화인 양 나타나게 하는 권리를 독점한다. 자신의 문화를 사회 전체의 문화로 제시하면서 그에 도전하는 모든 다른 형태의 문화를 무시하고 배제하며 추방해버린다. 또한 가부장적 권력의 문화를 그 사회 전체의 문화로 나타나게 하는 것은 반여성주의적·가부장적 이데올로기에 속한다.

비서구 지역의 페미니스트들이 자국의 문화와 정체성을 배반하고 서구적이 되었다는 비난을 듣는 것은 결코 드문 일이 아니다. 이런 비난 속에는 페미니스트적 활동과 운동을 자신의 문화와 사회로부터 배제시키려는

---

5 명예살인 문제를 다룬 〈작은 아픔〉이라는 연극은 2003년 터키에서 상연되어 큰 반향을 일으켰다. 그 여파로 비교적 가벼웠던 친족 살인의 형량에 관한 법이 2004년에 개정되었다(Thumann, 2006).

가부장적 권력의 의도가 은폐되어 있다. 이러한 이데올로기에 맞서 투쟁하는 것, 그리고 페미니스트 문화 역시 자신의 사회에서 생존할 권리, 자리를 차지할 권리가 있음을 관철시키는 일 또한 페미니스트들의 중요한 과제다.

5. 여성 디아스포라의 관점

다문화주의와 페미니즘 중에서 하나를 선택하라는 요구, 또는 출신국의 문화와 정주국의 문화 중 무엇을 선택할지 결정하라는 요구는 이민자가 처한 갈등 상황에서 해결책을 전혀 제시해주지 못한다. 여성 이민자의 경우 최소한 두 가지 중요한 권력관계가 그들 삶에 중첩되어 있다. 하나는 정주국의 주류 사회와 이민자 집단 사이에 존재하는 문화적 위계질서이며, 다른 하나는 젠더적 위계질서다. 이민자 여성은 이 두 가지 축에서 모두 약한 위치에 놓여 있으며, 둘 중 어느 하나도 그녀의 삶의 조건에서 무시되어서는 안 된다.

정주국 문화의 명시적 혹은 묵시적 우월성 주장과 이에 입각한 동화주의적 요구는 이민자 집단이 진정으로 통합되는 사회를 이루는 데 도움이 되지 않는다. 진정한 의미의 통합은 이민자가 동등한 권리로 전체 사회의 삶에 참여할 수 있을 때 가능하다. 이민자에게 출신 배경과 이별하고 주류 사회의 규범과 가치를 일방적으로 수용하라는 요구는 기본적으로 그들의 주체성을 무시하는 일일 뿐이며, 통합 과정에 자율적으로 참여하기 위한 첫 번째 조건, 즉 사회적 삶을 영위하는 자율적 주체성의 인정을 유보하는 것이다.

양자택일의 결정을 요구하는 사고방식의 배후에는 문화에 대한 본질주의적 개념이 자리하고 있다. 이러한 개념에는 대개 다음의 세 가지 특성이 있다. 문화는 ① 사회적 동질성에 기초한 하나의 동질적이고 폐쇄적인 단위로 상정되며, ② 하나의 민족 혹은 종족에 속한 것으로서 ③ 다른 민족 혹은 종족과 구별되는 단위라는 것이다(Welsch, 2000: 329 ff). 문화를 이렇게 이해할 때 한 여성 이민자에게 일어나는 재의미화(resignification)와 재해석(reinterpretation) 과정은 문화적 과정에서 제외되고 만다(Benhabib, 2002: 86).

다문화주의와 페미니즘 간의 유사 갈등(pseudo-conflict)에 빠지지 않으려면 문화에 대한 새로운 이해를 모색할 필요가 있다. 그러나 이 새로운 문화관은 그 자체가 목적이 아니라 현실을 새롭게 이해하고 실천하기 위한 인식론적 근거로 작용할 수 있어야 한다. 즉, 이산[디아스포라(Diaspora)]의 상황에서 재의미화와 재해석을 통해 새로이 형성되어가는 경계 횡단의 문화적 상황을 포착함으로써 양자택일이 아닌 횡단적 정체성 인정을 가능하게 해주는 인식론적 틀을 찾는 노력의 일환이다.

1) 트랜스 문화성

본질주의적 문화 개념의 대안으로 생각해볼 수 있는 것은 최근 세계화 과정의 확산과 더불어 날로 인기를 더해가는 트랜스 문화성 개념에 내포된 문화 이해다. 트랜스 문화성이란 다음과 같다.

오늘날 세계화 시대의 특성들, 말하자면, 교통과 통신 기술의 발달, 온갖 종류의 상품의 경계를 초월한 이동, 폭발적으로 증가하는 이주 현상이 우리 삶에 미치는 영향, 즉 국가, 민족, 종족 등을 중심으로 설정된 문화적 경계가 가지는 의미가 극히 축소된 점에 초점을 맞춘다. [트랜스 문화성이란] 한 사회 내에도 여러 가지 문화가 공존하며, 기존의 경계를 넘어서 상이한 요소들이 서로 결합을 하거나 엉켜서 새로운 것이 되기도 하고, 네트워크를 형성하기도 하는 현상을 가리킨다. 이러한 현상은 거시적 차원, 즉 사회적 차원에서 일어날 뿐 아니라 미시적 차원, 즉 한 개인의 차원에서도 발견된다. 개인은 자신의 정체성을 자신이 속해 있는 집단과의 동일시를 통해 형성하는 것이 아니라 여러 종류의 문화적 콘텍스트 속에서 이런저런 요소들을 취사선택하고 결합해가면서 발전시킨다(최현덕, 2009: 306 ff).

트랜스 문화성은 한 민족 혹은 종족 집단의 문화가 지닌 내적 동력과 다양성을 이해할 수 있게 해주며, 민족적 혹은 종족적 소속의 규정을 벗어나 한 개인의 정체성을 역동적으로 이해할 수 있는 인식적 틀도 제공한다. 그런 점에서 디아스포라적 문화 상황을 이해하는 데 보다 적합한 개념이라고 할 수 있다.

그런데 볼프강 벨슈(Wolfgang Welsch)가 제시하는 트랜스 문화성 개념에 따르면 한 집단이든 개인이든 다양하고 때로는 서로 이질적이기도 한 수많은 요소가 조합되어 형성되는 것으로 문화가 이해되다 보니, 이러한 개념을 일관성 있게 적용할 경우 모든 문화가 원자화되고 문화적 경계란 존재할 수 없는 것이 되어버린다는 문제점이 발생한다.[6] 또한 사회적 성격을 띠는 문화적 갈등 역시 설명할 수 없게 된다.

---

6 트랜스 문화성 개념이 경계를 포착할 수 없어 생기는 문제에 대해서는 최현덕(2009: 311 ff) 참조.

사회적 삶에는 다양한 종류의 경계가 교차한다. 빈부, 성별, 연령, 교육 수준, 출신 지역, 출신 학교, 성적 지향성 등에 따라 경계가 존재한다. 이러한 경계는 불평등과 차별 그리고 배제의 선으로 작용할 때, 즉 권력관계를 표현하는 것일 때 문제가 된다. 어떤 사회적 갈등을 해결하려면 그 갈등에 개입된 여러 종류의 경계와 거기에 각기 결부된 권력관계를 정확히 분석하는 일이 필요하다. 문화란 여러 종류의 권력관계가 함께 작용하며 인간의 삶의 양식에 영향을 미치는 삶의 공간이라 할 수 있다. 따라서 실체적으로 존재하는 지리적·민족적 혹은 종족적 경계에 입각해 규정된 문화의 개념을 해체하고, 여러 다양한 종류의 권력관계와 결부된 경계가 반영되는 문화 개념을 발전시킬 필요가 있다.[7]

요약하자면, 우리에게 필요한 문화 개념은 다음과 같은 성격을 지녀야 할 것이다.

① 실체적으로 존재하는 지리적·민족적 혹은 종족적 경계에 입각해 규정된 본질주의적 문화 개념의 해체
② 실체적으로 고정된 것이 아니라 문제의 맥락에 기초해 그때그때 작용하는 권력관계에 따라 새로이 설정되는 유동적 경계 개념의 내포

이를 위해서는 벨슈가 말하는 트랜스 문화성 개념의 변형이 필요하다. 즉, 여러 문화의 만남 또는 부딪힘의 과정, 특정한 문화적 요소들이 수용·

---

7 실체적 경계에 고착된 본질주의적 문화 개념에서 벗어난다 해도 사안에 따라, 혹은 특정 맥락 속에서 지리적·민족적·종족적 경계가 권력의 요소로 작용할 수 있음을 배제해서는 안 될 것이다.

조합되는 과정은 그저 평화롭고 조화롭게 일어나는 과정이 아니며, 문화적 요소들을 임의로 선택할 수 있는 처지의 개인은 극히 특혜받은 지위의 극소수뿐임을 고려해 트랜스가 일어나는 과정을 비판적 시각에서 조명한다면, 트랜스 문화의 개념에 경계의 개념을 포함시키는 것이 가능할 수도 있으리라 생각된다.[8]

2) 문화적 다양성과 페미니즘 간의 갈등 해소

지리적 또는 민족적 경계에 따라 문화를 규정하는 본질주의적 문화 개념에서 벗어난다면, 문화적 다양성을 존중하는 것과 가부장적 지배 질서를 극복하는 문제는 더 이상 갈등 관계에 놓인 사안이 아니다. 한편으로는 이민자를 문화적으로 존중한다는 사실이 이민자 집단의 가부장적 문화를 포함한 지배적 주류 문화의 관행을 묵인하는 것으로 귀결될 필요가 없다. 중요한 것은 서로 다른 문화를 번역해가며 이해하고 소통하려는 노력이며, 이 과정에서 권력관계에 따르는 위계질서는 이민자 집단의 문제든 주류 사회의 문제든 같은 차원에서 비판적 대화의 대상이 될 것이기 때문이다.

다른 한편으로 가부장적 질서의 극복 문제는 어느 특정 문화의 문제가 아니라 대부분의 문화가 모두 안고 있는 문제이므로 어느 특정 문화를 비난할 근거로 작용할 수 없다. 이는 특정 지역에서 실행되는 특정한 문화적

---

8   여기서 필자는 트랜스 문화성 개념에서 출발해 경계의 개념을 포함시키는 방식을 설명하고 있으나, 경계의 개념에서 출발해 경계를 실체적·본질주의적 의미에서 해방시키고 문제의 맥락에 따라 새로이 설정되는 유동적 경계로 전환시키는 전략도 생각해볼 수 있다. 후자는 상호문화성 개념의 진화라 부를 수 있으나 이 글에서는 상호문화성에 대한 설명을 생략한다. Choe(2008) 참조.

관행을 비판하지 않는다는 말이 아니다. 비판은 하되 그 비판의 태도가 자기 사회에도 존재하는 가부장제 권력 문제에 초점을 맞추고 있는지, 아니면 여성을 '야만적으로' 억압하는 '야만적' 문화에 대한 비판인지는 큰 차이가 있음을 지적하려는 것이다.

또한 자기 사회에서 일어나는 문제를 다른 문화의 문제로 떠넘기는 일도 근거를 상실할 것이다. 명예살인이라는 사건이 독일에서 일어났다면 이는 독일 사회의 문제다. 이민자 역시 독일 사회의 구성원이기 때문이다. 비서구 사회에서 전개되는 여성운동은 서구 문화에 오염된 반민족적 행태가 아니라 그 사회 구성원이 자기 사회 속에 존재하는 가부장적 권력 구조에 대해 도전하는 것이며, 그 사회 자체의 변혁 운동이다.

6. 나가며

이 글은 오늘날의 세계에서 어느 하나도 포기할 수 없는 두 가치, 즉 문화적 다양성 존중과 젠더 평등이 서로 갈등을 빚는 것처럼 보이는 현실에서 출발해 그 이유를 분석하고, 두 가치가 공존할 수 있는 이해의 틀을 문화 개념의 재구성을 통해 제시해보려 했다. 이 과정에서 필자는 여성 디아스포라의 관점을 중심에 두었는데, 여성 디아스포라의 실존적 상황이 두 가치의 동시적 실현을 요구하기 때문이다.

혹자는 다문화주의가 어느 정도 실현된 서구 사회의 문제가 아직 다문화주의가 정착되기는커녕 다문화주의의 의미조차 제대로 이해되지 않고 있는 한국 사회에서 어떤 의미를 지닐 수 있느냐는 의문을 제기할 수도 있다. 다문화주의와 페미니즘의 갈등은 고사하고, 인종차별적 편견과 가부장적 폭력이 서로 상승작용을 일으키며 이 땅의 여성 이민자를 억압하는 상황에서 이 글이 다루는 문제가 우리 현실과 많이 동떨어져 보일지도 모른다. 그러나 이 글의 일차적 초점은 폭발적 증가를 보이는 이주 현상의 현실을 바탕으로 삼아 다양하게 중첩되는 권력관계의 맥락 속에서 문화를 어떻게 이해할 것인가에 놓여 있다. 한국의 상황에서도 이 질문과의 씨름은 빠르면 빠를수록 좋을 것이다.

참고문헌

김혜숙. 2007. 「여성주의 관점에서 본 다문화주의: 열린 주체의 형성 문제」. ≪철학연구≫, 76집, 203~218쪽.

문경희. 2006. 「국제 결혼 이주여성을 계기로 살펴보는 다문화주의와 한국의 다문화현상」. ≪21세기 정치학회보≫, 16집 3호, 67~93쪽.

오은경. 2008. 「야사르 케말의『독사를 죽였어야 했는데』를 통해서 본 명예살인의 메커니즘 연구」. ≪한국 중동학회 연구≫, 28권 2호, 195~214쪽.

_____. 2009. 「이슬람 여성과 다문화주의: 테일러, 오킨, 지젝의 통찰을 중심으로」. ≪페미니즘연구≫, 9권 1호, 1~29쪽.

정미라. 2008. 「여성주의와 다문화주의」. ≪대한철학회 논문집 철학연구≫, 107집, 51~68쪽.

최현덕. 2009. 「경계와 상호문화성. 상호문화철학의 기본과제」. ≪코기토≫, 66호, 301~329쪽.

킴리카, 윌(Will Kymlicka). 2006.『현대 정치철학의 이해』. 장동진 외 옮김. 동명사.

현남숙. 2009. 「다문화주의와 여성주의의 갈등에 관한 심의 민주주의적 접근: S. 벤하비브의 심의민주주의 다문화 정치학을 중심으로」. ≪시대와 철학≫, 20권 3호, 439~471쪽.

Anonym. 2007.8.28. "Ehrenmord-Prozess. Die Frage der Ehre." *Zeit-online.* http://www.zeit.de/online/2007/35/revisionsverfahren-ehrenmord(검색일: 2008.4.5).

Benhabib, Seyla. 2002. *The Claims of Culture: Equality and Diversity in the Global Era.* Princeton/Oxford: Princeton University Press.

Choe, Hyondok. 2008. "Migration, Gender, Transkulturalität – Philosophieren zwischen den Kulturen." in Hans Jörg Sandkühler(ed.). *Philosophie, wozu?*(pp.349~368). Frankfurt/M: Suhrkamp.

Kymlicka, Will. 1999. "Liberal Complacencies." in Joshua Cohen, Mattew Howard and Martha C. Nussbaum(eds.). *Is Multiculturalism Bad for Women?*(pp.31~34). Princeton: Princeton Univ. Press.

_____. 2002. *Contemporary Political Philosophy: An Introduction.* New York: Oxford University Press.

Narayan, Uma. 1997. *Dislocating Cultures: Identities, Traditions and Third World Feminism.* New York: Routledge.

Okin, Susan Moller. 1999. "Is Multiculturalism bad for Women?" in Oshua Cohen, Mattew Howard and Martha C. Nussbaum(eds.). *Is Multiculturalism Bad for Women?* (pp.7~24). Princeton: Princeton Univ. Press.

Thumann, Michael. 2006.4.20. "Allaks grosser Schmerz." *Zeit-online*, Nr.17.

Welsch, Wolfgang. 2000. "Transkulturalität. Die veränderte Verfassung heutiger Kulturen." *Jahrbuch Deutsch als Fremdsprache*, 26, pp.327~351.

Yoon, In-Jin. 2009. "The Development of Multiculturalism Discourse and Multicultural Policy in South Korea." *Trans-Humanities*, Vol.1.

Zehet, Gruber. 2007. "Der Ehrenmord in Österreich, Deutschland und der Türkei, Strafrechtliche Fragen eines gesellschaftlichen Phänomens." *Berliner Online-Beiträge zum Völker- und Verfassungsrecht*, 6, pp.2~3.

제1장

명예살인에 관한 스웨덴의 논쟁과
정책적 대응

문경희

1. 들어가며

전 세계에서 최고 수준의 젠더 평등(gender equality)을 자랑하는 스웨덴
의 젠더 평등은 주류 공동체와 이민자 공동체의 차이를 드러내는 담론과
정책의 공간이 되었다. 일반적으로 스웨덴은 국제사회에서 높은 수준의
인권 수호와 젠더 평등을 실천하는 '젠더 평등 모범국'이라는 명성을 얻고
있으며, 이는 스웨덴의 대내외적 국가 정체성 형성에도 영향을 미치고 있
다. 하지만 1990년대 중반 이후 이민자 공동체에서 수차례 발생한 여성에
대한 폭력(또는 명예 관련 폭력)[1] 사건이 스웨덴의 젠더 평등 담론과 실천
영역에서 중요한 화두로 등장했다. 즉, 이민자 공동체 내부에서 남성이 여
성에게 폭력을 휘두른 사건, 특히 명예살인이 이민자 모국의 여성 억압적

인 문화 탓으로 간주되면서 논의가 시작되었다.

이러한 논의는 곧 주류와 이민자 공동체의 문화적 차이에 관한 논쟁으로 이어졌으며, 결국 이민자가 스웨덴식 젠더 평등 문화를 수용해야 한다는 문화 이원론자의 주장이 힘을 얻기 시작했다. 결과적으로 젠더 평등은 스웨덴 사회의 주류와 이민자 공동체 간 문화 차이를 드러내고, 한 사회 내 이질적 문화의 공존이 사회 통합에 장애가 된다는 담론을 만들어내는 데 이용되었다. 그리고 이 시기에 다른 유럽 국가에서처럼 스웨덴 사회에서도 다문화주의 위기 담론이 확산되기 시작했다.

아울러 명예살인 논쟁은 스웨덴 사회가 그동안 당연시한 '스웨덴의 가치', 그리고 '스웨덴식 젠더 평등'이 무엇인가에 대한 논쟁으로 이어졌다. 한편에서는 젠더 평등 수준에 따라 스웨덴과 비(非)스웨덴 문화를 구분하는 문화 이원론자의 입장이 제기되었고, 다른 한편에서는 다른 국가와 정도의 차이는 있겠지만 스웨덴 사회에도 여전히 가부장적 질서와 문화가 잔재한다는 보편주의자의 주장이 대두되었다. 보편주의자들은 이민자 공동체에서 발생한 명예살인의 원인이 스웨덴을 포함한 전 세계 어디에나 존재하는 보편적 가부장제라고 간주하며, 스웨덴의 젠더 평등 원칙이 이

---

1 명예 관련 폭력(honor-related violence)은 명예와 수치심의 개념이 복합적으로 융합되어 만들어진 가부장 문화적 코드(code)다. 이는 여성의 섹슈얼리티를 통제하기 위한 수단으로서 일부 여성과 남성에 의해 인정·자행되는 것이다. '가족의 명예'는 대개 집단의 사회적 지위를 의미하며, 주로 남성에 의해 유지된다. 즉, 여성의 그릇된 섹슈얼리티가 가족의 명예를 실추시키고, 그러한 여성을 가족 내 남성이 처벌함으로써 실추된 명예를 회복한다는 것이다. 명예 관련 폭력에는 명예살인뿐 아니라 강제 결혼, 여성 성기 절제도 포함된다. 명예 관련 폭력이 반드시 남성의 여성 억압을 의미하지는 않는다. 종종 가족의 명예를 지킨다는 명분하에 가족 내 여성이 다른 여성을 억압하기도 하고, 남성 또한 명예 관련 폭력의 희생자가 될 수 있다(Withaeckx, 2011: 1 ff).

민 여부와 상관없이 모든 여성에게 적용되어 여성의 권리를 보호해야 한다는 입장을 전개했다. 이런 맥락 아래 보편적 평등과 인권, 내재적 시민권 수호를 중요한 국가적 가치로 추구하는 스웨덴에서 보편주의에 입각한 여성 이민자의 평등과 권리 수호 원칙은 가장 중요한 논의 지점이 되었다. 그리고 이러한 원칙이 명예살인에 대한 스웨덴 정부의 정책적 대응에 반영되었다.

한편 보편적 평등에 입각한 스웨덴의 명예살인 대응 정책은 두 가지 측면에서 도전받고 있다. 첫째는 문화 이원론적 입장을 옹호하는 극우 정치인들의 출현과 약진이다. 대표적으로 스웨덴민주당(Sweden Democrats)이라는 극우 정당 출신 정치인들이 이민자 공동체 문화가 지닌 여성에 대한 폭력성을 강조하며 반(反)이민 정서를 부추기고 있다. 그들은 스웨덴 정부가 관대한 이민을 제한하고 더욱 엄격한 사회 통합 정책을 도입해 이민자들을 주류 사회에 동화시켜야 한다고 주장한다. 이들의 주장은 실제로 최근 스웨덴에서도 인종과 문화 차이로 인한 갈등이 폭력 사태로 분출되고 있다는 점과도 무관하지 않다.

두 번째 도전은 주로 일부 학자와 여성 이민자 조직을 통해 제기된다. 구체적으로 교차주의자(intersectionalists)라고 불리는 그들은 스웨덴의 명예 관련 폭력을 둘러싼 논의와 정책 대응에서 젠더뿐 아니라 계급과 섹슈얼리티 등 다양한 정체성 변수에 대한 고려가 없었고, 폭력이 발생하게 된 정치적·사회경제적 맥락이 고려되지 않았다는 점에 주목한다. 이들은 문화 이원론적 입장에 대해 인종차별주의라고 비판하며, 다른 한편으로는 보편적 평등에 입각해 이민자의 문화적 특수성을 무시한 스웨덴의 명예 관련 폭력 정책이 여성 이민자 문제를 실질적으로 해결하지 못하고 있다고 지적한다.

이런 점을 염두에 두고 이 글에서는 스웨덴에서 전개된 명예 관련 폭력, 구체적으로는 명예살인과 여성의 권리에 대한 논의 내용과 정책적 대응이 다루어질 것이다. 이 글은 명예살인을 둘러싼 다양한 논의 중에서 여성 이민자의 명예와 권리가 모국의 문화뿐 아니라 그들이 속한 사회의 경제적·사회적·문화적 요인의 영향을 받는다는 입장에 동의한다. 일반적으로 이민자 공동체는 모국의 전통적 관행을 토대로 형성되지만, 시간이 흐르면서 정주국 사회의 삶의 조건에 따라 새롭게 재정립된다. 그러므로 이민자 공동체에서 발생하는 여성에 대한 폭력은 이민의 역사, 이민자 공동체의 종족적·종교적 배경뿐 아니라 정주국의 사회 통합 정책과 젠더 정책의 맥락 속에서 이해되어야 한다.

이런 점에서 스웨덴의 명예살인을 본격적으로 논의하기에 앞서 스웨덴의 이민 역사와 이민자 공동체의 특성, 사회 통합, 젠더 정책을 먼저 고찰할 것이다. 그리고 스웨덴에서 명예살인 논쟁을 촉발한 펠라 아트로쉬(Pela Atroshi) 사건과 파디임 사힌달(Fadime Sahindal) 사건을 소개한다. 다음으로 스웨덴과 같은 시기에 유럽 전역으로 확산된 명예살인 논쟁을 고찰하고, 이를 중심으로 스웨덴에서 전개된 명예살인 논쟁과 정책적 대응에 대해 살펴볼 것이다. 마지막으로, 스웨덴에서 명예살인을 계기로 촉발된 이민자의 사회 통합과 권리 정책에 대한 논쟁이 현재도 지속된다는 점에서 정치권과 이민자 여성 단체의 요구를 중심으로 그 논쟁을 살펴본다.

이 글은 '젠더 평등 모범국'인 스웨덴 사례를 중심으로, 최근 유럽에서 그 논의가 확산되는 문화와 폭력, 여성 이민자의 권리를 살펴보는 데 의의를 둔다. 또한 여성 이민자의 명예와 권리가 모국의 문화적 규범뿐 아니라 정주국의 정치적·경제적·사회적·문화적 맥락 속에서 교차적으로 결정된다는 논의를 국내에 소개한다는 점에서 학문적 의의가 있다.

〈표 1-1〉 스웨덴 근대 이민의 시기별 유형, 배경, 출신 지역

	시기	유형	배경과 출신 지역
1	1938~1948	난민, 망명	덴마크, 노르웨이, 핀란드, 폴란드, 발트 3국 등
2	1949~1971	노동 이민	북유럽과 남유럽 국가(유고슬라비아, 그리스 등)
3	1972~1989	난민, 망명	아프리카, 남미, 중동 지역, 구 유고 연방 국가 등 비유럽
4	1990~현재	난민, 노동 이민	터키 쿠르드계, 이라크, 유럽연합에 새로 가입한 동유럽 국가

2. 스웨덴의 이민 유입과 시민권 및 젠더 평등의 프레임

1) 이민 유입과 시민권 프레임

스웨덴에 이민자가 눈에 띄게 유입되기 시작한 것은 제2차 세계대전 이후라고 할 수 있다. 스웨덴의 근대 이민사는 네 시기로 나뉘어 설명되는데, 각 시기마다 유입된 이민자와 유입 형태가 독특하다(Westin, 2006). 스웨덴 근대 이민의 흐름을 시기, 유형, 배경, 출신 지역별로 요약한 〈표 1-1〉을 보면, 주로 인접 북유럽 국가를 중심으로 이민자를 받아들인 스웨덴에 비유럽계 이민자가 본격적으로 유입된 시기는 1972년 이후다. 스웨덴 정부는 유엔의 「1951년 제네바난민협정(The 1951 Refugee Convention)」과 「난민의정서(Protocol relating to the Status of Refugees)」(1967)에 서명한 이후 인도주의적 차원에서 해외 전쟁 난민과 망명자를 적극 수용하겠다는 의사를 밝힌 바 있다. 이를 토대로 스웨덴은 오늘날까지 지속적으로 비유럽계 난민과 정치 망명자를 수용하고 있으며, 이 때문에 전 세계에서 인구 대비 전쟁 난민을 가장 많이 수용하는 국가로 꼽힌다(최연혁, 2009: 11 ff). 특히 이라크 전쟁 당시 스웨덴이 수용한 이라크 난민의 수는 미국과

<표 1-2> 이민자의 출신 국가별 구분(상위 13개국, 2007년 기준)

순위	국가	이주 형태	이민자 수(명)
1	핀란드	정치 망명 및 노동 이민	178,179
2	유고슬라비아(세르비아-몬테네그로)	정치 망명	72,939
3	폴란드	정치 망명 및 노동 이민	58,180
4	이란	정치 망명	56,516
5	보스니아-헤르체고비나	정치 망명	55,713
6	덴마크	노동 이민	45,941
7	독일	노동 이민	45,034
8	노르웨이	노동 이민	44,590
9	터키	정치 망명	38,158
10	이라크	정치 망명, 전쟁 난민	37,881
11	칠레	정치 망명	28,019
12	레바논	종교 망명	22,967
13	소말리아	전쟁 난민	21,597

전 유럽 국가에서 받아들인 전체 난민 수를 능가하기도 했다. 이들 난민과 망명자는 최근 유입되는 동유럽 출신 이민자들과 함께 스웨덴의 저임금 노동력 부족 문제를 해결하는 데 기여하고 있다.

스웨덴에 유입된 이민자를 출신 국가와 이주 형태별로 살펴보면 정치 망명과 노동 이주로 유입된 핀란드인이 압도적으로 가장 많으며, 구 유고 슬라비아 출신이 두 번째를 차지한다(<표 1-2> 참조). 그 외에 유럽 국가인 폴란드, 덴마크, 독일, 노르웨이의 순으로 많은 노동자가 유입되었으며, 이란, 보스니아-헤르체고비나, 터키, 이라크 등의 이슬람 국가에서 정치 망명과 난민 형태로 유입된 이민자도 상당수에 달한다. 스웨덴에서는 아직도 스웨덴이 동질적인 종족 구성을 지닌다는 고정관념이 팽배하다(Hellgren and Hobson, 2008: 387). 하지만 현재 스웨덴의 인구 5명 중 적어도 1명 이상은 외국에서 태어났거나 부모 중 한쪽이 외국 출신일 만큼 다인종·다민족 사회의 면모를 갖추고 있다. 그리고 그중 과반수 이상(약 52%)이 여성이다.

스웨덴의 이민정책은 평등, 선택의 자유, 파트너십이라는 세 가지 주요 목표로 압축된다(Westin, 2006). 첫 번째 목표인 평등은 스웨덴의 장기 체류 이민자들이 복지 시스템에 대한 접근성을 포함해 스웨덴인과 똑같은 권리를 누려야 한다는 것이다. 두 번째 목표인 선택의 자유는 이민자가 사적인 삶의 공간에서 스웨덴 주류의 삶의 방식에 동화될지, 모국의 고유한 삶의 방식을 따를지 주체적으로 결정할 수 있어야 한다는 의미다. 마지막으로 파트너십은 이민자가 어떠한 삶의 방식을 선택하건 스웨덴의 핵심적인 가치·규범과는 대립하지 않아야 한다는 뜻이다. 이러한 파트너십의 관점에서 지방자치단체 선거와 지역 선거의 참정권이 이민자에게 부여되었다. 그러한 세 가지 목표를 달성하기 위해 스웨덴 정부는 출입국 정책, 시민권, 거주 및 노동 허가, 경제·문화·정치 영역 등에서 제도 개선을 위해 지속적으로 노력해오고 있다.

사회민주주의적 복지 레짐을 채택한 스웨덴에서 시민의 권리는 국적으로 결정된다. 스웨덴은 혈통중심주의(jus sanguinis)를 따르지만 이민자와 그 자녀는 일정 기간, 곧 5년 이상의 거주 조건만 충족하면 별 어려움 없이 국적을 취득할 수 있다. 국적취득을 위해 충족해야 할 최소 거주 기간은 난민과 망명자의 경우 4년, 북유럽 국가 출신은 2년으로 더욱 짧다. 게다가 스웨덴 정부는 이민자의 귀화 조건으로 스웨덴어 시험, 구술 선서 등도 요구하지 않는다. 2001년 개정된 국적법은 이중국적을 허용했는데, 이로써 스웨덴에 귀화한 이민자는 모국의 국적을 포기하지 않아도 된다. 나아가 귀화하지 않은 이민자도 스웨덴 거주 여부만 증명할 수 있다면 내국인과 동일한 권리와 혜택을 누릴 수 있다. 스웨덴 사회가 채택하고 있는 보편적 평등과 내재적 시민권 원칙에 따라 여성 이민자의 사회적 권리도 높은 수준에서 보장된다(Sainsbury, 2006: 230).

2) 젠더 정책 프레임

스웨덴의 공공 정책은 보편적 평등과 내재적 시민권의 원칙에 입각하고 있지만, 과거 스웨덴 사람들이 중요하게 생각해온 평등과 포용(inclusion)은 주로 노동과 경제 영역에 한정되어 있었다. 따라서 스웨덴에서는 민족문화나 역사, 또는 민족주의나 애국주의 등에 관한 논의보다 계급투쟁·연대·평등·생산에 관한 논의가 주로 이루어졌다(Towns, 2002: 163). 그리고 스웨덴의 이민자는 주로 스웨덴 노동시장의 부족한 인력 공급을 충족시키는 노동력, 특히 하층 노동력으로 다루어졌고, 이에 따라 이민자의 평등과 포용 논의 또한 노동과 생산에 초점을 맞춰 진행되었다.

여성에 대한 평등과 포용 논의도 예외는 아니었다. 특히 1960~1970년대에 스웨덴의 '여성 해방'에 관한 논의는 주로 여성의 임금노동 진입에 초점이 맞춰졌고, 이는 오늘날까지도 스웨덴의 젠더 평등 정책 영역에서 가장 중요하게 논의된다. 구체적으로는 주류 여성뿐 아니라 이민자 여성을 위한 정책 논의가 주로 공공 보육, 공적 영역 고용, 유급 부모 휴가의 제도화를 통한 여성의 지위 향상을 중심으로 이루어졌다. 대표적인 예가 '보편적 돌봄 제공자 모델'을 토대로 한 영유아 돌봄 서비스 확산과 장기 유급 출산휴가제다.[2] 또한 스웨덴에서는 여성이 사회 전 분야에 진출해 참여를

---

2 '보편적 돌봄 제공자 모델'은 여성의 삶의 패턴을 남녀 모두에게 공동 적용한다는 것으로서, 돌봄과 생계 부양이라는 부모 역할을 남녀가 공유한다는 원칙이 있어 돌봄과 생계 부

통한 젠더 평등을 이룰 수 있도록 남녀 차별 금지법, 여성을 위한 적극적 조치, 여성 선거 후보 할당제 등 다양한 제도를 도입하고 있다.[3]

그러나 스웨덴에서 여성운동과 페미니즘이 항상 소수자인 여성을 조직화해오고 있을지라도, 여성들 내부를 통합하려는 여성계의 노력은 부족하다고 비판받는다(Siim and Skjeie, 2008: 324). 특히 같은 여성이라도 사회적으로 구성된 정체성이 동일하지 않다는 점에서 여성을 동일한 집단으로 상정하는 여성의 정치적 대표성 논의가 재고되어야 한다고 강조한다. 초국적 이민이 증가하면서 여성들 사이에 불평등이 확대되고 있으며, 더욱이 정당 내에는 이민자 여성을 대표할 목소리가 없다는 것이 논쟁의 핵심이다.

이와 관련해 스웨덴에서 현재 대두되는 문제는 국가 페미니즘과 젠더 평등이라는 민주주의 원칙을 소수 이민자 여성을 포함한 모든 여성에게 어떻게 연계시킬 것인가 하는 점이다. 국가 페미니즘은 여성의 이해가 동일하다는 전제 아래 형성된 것이기 때문에 젠더와 다른 형태의 불평등 요인이 상호 교차할 때 그것을 어떻게 다룰 것인지의 문제는 쉽게 해결되지 않는다. 스웨덴의 경우, 급진적 페미니스트의 요구와 연계된 "동일노동, 동일임금, 동일가치"가 수용되었다는 측면에서 여성 내부에 존재하는 다양성을 어느 정도 관리하고 있다는 평을 받는다. 그러나 이민자가 급증하

양 간에 만들어진 남녀 역할 양분화를 가장 잘 해체할 수 있다고 간주된다(Borchorst and Siim, 2008: 212 ff).

3 스웨덴 여성 선거 후보 할당제를 보면 주요 정당들은 정치 영역에서 여성의 대표성을 확보하기 위해 당규에 여성 후보 40~50%(주요 6개 정당이 50%, 1개 정당이 40%) 할당제를 명시한다. 그 결과 오늘날 스웨덴 중앙의회 의원 중 여성의 비중은 거의 과반수에 달한다(문경희·전경옥·김미성, 2007).

기 시작한 1990년대 이후에도 인종과 종족의 다양성, 여성들 간의 차이, 폭력, 문화 등에 관한 사안이 젠더 평등 정책의 차원에서 진지하게 논의된 적이 거의 없다는 점은 스웨덴 젠더 평등 정책의 한계로 지적된다(Borchorst and Siim, 2008: 207).

3. 스웨덴의 무슬림 공동체에서 발생한 여성 명예살인 사건

이민자 수가 그다지 많지 않았던 1990년대 이전까지만 해도 그들의 문화나 젠더 문제가 스웨덴 사회에 혼란을 초래하는 문제로 주목받지 않았다. 하지만 구 유고 연방 사람들과 비유럽계 난민들이 대규모로 유입되기 시작한 1990년대부터 이민자와 주류 스웨덴인의 문화 차이가 여러 측면에서 드러나기 시작했다. 예를 들어 이민자 수가 증가하면서 스웨덴 주류 사회의 인종차별주의자들이나 네오파시스트들이 이민자들에게 폭력을 행사하기 시작했다(Towns, 2002: 166). 다른 한편으로 이민자와 스웨덴인의 문화적 차이와 젠더 평등에 대한 이슈가 영화와 소설 등에서 주요하게 다루어지기 시작하며 스웨덴 사회 내 이민자와 관련된 문제가 부각되기 시작했다. 특히 그 당시 스웨덴은 1995년 북경여성대회 등을 거치며 전 세계적으로 '젠더 평등 챔피언'이라는 새로운 국가 정체성을 획득하던 시기였기에 스웨덴 사회의 이민자 여성에게 가해지는 폭력은 관심의 대상이 되었다(Towns, 2002: 166).[4]

---

4 1994년 총선에서 스웨덴 여성의 정치적 대표성이 역사상 처음으로 40% 수준을 넘으며 스웨덴 여성의 정치적 세력화 운동 성공에 대한 대내외적 관심이 높아졌다. 예를 들어 당시

스웨덴의 무슬림 이민자 공동체에서 벌어진 명예 관련 폭력을 둘러싼 논의가 본격적으로 시작된 것은 1999년 6월 펠라 아트로쉬라는 쿠르드 소녀가 살해되고 난 이후다(Englund, 2002: 9). 펠라는 이라크계 쿠르드 출신으로 스톡홀름에서 그다지 멀지 않은 지역에 살았다. 그녀는 이라크 북부 쿠르디스탄(Kurdistan) 지역에서 어머니와 여동생이 보는 가운데 아버지와 스웨덴 국적의 삼촌 두 명에게 살해당했다. 처음에는 살인이 일어난 지역에서 사건에 대한 재판이 열렸다. 이 재판에서 그녀의 아버지는 제일 큰 죄를 지은 것으로 인정되어 5개월 감옥형을, 스웨덴 국적의 두 삼촌은 집행유예를 언도받았다. 하지만 그들은 스웨덴으로 돌아온 후 펠라의 살인을 스웨덴 국내에서 모의했다는 혐의로 스웨덴 법정에서 두 번째 재판을 받아야 했다. 펠라의 여동생이 삼촌들의 살인 모의가 스웨덴에서 이뤄졌다고 증언했기 때문이다. 마침내 2001년 1월 펠라의 두 삼촌은 무기징역을 언도받았고, 재판은 종결되었다. 결과적으로 이는 스웨덴의 국경과 법체계를 벗어나 발생한 첫 번째 명예 관련 살해 사건으로, 스웨덴인들이 자국과 이민자 모국의 젠더 규범을 비교적인 관점에서 바라보게 하는 중요한 계기가 되었다.[5]

스웨덴은 유엔과 IPU(국제의원연맹)로부터 여성의 정치적 대표성 확대를 기념하는 상을 받기도 했다. 이를 근거로 스웨덴의 주요 언론은 "스웨덴은 젠더 평등 챔피언(Sweden a Champion on Gender Equality)", "스웨덴이 최고의 선거 젠더 평등을 이룸(Sweden Best at Electoral Gender Equality)" 등의 기사를 보도했다. 이와 함께 당시 여성 의원 바르브로 베스터홀름(Barbro Westerholm)은 스웨덴의 젠더 평등을 다른 국가에 수출해야 한다고 공식적으로 언급하기도 했다. 실제로 스웨덴의 대외 원조 목표에 젠더 평등 원칙이 반영되기 시작했다.

5 무슬림 공동체에서 벌어진 사건은 아니지만 2000년 린즈버그라는 소도시에서 팔레스타인 출신 이민자가 딸을 계획적으로 살인한 사건이 발생했다. 그러나 린즈버그 시 법원은 이

펠라 사건에 이어 미국에서 9·11 테러가 일어난 지 얼마 되지 않은 2002년 1월, 또 다른 쿠르드계 스웨덴 여성 파다임 사힌달이 그녀의 아버지에게 살해되었다. 파다임 사건은 무슬림 가족 내 여성 명예 관련 폭력을 둘러싸고 스웨덴 사회에 엄청난 파장을 일으켰다. 사건을 요약하자면, 26세 파다임은 웁살라라는 지역에서 아버지에게 살해당했다. 그녀의 가족은 터키의 쿠르드인 거주 지역에 살다가 그녀가 일곱 살 때 스웨덴으로 이주했다. 스웨덴에 살면서도 그녀는 쿠르드 여성으로서 가족이 강조하는 권위와 정조 규범을 지키도록 요구받았고, 성인이 된 이후에는 가족이 선택한 쿠르드 남성과 결혼하라고 강요받았다. 하지만 그녀는 자신의 결혼 상대를 직접 결정하겠다고 선언했으며, 실제로 한 이란계 스웨덴 남성과 결혼하겠다고 가족에게 밝혔다. 하지만 가족은 그녀의 선택에 반대했고, 이어 폭력의 위협을 가하기 시작했다. 파다임은 스웨덴 경찰과 사회 서비스 기관에 도움을 요청했지만 별다른 도움을 얻지 못했다. 그녀는 스톡홀름에서 북쪽으로 약 80km 떨어진 웁살라 지역에 피신한 후 사회복지사가 되기 위해 학업을 이어갔다. 다른 한편으로 파다임은 언론과 방송 인터뷰를 통해 그녀가 겪는 문제와 무슬림 가족 내 명예살인에 대해서 스웨덴 사회에 알리기 시작했다. 당시 스웨덴 언론은 그녀의 이야기를 매우 비중 있게 다루며 무슬림 남성 이민자의 폭력성을 집중적으로 드러내기 시작했다.

이후 사민당 당원이 된 파다임은 스웨덴 중앙의회에 초대되어 자신의

사건이 문화적 차이로 발생했다는 판단 아래 살인자의 형을 감해주었다. 이에 대해 스웨덴 사회 내 14개 이민자 단체 등이 강하게 반발하고 나섰으며 터키, 이란, 그리스, 쿠르드, 칠레 이민자 연합회 등에서 "강간은 문화에 의해 발생하지 않는다"라는 제목의 공개 패널 논쟁을 벌이기도 했다(Towns, 2002: 168).

경험을 토대로 무슬림 가족의 명예살인 문제를 대외적으로 알리기도 했다(Fadime tal-utskriftsversion, 2001). 하지만 그녀가 가출 몇 년 만에 처음으로 엄마를 포함한 여성 가족을 몰래 방문하고 돌아오는 길에 뒤따라온 아버지에게 살해당했다. 살해되기 전부터 언론을 통해 스웨덴 대중에게 널리 알려진 파다임은 죽음 이후 더욱 유명해지기 시작했다. 그리고 실제로 그녀가 유명했던 만큼 스웨덴 사회에서 무슬림 여성 명예살인과 관련한 열띤 논쟁이 전개되었다.

4. 명예살인을 바라보는 논쟁적 시각

펠라와 파다임의 사건이 일어난 시기에 무슬림 이민자 공동체의 명예 관련 폭력 및 여성과 문화에 대한 논의가 스웨덴에서만 예외적으로 활발했던 것은 아니다. 이러한 논의는 비슷한 시기 대부분의 유럽 국가에서 비슷한 양상으로 전개되었다. 잘 알려진 바와 같이 1990년대 중반 이후 유럽에서는 다문화주의 담론과 실천이 위기에 빠졌다는 인식이 확산되었다. 그 당시 제기된 다문화주의 비판은 주로 유럽 국가 내 이민자들이 경제적·사회적 영역에서 통합되는 데 실패했다는 점에 초점이 맞춰졌다(Phillips and Saharso, 2008: 293 ff). 하지만 2001년 미국 9·11 테러 사건, 2004년 마드리드 폭탄 사건, 2005년 두 번에 걸친 런던 내 폭발 사건 등을 계기로 유럽 전역에 이민자, 특히 무슬림 남성에 대한 공포가 확산되면서 이민자의 정치적 통합이 중요한 문제로 제기되었다. 무슬림 남성에 대한 유럽인의 공포는 그들의 폭력적 문화와 종교에 대한 비판으로 이어졌고, 이는 주로 무슬림 남성에게 폭력 피해를 입는 무슬림 여성의 몸과 권리를 중심으로 이루어졌다. 무슬림 여성의 히잡 착용, 성기 절제, 강제 결혼, 명예살인 등이 주로 문제시되었으며, 여성에 대한 이러한 폭력은 주류 사회의 젠더 평등 문화에 위배된다는 것이 논의의 초점이었다.

젠더 평등을 문화 이원론적으로 바라보는 입장을 토대 삼아 대부분의 유럽 국가는 젠더 평등을 이유로 종종 이민을 제한하거나 더욱 엄격한 사회 통합 정책을 도입하고 있다. 이와 같은 사례는 영국, 네덜란드 등과 같은 서유럽 국가뿐 아니라 스칸디나비아 국가에 속하는 덴마크와 노르웨이에서도 찾아볼 수 있다. 특히 2003년 덴마크는 이민 배경이 있는 여성의 합법적 결혼연령을 24세로 상향 조정했는데, 이는 국가가 이민자 여성을 강제 결혼으로부터 보호한다는 차원에서 도입되었다. 그러나 국가가 18세 이상 성인 여성의 자율적인 결혼 결정권을 침해한다는 비판을 면치 못했다. 더욱이 덴마크 정부가 이 조치로 무슬림 남성이 결혼을 통해 덴마크로 유입되는 것을 막으려 한다는 비판도 제기되었다. 하지만 젠더 평등 담론을 이용한 덴마크의 이러한 이민 제한 정책은 이웃 국가 노르웨이를 비롯해 다른 유럽 국가들에까지 급속도로 확산되었다.

이처럼 동시대의 대다수 유럽 국가가 문화 이원론적 관점에서 젠더 평등을 이민 제한과 사회 통합 정책의 도구로 사용하는 것에 대해 일부 페미니스트 학자들은 환영과 우려의 입장을 동시에 나타내고 있다. 예를 들어 앤 필립스(Anne Phillips)와 사비트리 사하르소(Sawitri Saharso)는 여성의 권리와 다문화주의 위기에 관한 고찰에서 다음과 같은 입장을 제시했다 (Phillips and Saharso, 2008: 295). 즉, 한편으로는 젠더 평등이 정치권에서 중요하게 다루어지는 것은 환영할 일이지만, 다른 한편으로 여성의 권리가 근대 자유주의 사회만의 상징으로 사용되고, 그것이 서구와 '전통적인' 비서구, 비자유주의 사회를 차별화하는 데 사용되는 것은 상당히 우려스럽다고 지적한다.[6] 그들의 우려는 문화를 통해 서구와 비서구 국가를 이분법적으로 차별화하는 것이 곧 서구와 비서구 국가의 가치가 충돌한다는 고정관념을 조장하고, 나아가 (모든) 이민자가 유럽인보다 젠더 평등을 잘 수용하지 못할 것이라는 편견을 확산한다는 생각에 근거한다. 궁극적으로 그들은 젠더 평등 원칙이 주류 사회의 인종차별주의적 편견을 정당화하고 다문화주의를 공격하는 데 사용될 수 있다는 점을 우려하며, 이를 피하기 위해 논의의 프레임은 문화가 아닌 여성의 권리 보호에 초점이 맞춰져 구성되어야 한다고 강조했다(Phillips and Saharso, 2008: 295). 그들에 따르면 여성의 권리 보호에 대한 논의 프레임이 어떻게 구성되느냐에 따라 실제 여성의 삶의 조건을 개선하는 데 기여하느냐, 아니면 소수 문화 공동체를 비난하는 데 사용되느냐가 결정된다.

모이라 더스틴(Moira Dustin)과 앤 필립스는 명예 관련 폭력을 문화적 현상으로 보는 문화주의자의 관점이 이민자 집단 전체를 하나의 문화 집단으로 간주하며, 집단 내 여성, 특히 이민자 2세 여성 모두가 억압받고 저항하지 않는 '주체성이 없는 희생자'라는 고정관념을 만들어낼 수 있다고

---

6   실제로 유럽에서 소수 이민자 집단의 문화적 권리를 보호하기 위한 일부 다문화주의 정책이 여성의 권리와 이익을 훼손할 수 있다는 주장은 1990년대 후반에 제기된 것으로, 그리 오래되지 않았다. 대표적으로 페미니스트 학자 수전 몰러 오킨(Susan Moller Okin)이 다문화주의와 여성의 권리에 대한 논의를 촉발시켰다. 그녀는 자유국가가 소수 문화 집단의 고유한 문화와 종교적 차이를 수용·관용하는 과정에서 젠더화된 위계 관계를 유지하거나 강화하는 경향을 보이기 때문에 다문화주의 정책이 소수집단 여성의 인권을 침해할 소지가 있다는 점을 지적했다. 그녀는 여성이 문화적인 이유에서 일상적으로 반복되는 억압을 당할 경우, 국가나 조직이 아닌 개인과 남편으로부터 받는 폭력이더라도 그것이 문화상대권 때문에 용인되어서는 안 된다고 주장한다. 오킨의 주장은 다문화 사회의 소수 이민자 공동체 내부에서 발생하는 젠더 불평등 문제를 지적했다는 점에서 그 중요성을 인정받는다(Okin, 1998, 1999, 2002).

비판했다(Dustin and Phillips, 2008: 408). 이런 점에서 그들은 유럽에 거주하는 여성 이민자 중에도 조직화를 통해 강제 결혼에 저항하는 사례가 있다고 지적하며, 대표적인 예로 영국의 '사우스올 블랙시스터즈(Southall Black Sisters)'를 들었다.[7]

한편 모든 이민자 2세 남성은 그들 부모의 가부장적이고 근본주의적인 문화를 답습한 폭력의 공모자로 재현되기도 한다. 그러므로 더스틴과 필립스는 강제 결혼과 같은 명예 관련 폭력에 대해 문화주의자들의 주장처럼 단순히 '문화적 관행(cultural practices)'으로 설명하는 것은 옳지 않다고 본다. 문화적 관행은 흔히 문화권 내 모든 구성원에 의해 실천되는 것을 의미하는데, 강제 결혼이나 명예살인과 같은 여성에 대한 폭력을 이민자 공동체의 문화적 관행으로 간주한다면, 소수 공동체 내부에서 그에 반대하는 구성원들의 목소리를 완전히 배제하는 것이기 때문이다(Dustin and Phillips, 2008: 406). 또한 그러한 관점은 서구 국가에도 여성에 대한 남성의 폭력이 존재함에도 비서구 국가의 여성만을 문화의 희생자로 낙인찍는다는 비판에 직면했다. 우마 나라얀(Uma Narayan)은 서구 페미니스트들이 미국에서 미국인에 의해 발생하는 가정 폭력은 미국의 특수한 문화 때문에 발생하는 것이 아니라면서, 인도인의 결혼 지참금(dowry) 관련 살인은 '문화에 의한 살인'으로 해석한다고 지적했다(Narayan, 1997: 85 ff).

---

7 1979년 영국에서 아시아와 카리브-아프리칸 여성 이민자의 강제 결혼을 저지하기 위해 구성된 사우스올 블랙시스터즈는 다문화주의에 대한 비판의 목소리를 내며 영국 정부의 비효율적인 강제 결혼 방지 조치를 비판한다. 비판의 핵심은 영국 정부가 이민자 공동체의 남성 지도자들과의 비공식적인 계약 아래 여성의 강제 결혼 문제에 개입하지 않는다는 것이다. 사우스올 블랙시스터즈에 대해서는 다음의 웹페이지를 참조. http://www.southall blacksisters.org.uk/campaign_forcedmarriage.html

이처럼 이민자의 모국 문화에 낙인을 찍고 그것을 명예살인의 주요 요인으로 간주하는 문화 이원론자의 관점에 대한 대안적 관점으로서, 여성에 대한 폭력은 특정 공동체의 문화 때문이 아니라 전 세계 어디에서나 나타나는 보편적 가부장제 때문이라는 입장이 제기되었다(Meetoo and Mirza, 2007: 188). 보편주의자의 시각은 여성에 대한 폭력이 서구 국가든 비서구 국가든 어디에서나 발생한다고 보기 때문에 오로지 비서구 국가 여성이 폭력의 희생자이며, 비서구 국가의 남성만이 폭력 가해자라는 편견을 조장하지 않는다는 점에서 주목받았다. 그러므로 보편주의자들은 이민 배경에 상관없이 모든 여성이 남성의 폭력으로부터 동일하게 보호받아야 한다는 정책의 보편적 적용을 강조한다. 이러한 보편주의자의 시각은 앞서 언급한 스웨덴의 보편적 평등 원칙과 맥락을 같이한다는 점에서 스웨덴의 명예살인 논의에서 가장 대중적인 지지를 얻었다. 그 결과 스웨덴 정부는 보편주의적 입장을 토대로 명예살인 대응 정책을 수립했다.

하지만 보편적 가치를 강조하는 보편주의자의 담론은 젠더 평등을 추구하는 서구 국가의 가치가 보편적 가치라는 등식을 성립하는 데 기여할 수 있기 때문에 문화 중심적 관점, 그리고 궁극적으로는 서구 동화주의자의 주장과 일치하는 면이 있다는 점이 문제로 지적되었다(Dustin and Phillips, 2008: 408). 또한 명예 관련 폭력에 대한 보편주의자의 관점은 폭력이 발생하는 다양한 맥락적 상황을 무시한다고 비판받았다(Reddy, 2008: 311). 즉, 이민자 공동체 내의 명예살인을 설명하는 데 있어 정치적·사회경제적·문화적 맥락을 배제한 명예 관련 폭력에 대한 논의는 실제로 이민자 여성이 경험하는 다층적 어려움을 구체적으로 설명하지 못한다는 것이다. 교차주의적(intersectional)이라고 간주되는 이 접근은 이민자 개인과 공동체의 특수성에 관심을 둘 뿐 아니라 이민자의 삶에 영향을 주는 거주국의 정치적·

사회적·경제적 맥락에도 주목한다. 이러한 교차주의적 접근이 스웨덴에서도 문화 이원론자나 보편주의자의 대립적 논쟁 구도를 벗어날 수 있는 새로운 대안으로 제시되었으며, 주로 일부 학자와 여성 이민자 단체에 의해 옹호되고 있다.

5. 스웨덴에서 전개된 명예살인에 대한 논의와 정책적 대응

1) 문화 이원론적 관점 대 보편적 가부장제 관점

앞서 설명한 무슬림 남성 이민자의 여성 명예살인을 바라보는 세 관점을 토대로 펠라 사건과 파다임 사건 이후 스웨덴에서 나타난 논의에 대해 살펴보겠다. 스웨덴 사회에 큰 파장을 불러일으킨 파다임 사건을 중심으로 보면, 파다임은 죽음 이후 스웨덴 사회의 무슬림 가족에 팽배한 가부장 문화에 저항하는 투사로 상징화되었다. 다른 한편으로 그녀는 가족의 울타리와 통제를 벗어나 독립적이고 주체적인 삶을 구가하며 여성 폭력에 반대한 순교자로 재현되기도 했다(Englund, 2002: 10; Hellgren and Hobson, 2008: 389). 이러한 이미지는 주로 스웨덴의 주요 언론과 방송 매체에 의해 생산·재현되었다. 언론의 이러한 시각은 그녀가 아버지에게 살해되기 전, 자신의 생명을 향한 위협과 무슬림 여성에 대한 명예살인 문제를 대중에게 알리고 주류 사회의 지원과 보호를 요청했다는 점에서 설득력이 있었다.

한편 이러한 언론의 시각은 스웨덴의 주류 공동체와 이민자 공동체 간 문화 갈등을 조장하는 데 기여했다. 언론에서 문화가 여성에 대한 폭력의 원인으로 지적되었고, 문화는 결국 스웨덴적인 것과 비스웨덴적인 것을 구별하는 기제로 사용되었다. 더욱이 언론은 이민자 공동체를 자녀의 자율성과 개인성을 존중하는 스웨덴의 가치를 공유하지 않는 집단으로 재현했고, 이는 그들의 젠더 불평등 문화 때문이라는 점을 전문가 인터뷰를 통해 강조했다. 결과적으로 언론은 이민자 여성이 아버지와 남편의 그늘을 벗어나 독립적인 행위자, 주체, 나아가 스웨덴 시민으로 거듭나려면 이민자 공동체 전체가 모국의 문화를 포기하고 스웨덴의 젠더 평등 문화를 수용해야 한다고 주장했다(Englund, 2002: 10).

그러나 당시 스웨덴 언론의 이민자 공동체에 대한 편향된 보도 행태가 문제로 지적되었다. 대표적으로 세실리아 엥룬드(Cecilia Englund)는 실제 스웨덴 사회에 거주하는 무슬림 가족들이 딸들의 학업과 사회 진출, 나아가 그들이 결정한 결혼 상대를 인정하는 경우가 많지만, 언론은 그러한 여성들의 존재를 완전히 무시했다고 비판했다(Englund, 2002: 10). 그녀의 비판은 당시 언론 보도에서 주체적으로 자신의 삶을 살아가는 무슬림 여성을 소개하거나 인터뷰한 사례를 찾아보기 힘들었다는 점에 기인한다. 스트란드 룬스텐(Strand Runsten)은 스웨덴 언론이 지나칠 정도로 무슬림 이민자 공동체를 가부장적 전통문화와 등치시켜 보도함으로써 주류 스웨덴인들에게 무슬림 이민자에 대한 편견을 품도록 했다고 지적했다(Hellgren and Hobson, 2008: 392). 그는 스웨덴의 한 언론이 파다임의 재판에 관해 "마침내, 권총을 들고 있던 것은 파다임의 아버지였다. 하지만 그의 옆에는 친족과 이웃, 수천 년의 가부장적 전통이 함께 있었다"라고 보도한 예를 지적하며 언론의 편향적 시선을 비판했다(Hellgren and Hobson, 2008: 392). 이런 점에서 당시 파다임 사건을 보도한 언론의 두드러진 입장은 문화 이원론을 기반으로 한다고 할 수 있다.

이러한 언론의 편파적 보도는 쿠르드계 스웨덴 남성에 대한 공격으로 이어졌다. 당시 쿠르드 이민자 연합에 쏟아진 전화, 편지, 팩스 등에서 수많은 쿠르드계 남성은 자신이 명예 폭력의 가해자라고 비난받은 점을 언급하며, 한 여성의 죽음에 왜 모든 쿠르드 남성이 비난받아야 하는지 모르겠다고 언론에 호소하기도 했다(Englund 2002, 11). 이와 함께 파다임 사건은 스웨덴 내 이민자 단체들의 발언권을 상당히 약화시키는 결과를 초래했다. 파다임 사건 이후 이민자 단체는 주류 매체나 공동체와 적극적으로 대화하지 않았다. 다만 쿠르드 이민자 단체의 경우 파다임의 부모가 무슬림이 아니라 가톨릭 신자였다는 사실을 밝히며, 쿠르드 문화와 명예살인의 비연계성을 강조하는 데 주력했다(Hellgren and Hobson, 2008: 393).

다른 한편으로 언론뿐 아니라 페미니스트 학자와 정치인 간에도 파다임 사건을 둘러싼 논쟁이 촉발되었다. 그들 사이에서도 명예살인에 관한 두 가지 해석이 대두되었다. 한쪽에서는 명예살인이 전 세계 어디에서나 발생하는 여성에 대한 남성의 폭력이라는 가부장적 해석을 내놓은 반면, 다른 한쪽에서는 명예살인이 무슬림 공동체의 특수한 가부장 문화 때문에 일어난다는 문화적 해석을 내놓았다. 정치권의 경우 전 좌파당 당수이자 페미니스트 정당 '페미니스트 이니셔티브(Feminist Initatives)'의 당수인 구드룬 쉬만(Gudrun Schyman)이 보편적인 가부장적 해석을 가장 강하게 주장했다. 그녀는 파다임의 아버지가 그녀를 살해한 것은 여성에 대한 남성 폭력의 또 다른 표현에 불과하다고 주장했다(Hellgren and Hobson, 2008: 394). 그녀는 또한 스웨덴 사회에도 오래된 가부장적 질서가 잔재하며, 이로 인해 상당수 스웨덴 출신 여성도 남성의 폭력에 시달린다고 지적했다. 당시 쉬만은 "스웨덴 남성과 탈레반 남성이 별로 다르지 않다"라고 언급해 언론의 비난을 사기도 했다. 그럼에도 쉬만의 관점은 수많은 여성과 단체의 호응을 얻어냈다. 다음 인용문은 성폭력 피해 여성을 위한 쉼터를 운영하는 시민사회 여성 단체인 ROKS(Riksorganisatoinen för kvinnojourer i Sverige)의 의견도 쉬만의 주장과 맥락을 같이했다는 사실을 보여준다.

명예는 이번 또는 이와 유사한 살인과 아무런 상관이 없다. 스웨덴 남자가 그의 전 아내를 죽이는 경우 '질투의 드라마'로 간주된다. 그가 만약 그의 전 아내와 아이들을 죽인다면 이는 '가족 참사'라고 불린다. 여성운동가인 우리 는 그것이 여성에 대한 혐오 때문이라는 견해를 제시한다. 그것은 이민자들 에 대한 질문이 아니라 스웨덴을 포함한 모든 사회를 지배하는 가부장 문화 때문이 아닌가하는 의문을 제기한다.[8]

반면 과거에 사회 통합 부처의 장관직을 지냈고, 2007년부터 2011년 초 까지 사민당 당수였던 모나 살린(Mona Sahlin)은 문화적 설명에 더욱 힘을 실어주며 이민자들이 스웨덴의 젠더 평등 규범과 가치를 수용하도록 촉구 했다. 사민당 의원이자 쿠르드계 출신 여성 의원 날린 펙굴(Nalin Pekgul) 은 파다임 사건 이후 의견을 가장 많이 피력한 정치인에 속한다. 그녀는 명예살인이 쿠르드 사회의 오랜 가부장 문화 때문에 발생했다고 언급하는 동시에, 실제 수많은 쿠르드계 여성이 정도의 차이는 있겠지만 폭력의 피 해를 받는다고 지적했다(Englund, 2002: 15). 하지만 그녀는 파다임 사건

---

8 ROKS가 언급한 내용은 파다임 사건 몇 달 전에 벌어진 (이민 배경이 없는) 스웨덴 여성 멜리사(Melissa)의 죽음과 관련되어 있다. 멜리사는 남성 가족 구성원이 아니라 전 남자친 구에게 살해당했다. 이때 언론은 그녀의 전 남자친구가 새 남자친구에 대한 질투심에서 그녀를 살해했다고 보도했다. 이 때문에 파다임의 죽음 이후 많은 사람들이 "파다임의 죽 음이 문화 때문이라면, 멜리사의 죽음은 왜 문화 때문이라고 설명하지 않는가"라는 문제 를 제기했다(Hellgren and Hobson, 2008: 394에서 재인용).

때문에 쿠르드 공동체에 대한 주류 스웨덴인들의 편견과 반감이 증가할까 봐 걱정된다고 언급하기도 했다. 또한 젠더와 민주주의 등에 관한 연구로 스웨덴 사회에 폭넓은 인지도를 지닌 페미니스트 학자 위보네 히르드만(Yvonne Hirdman)은 명예 관련 살인을 가부장제의 또 다른 모습으로 보편화하려는 쉬만의 의견에 반대하는 입장을 제시했다. 그녀는 "스웨덴에 남성 우월주의에서 기인한 오래된 가치가 잠재해 있긴 하지만 스웨덴이 보유한 젠더 구조와 문화는 자랑스러워할 만한 것"이라고 언론 기고를 통해 반박했다(Hellgren and Hobson, 2008: 395).

이처럼 스웨덴 사회에서 무슬림 공동체의 여성 명예살인은 경쟁적 관점에서 논의되었다. 이들 페미니스트 학자와 정치인의 논란은 스웨덴의 젠더 평등 정책이 주류 공동체 여성을 위한 정책이지 이민자 여성처럼 다른 민족적·인종적·계층적 특성을 지닌 소수 공동체 내 여성을 위한 정책이 아니라는 지적도 이어졌다. 기존의 젠더 평등 정책에 명예살인에 대한 보호와 방지 등의 내용이 포함되지 않았기 때문이다. 그리고 이는 여성 이민자가 자신의 의견을 제시하고 대표할 수 있는 정치적 대표성을 확보하지 못했기 때문이라는 문제 제기로 이어졌다. 이런 점에서 이민자 공동체 내 여성의 명예와 관련된 폭력은 스웨덴인들이 그동안 이룬 젠더 평등 제도화의 성과와 한계, 그리고 제도화 과정에서 소홀히 다룬 여성들 간 차이, 폭력, 문화 등의 사안에 대해 비판적으로 성찰할 수 있는 기회를 제공했다고 볼 수 있다. 한편 대다수 스웨덴인은 명예 폭력도 가부장제 질서 아래 나타나는 남성의 여성 억압이라는 보편주의자의 설명에 가장 폭넓은 지지를 보냈다. 이는 다음 장에서 논의될 파다임 사건 이후 스웨덴 정부가 취한 정책적 대응을 통해 알 수 있다.

2) 스웨덴 정부의 정책적 대응

트루데 랑바스브라텐(Trude Langvasbråten)은 스칸디나비아 국가의 젠더 폭력 정책 분석을 통해 각국의 다문화주의와 젠더 평등 담론의 차이를 밝혔다(Langvasbråten, 2008). 그녀의 연구 결과를 요약하자면, 스웨덴의 젠더 폭력 관련 정책은 젠더 폭력을 문화와 결부시키지 않는 반면에 노르웨이와 덴마크에서는 결부되어 나타난다는 것이다. 먼저 스웨덴의 젠더 평등 정책에서는 문화와 젠더 폭력에 관한 언급이 전혀 없다. 다시 말해, 여성에 대한 남성의 폭력은 여성과 남성의 불평등한 젠더 관계에서 기인한 것이지 문화에 의해 발생하는 것이 아니라고 본다. 그러므로 젠더 폭력을 예방하려면 삶의 모든 영역에서 여성이 남성과 동등하게 참여하고 성취할 수 있도록 해야 하며, 여성에게 폭력적인 사회구조를 제거하기 위해 젠더 평등에 대한 정책적 지원이 필요하다고 말한다(Langvasbråten, 2008: 40). 스웨덴의 사회 통합 정책에서 비서구 국가의 여성에 대한 폭력은 간략하게 언급되어 있는 수준이다. 하지만 여기서도 젠더 불평등은 문화적 맥락과 독립적으로 작동하는 보편적인 젠더-권력 시스템의 결과이기에 문화가 스웨덴의 젠더 평등 정책에 아무런 영향도 주지 않는다는 점을 강조한다.

구체적으로 스웨덴에서는 1990년대 후반 이래 이민자 여성을 가족 폭력으로부터 보호하고, 그들의 가부장적 가족 규범과 전통을 약화시키기 위해 수많은 법과 정책이 입안되었다. 최근 명예 관련 살인에 대한 법과 정책은 더욱더 강화된 측면이 있으며, 해외에서 자행된 범죄에도 확대 적용되는 경향을 보인다. 가장 최근에는 명예 관련 폭력의 적용 사례가 남성에 대한 가족 폭력으로도 확장되었다(Hellgren and Hobson, 2008: 397). 이는 한 이민자 남성이 이민자 여성과 결혼하려 했지만, 여성 집안에서 그녀가 중매결혼을 할 대상이 있다는 이유로 그 남성을 살해한 사례가 발생했기 때문이다. 이런 맥락 아래 스웨덴 사회의 무슬림 이민자 공동체에게 명예란 넓은 의미에서 가족의 권위와 가족이 혼인 약속을 지키려는 것을 의미하고, 이는 이민자 여성과 남성 모두에게 해당될 수 있다는 인식이 확산되었다. 또한 스웨덴의 보편적인 젠더 평등 원칙에 따라 스웨덴 법이 여성뿐 아니라 남성의 권리, 그리고 아동의 권리도 보호해야 한다는 점을 새삼 부각시키는 계기를 제공했다.

한편 펠라 사건의 여파로, 스웨덴에서는 명예 관련 폭력이 모의되고 있다는 사실을 알면서 신고하지 않은 것도 범법 행위로 간주하기 시작했다. 이는 명예살인, 아동 결혼, 여성 성기 절제 등 모든 사안에 적용되었고, 스웨덴에서 모의되어 해외에서 발생한 사건에도 적용시켰다. 다른 한편으로는 젊은 여성이 가족의 통제에서 벗어나 파트너를 선택할 권리를 보호하기 위한 다른 조치들이 만들어지고 있다. 가령 2002년부터 이민 배경 여부와 상관없이 스웨덴에 거주하는 모든 여성은 최소 결혼연령 18세의 원칙이 적용되고 있다. 이는 스웨덴 이민자에게 포용적 시민권이 적용된 것으로, 이민자 여성의 최소 결혼연령을 만 24세로 상향 조정한 덴마크와 구별된다. 2004년 5월 이후부터는 해외에서 발생한 아동 결혼이나 강제 결혼이 스웨덴에서 법적으로 인정되지 않도록 개정되었다. 또한 망명자와 난민을 고려해 스웨덴 이민부는 명예살인의 위협 때문에 스웨덴으로 들어오려는 젊은 여성의 이주를 더욱 관대하게 허용하고 있으며, 이들 여성은 다른 망명자들에 비해 스웨덴 거주권을 훨씬 쉽게 취득할 수 있게 되었다.

명예 관련 폭력에 시달리는 여성을 위한 수많은 정책 제안도 비슷한 시기에 소개되었다. 먼저 스웨덴의 정부 부처 중 산업·고용·소통부와 사회 통합부 책임자들이 여성 이민자 조직과 수차례 만나며 그들의 의견을 듣기 시작했다. 이러한 정부의 노력은 2000년 '여성평화국가위원회(National Council for Women's Peace)' 설치라는 결실로 이어졌으며, 위원회는 명예살인에 대한 논의를 집중적으로 전개했다. 또한 정부는 명예 관련 폭력에 시달리는 소녀들을 "가부장적 가족 폭력에 종속된 소녀(subjected girls in patriarchal families)"라고 명명하며, 그들을 돕고 보호하기 위해 정부에 전문위원을 새로 배치했다. 그들의 주요 업무는 가부장적 성향이 강한 남성과 소년을 다루는 것이다. 그리고 가부장적 가족 폭력에 종속된 소녀를 위한 쉼터의 운영 예산으로 약 200만 크로나가 배정되었다(Englund, 2002: 15). 마지막으로 파다임 사건 이후 예방적·보호적 조치가 더욱 확대되었다. 예를 들어 2003~2007년에 명예 관련 폭력 방지를 위한 예산으로 180만 크로나가 배정되었다. 이는 주로 교육과 학교에서 명예 관련 폭력 방지 프로그램을 운영하는 데 사용되었다. 한편 2006년 선거 승리 이후 집권당이 된 보수연합 정부는 명예 관련 폭력을 젠더 평등 정책 영역에 포함시키고, 여성에 대한 남성의 폭력과 관련된 정책의 하부 정책으로 배치했다.

6. 명예살인 논쟁으로 가시화된 스웨덴 사회의 (숨겨진) 인종차별주의

파다임 사건을 포함한 일련의 무슬림 여성 명예살인 사건으로 촉발된 스웨덴의 이민정책과 여성 이민자의 권리에 관한 논의는 최근 스웨덴 사회에서 서로 다른 현상으로 표출되고 있다. 한편에서는 반이민 정서를 토대로 극우 정당과 반이민자 폭력이 대두하며, 다른 한편에서는 이민자, 특히 여성 이민자 단체를 중심으로 스웨덴 정부의 이민, 사회 통합, 보편적 젠더 평등 정책에 대한 비판이 제기된다.

후자를 먼저 살펴보면, 파다임 사건 이후 언론 노출을 최대한 자제했던 기존 이민자 단체와는 달리 젊은 페미니스트 이민자 여성들로 조직화된 단체와 네트워크는 스웨덴에서 벌어지는 명예 관련 폭력과 인종차별주의 모두에 반대한다는 목소리를 내기 시작했다. 그들은 일면만을 강조한 보편주의자 관점과 문화주의자 관점 둘 다에 반대하며, 자신들의 이민자 공동체 내 경험을 중심으로 이야기하겠다고 밝혔다(Englund, 2002: 15). 이후 스스로를 '교차주의자'라고 명명한 이들은 이민자 공동체의 문화적 특수성을 완전히 배제한 보편주의적 관점에 문제를 제기했지만, 특히 모나 살린처럼 영향력 있는 여성 정치인이 여성에 대한 폭력을 문화 중심적 입장에서 설명했다는 점에 가장 비판적으로 응수했다.

그들의 지적에 따르면 이민자는 모국 문화를 전수하는 것이 사실이라 하더라도 스웨덴 주류 문화의 영향 또한 받는다. 또한 그들은 문화 중심적 입장을 지닌 사람들이 스웨덴 문화가 여성에 대한 폭력을 비정상적으로 간주하고 그러한 폭력이 결코 발생하지 않는 것처럼 언급하지만, 그것은 현실과 다르다고 비판했다(Englund, 2002: 15).

이러한 교차주의적 접근은 주로 여성 이민자들이 직접 조직한 단체를 중심으로 확산되었다. 명예 관련 폭력 피해 여성을 위한 쉼터를 운영하는 '소마야(Somaya)'라는 단체는 명예 관련 폭력이 스웨덴보다 가부장적 문화가 아직 더 강하게 남아 있는 국가 출신의 공동체에서 발생하지만, 이 문제는 이민자들이 새로운 사회(스웨덴)에서 배제나 차별에 직면했을 때 더욱 중요하게 인식되며 나타나는 경향이 있다고 주장했다.[9] 또 다른 무슬림 여성 조직 '테레펨(Terrafem)'은 언론을 통해 파다임 사건 이후 스웨덴에 인종차별주의가 부활했다고 지적했다(Englund, 2002: 21). 이러한 지적은 스웨덴 사회에 팽배한 문화 이원론적 사고, 즉 스웨덴인의 가치는 건전하지만 무슬림 남성의 가치는 폭력적이기 때문에 건전한 스웨덴인이 폭력적인 무슬림 남성을 가르치며 건전한 길로 이끌어야 한다는 사고에 대한 비판이다. 쿠르드계 이민자 남성 정치인 아메드 에스칸다리(Ahmed Eskandari)는 스웨덴 사회에서 쿠르드계 이민자 공동체가 스스로를 고립시키며 살아가고 있다는 점을 지적한 바 있다. 그는 주류 스웨덴 사회가 그들을 고립시킨다고 언급하지는 않았지만, 그들 공동체 내에서 여성에 대한 폭력이 발생해도 스웨덴의 공공 기관들이 아무런 조치도 취하지 않은 점은 비난받아 마땅하다고 주장했다(Englund, 2002: 21).

젊은 여성을 보호하려는 여러 다양한 자원과 수많은 쉼터가 있지만, 경찰이나 다른 공공 기관이 이들 문제를 해결하는 데는 한계가 있다는 지적이 있다. 특히 파다임 사건을 계기로 스웨덴 경찰과 사회 기관은 이 문제를 다루는 데 역부족임을 보여주며 그 한계를 여실히 드러냈다. 이들 공공기관은 애초 파다임이 가족의 살인 위협을 받고 도움을 요청했을 때 별다른 조치를 취하지 않고 그냥 돌려보냈기 때문이다. 이러한 사실이 알려지면서 가족의 해체를 막는다는 이유로 딸들을 취약한 상태에 그대로 두어서는 안 된다고 주장하는 페미니스트들의 비판이 거세졌다. 이들에 따르면 사회 기관 종사자들은 이민자 가족을 여전히 모국의 문화로 구성된 '문화적 단위'로만 보고 있으며, 이로 인해 여성 이민자들의 문제를 해결하기보다는 그들의 문화적 열등감을 지적하며 피해 여성들에게 모멸감을 안겨

---

9 '소마야'를 비롯한 다른 이민자 여성 단체는 스웨덴 정부에 의해 확대된 명예 관련 폭력 방지 기금을 중심으로 폭력 피해 여성을 위한 쉼터를 운영하며, 피해 여성을 돕고 가족과의 대화를 중재하는 역할을 하고 있다(Englung, 2002: 21).

주기도 한다. 따라서 피해 여성은 경찰이나 공공서비스 기관보다는 인권 변호사나 아동보호기관 등에 도움을 요청하는 경우가 흔하게 발생한다 (Englund, 2002; Hellgren and Hobson, 2008).

나아가 이러한 교차주의적 시각을 견지한 학자들은 스웨덴의 이민자들이 매우 높은 수준의 사회적 권리를 누리지만, 스웨덴에서 문제시되는 것은 이민자의 공적 권리가 아니라 이민자에 대한 주류 스웨덴인의 종족 차별과 숨겨진 '일상적 인종차별주의'라고 지적한다(Carson and Burns, 2006; 최연혁, 2009: 13 ff). 이러한 지적은 앞서 언급한 정책 및 제도적 노력과 달리 스웨덴 이민자와 주류 스웨덴인 사이에 체계적이고 실질적인 분리가 엄연히 존재한다는 점에 근거한다.

예를 들어 최연혁은 스웨덴 출생자와 이민자, 특히 비유럽계 이민자 사이에 취업률·실업률 격차와 직종 분리 심화가 우려할 수준에 이르렀다고 지적한다(최연혁, 2009: 13 ff). 그가 인용한 스웨덴통계청(SCB) 자료에 따르면 1998년 비유럽 출신 이민자의 실업률은 50%에 이르는데, 이는 내국인의 5.7%, 북유럽 출신 이민자의 9.3%에 비해 상당히 높다. 2004년 조사에서는 이란 출신 이민자의 50%, 소말리아 출신 이민자의 90% 정도가 실업 상태에 있었다. 이는 결국 비유럽계 이민자의 구직 의욕 감소와 복지 의존도 증가로 나타나고 있으며, 그 결과 실업 상태의 이민자들과 일하는 주류 스웨덴인들 사이의 갈등이 증폭되고 있다.

취업률의 경우 2004년 대졸자 중 내국인의 취업률이 82%인 반면, 비유럽 이민자는 61%에 그쳤다. 비유럽 이민자의 경우 대졸자의 취업이 어려워 대다수 내국인이 회피하는 직종, 즉 힘들고 어려우며 보수가 낮은 청소부와 단순 육체노동 등에 종사하는 비율이 증가하고 있다. 또한 특정 직종 내 이민자 배제도 문제시되었는데, 특히 지방 공무원의 이민자 고용 비중은 인구 분포보다 훨씬 낮다는 점이 지적되었다. 이렇듯 이민자에게 불리하게 작용하는 정치적·경제적·사회적 조건이 결과적으로 가부장 문화와 함께 여성 이민자의 권리와 명예를 위험에 처하게 만드는 요인으로 작동한다는 설명은 교차주의자들의 주장에 설득력을 더해준다.

최근 들어 스웨덴 대중과 정치인들은 문화 이원론적 입장을 중심으로 이민에 대한 반감을 가시적으로 드러내고 있다. 실제로 스웨덴 정치권에서 반이민을 표방한 극우 정당이 생겨난 것은 1990년대부터다. 스웨덴 최초의 반이민 정당으로 불리는 신민주당(New Democracy)이 이때 창당되었다. 신민주당은 장기 집권당인 사민당이 재집권에 실패한 1991년 총선에서 6.7%의 지지율을 얻고 등장했지만, 이후 재선에 실패해 정당의 생명을 이어가지 못했다(Hellgren and Hobson, 2008: 389). 하지만 그들의 정치적 이상이 자유당(the Liberal Party)에 의해 수용·계승되고 있는 것으로 알려졌으며, 자유당은 스웨덴의 보수연합을 구성하는 정당 중 하나다. 자유당은 2002년 의회 선거를 앞두고 반이민에 대한 의견을 선거 캠페인 전면에 내세웠으나, 그들의 종족 중심 민족주의 운동은 대중의 지지를 폭넓게 이끌어내지는 못했다(Carson and Burns, 2006).

2006년 선거에서는 스웨덴민주당이라는 반이민을 표방한 극우 정당이 스웨덴 사회에 큰 파장을 일으키며 선거에 참여했다. 당시 스웨덴민주당은 전국적으로 2.4%의 지지를 얻는 데 그쳤기 때문에 중앙의회의 대표성을 확보하는 데 실패했다. 하지만 지방 차원에서는 290개 지자체 정부 중 140개에서 국민의 지지를 얻어 대표성을 확보하는 데 성공했다. 더욱이 최근 2010년 선거에서 스웨덴민주당은 중앙의회인 릭스다겐(riksdagen)의 총 349석 중 20석(5.7%)을 차지하는 데 성공했다. 이는 다른 유럽 국가처럼 스웨덴에서도 반이민 극우 정당이 지지 기반을 넓혀나가고 있음을 보여준다.

그동안 다른 유럽 국가와 달리 인종차별이 없다고 알려진 스웨덴에서 극우 정당의 출현과 성장은 다수의 스웨덴 대중과 정치인에게 당황스러운 사실이 아닐 수 없었다(조명진, 2010). 선거에서 승리한 여당 보수연합(온건당, 중앙당, 인민당, 기민당)이나 선거에서 패배한 야당 사민연합(사민당, 녹색당, 좌파당)은 어느 곳도 스웨덴민주당과 연정을 맺지 않겠다고 선언한 바 있다(조명진, 2010). 그동안 스웨덴 사람들이 인종차별과 종족 차별을 내세우는 정당을 노골적으로 지지하지는 않았지만, 극우 정당의 약진을 통해 그들의 정치적 행동 이면에 인종차별주의와 이민자에 대한 공포가 상당 부분 내재되어 있다는 점을 확인할 수 있다(Hellgren and Hobson, 2008: 389). 최근 스웨덴에서는 이러한 우려가 실제 사건으로 나타나고 있다. 예를 들어 최근 1~2년 동안 스웨덴의 세 번째 도시이자 인구의 약 40%가 이민자 또는 이민자 자녀로 구성된 말뫼(Malmö)에서 무슬림 이민자에 대한 연쇄 총격 사건이 벌어졌다(KBS, 2010). 이러한 사건이 스웨덴 사회에 큰 파장을 일으키는 가운데, 스웨덴민주당은 이민자 유입 조건을 강화하며 그 규모를 축소해야 한다고 주장한다. 이런 점에서 명예살인을 계기로 현재 스웨덴에서 전개되는 이민자에 대한 논의는 그동안 스웨덴 사회에 숨겨진 '일상적 인종차별주의'를 드러낼 뿐 아니라 그러한 인종차별주의자들이 세력화하는 양상으로 나타나고 있다.

7. 나가며

지금까지 '젠더 평등 국가' 스웨덴의 이민자 공동체에서 발생한 여성 폭력에 대한 논의 내용과 정책적 대응을 살펴보았다. 대부분의 유럽 국가가 무슬림 이민자 공동체의 여성에 대한 명예 관련 폭력의 원인을 분석할 때 이민자 공동체의 젠더 불평등적 문화를 문제시한다. 이러한 문화 중심적 관점은 대다수 국가에서 주류와 이민자 공동체 간의 경계 구분을 더욱 명확히 하는 데 기여하며, 다른 한편에서는 이민자 여성의 권리 제한과 이민 통제 정책의 수단으로 사용되었다.

스웨덴의 경우 문화, 폭력, 여성 이민자의 권리를 둘러싼 논의에서 문화 중심적 관점과 보편적 젠더/가부장적 관점이 대립하는 측면을 보였다. 궁극적으로 두 관점 모두 여성 이민자가 더 이상 폭력의 희생자가 되어서는 안 된다는 주장이지만, 폭력의 원인을 스웨덴 주류 공동체와 이민자 공동체의 문화적 차이로 볼지 아니면 스웨덴을 포함한 전 세계 어디에나 존재하는 가부장제로 볼지 그 관점이 나뉘었다. 이러한 논의는 한편으로 스웨덴의 젠더 평등에 대한 근본적인 의문 제기와 함께, 다른 한편으로는 이민자 공동체의 폭력 문제를 단편적인 문화 차이나 가부장제의 문제로만 봐서는 안 된다는 지적으로도 이어졌다. 결과적으로 스웨덴에서는 어떤 문화적(인종, 민족, 계층, 섹슈얼리티 포함) 배경을 지닌 여성도 남성의 폭력으로부터 동등하게 보호받아야 한다는 원칙이 합의되었으며, 이는 정책 형성에도 반영되고 있다. 스웨덴 정부는 젠더 평등 담론을 이용해 여성 이민자의 권리를 제한하거나 이민자 유입을 통제하는 정책을 전개하지는 않고 있다.

이 글은 스웨덴에서 명예 관련 폭력과 여성 이민자의 권리에 관한 논의 프레임을 이해하기 위해 이민 경험과 수용국의 시민권, 사회 통합 정책, 젠더 평등 정책이 여성 이민자의 삶의 조건과 사회적 권리에 영향을 미친다는 점에 주목했다. 그러한 다양한 요인이 수용국 내 이민자의 정치적·사회적·경제적·문화적 내재와 배제의 정도를 결정하기 때문이다. 이런 관점에서 보면, 우선 과거부터 현재까지 스웨덴 정부는 노동력 공급과 인본주의적 입장에서 노동 이민과 난민, 망명자 유입을 비교적 관대하게 허용하고 있다. 이렇듯 관대한 이민정책은 최근 반이민을 표방한 우익 성향의 정당의 출현했음에도 아직 심각하게 도전받고 있지는 않다.

한편 거주 중심의 시민권 정책은 이민자들의 사회적 권리를 높은 수준에서 보장하고 있다. 특히 스웨덴의 평등과 포용 원칙이 보편주의에 입각한다는 점 때문에 이민자와 여성의 권리 또한 제도적 차원에서 보호받는다. 높은 수준의 권리 보호와 젠더 평등을 구가하는 스웨덴은 국제사회로부터 인권 수호와 젠더 평등의 모범국이라는 극찬을 받고 있으며, 이는 스웨덴의 대외적 국가 정체성 형성에도 기여했다. 이러한 맥락에서 스웨덴 사회는 문화와 여성 이민자의 권리 논의에서 문화적 맥락을 통한 권리와 이민 제한보다는 여성의 보편적 권리 보호에 중점을 둔 논의와 실천 담론을 전개한 것으로 볼 수 있다.

하지만 스웨덴의 이민자 권리에 대한 논의가 최근 극우 성향 정당인 스웨덴민주당과 일부 인종차별적 언론 등을 통해 다시 제기되는 상황이다. 이러한 반이민 정서의 확산이 주류 공동체와 이민자 공동체 간 분열을 조장할 수 있다는 걱정과 함께, 인도주의적이고 젠더 평등 모범국인 스웨덴이 향후 다른 유럽 국가와 마찬가지로 극우화될 가능성이 있다는 우려가 나오고 있다. 이러한 정치적 지형의 변화가 향후 스웨덴에서 여성 이민자 권리에 대한 담론과 실천에 영향을 미치는 '위협' 또는 '압력' 요인으로 작동할지 여부를 주의 깊게 살펴볼 필요가 있다.

10~20여 년에 걸친 이민 역사를 지닌 스웨덴에서 이민자 공동체의 여성에 대한 폭력은 정도의 차이가 있을 뿐 지속적으로 발생한다는 점을 주시

할 필요가 있다. 이를 위해 앞서 살펴본 것처럼 스웨덴에서 여성 이민자가 속한 공동체의 삶의 조건과 권리에 영향을 미치는 다양한 제도적 요인을 살펴보는 것이 중요하다. 또한 스웨덴 사회의 여성 이민자가 일상생활에서 피부로 느끼는 내재와 배제의 경험을 중심으로 한 연구가 더욱더 진행될 필요가 있다. 이러한 연구는 스웨덴 사회에서 공식적으로 드러나지는 않지만 일상에 스며들어 여성(과) 이민자의 삶에 영향을 미치는 여러 형태의 차별과 분리 현상을 짚어낼 수 있을 것이다.

마지막으로 파다임 사건을 계기로 스웨덴의 이민자 공동체에서 여성에 대한 폭력이 지속적으로 발생하는 이유에 대한 역사학자 케네스 프리젠 (Kenneth Fritzen)의 설명에 주목할 필요가 있다. 그에 따르면 이민자가 새로운 사회(이민 수용국)에서 가장 적응하기 어려워하는 문화는 다름 아닌 가족, 아동 돌봄과 양육, 젠더, 섹슈얼리티, 갈등 해결 방식과 관련된 것이다(Englund, 2002: 33). 이러한 이슈들은 이민 수용국에서도 여전히 논쟁적으로, 그리고 관용적이지 않은 방식으로 다루어지기 때문이다. 이런 점 때문에 이민자 개인은 그러한 이슈들을 이해하며 그러한 이슈들에 대한 자신의 태도를 바꾸는 데 가장 적은 노력을 기울이는 경향이 있다고 한다. 이는 이민자 공동체 내 여성 문제가 수용국의 여성 문제와 상호 교차해 유지·강화된다는 점과 더불어, 수용국의 여성 문제에 대한 해결 없이는 이민자 공동체 내 여성 문제의 해결도 어렵다는 점에서 중요한 시사점을 던진다.

참고문헌

문경희·전경옥·김미성. 2007. 「제도화된 여성운동의 가능성과 한계: 스웨덴의 페미니스트정당(Feminist Initiatives)을 중심으로」. ≪국제정치논총≫, 47집 2호, 149~172쪽.

조명진. 2010.11.3. "지옥될까 두려워진 '이민자 천국'". ≪시사저널≫, 1098호.

최연혁. 2009. 「다문화시대의 국민통합과 아동청소년 정책: 스웨덴의 사례분석」. 무지개청소년센터의 해외 아동, 청소년 다문화정책 학술포럼(2009.7.7).

KBS. 2010.10.26. "스웨덴에서 이민자 노린 총격 잇따라". http://news.kbs.co.kr/world/2010/10/26/2182853.html(검색일: 2011.3.15).

Benhabib, Seyla. 2002. *The Claims of Culture: Equality and Diversity in the Global Era.* Princeton, New Jersey: Princeton University Press.

Borchorst, Anette and Birte Siim. 2008. "Women-friendly policies and state feminism: Theorizing Scandinavian gender equality." *Feminist Theory*, 9(2), pp.207~224.

Carson, Marcus and Thomas Burns. 2006. *A Swedish Paradox: The Politics of Racism and Xenophobia in the Good Society.* Uppsala.

Dustin, Moira and Anne Phillips. 2008. "Whose agenda is it? Abuses of women and abuses of 'culture' in Britain." *Ethnicities*, 8(3), pp.405~424.

Englund, Cecilia. 2002. "Migrants between Culture and Society: A case study of a changing social climate after the murder of Fadime Sahindal." Paper presented at Swedish National Focal Point of the RAXEN network.

Esping-Anderson, G. 1999. *The Three Worlds of Welfare Capitalism.* Cambridge: Polity Press.

Fadime tal-utskriftsversion. 2001. "Fadime Sahindal's speech at the Swedish Parliament." http://www.fadimesminne.nu/tal_ar_fadime_eng.html(검색일: 2011.3.17).

Fiast, Thomas. 1995. "Ethnicization and Racialization of Welfare State Politics in Germany and the United States." *Ethnic and Racial Studies*, 18(2), pp.219~250.

Hellgren, Zenia and Barbara Hobson. 2008. "Cultural dialogues in the good society: The case of honour killings in Sweden." *Ethnicities*, 8(3), pp.385~404.

Hernes, Helga. 1987. *Welfare State and Women Power: Essays in State Feminism.* London: Norwegian University Press.

Langvasbråten, Trude. 2008. "A Scandinavian Model? Gender Equality Discourses on Multiculturalism." *Social Politics*, 15(1), pp.32~52.

Meetoo, Veena and Heidi Mirza. 2007. "There is nothing 'honourable' about honour killings: Gender, violence and the limits of multiculturalism." *Women's Studies International Forum*, 30(3), pp.187~200.

Morris, Lydia. 2002. *Managing Migration: Civic Stratification and Migrants' Rights.* London: Routledge.

Narayan, Uma. 1997. *Dislocating Cultures: Identities, Traditions, and Third World Feminism (Thinking Gender).* Routledge.

_____. 2000. "Undoing the 'Package Picture' of Cultures." *Signs*, 25(4), pp.1083~1086.

Okin, Susan Moller. 1998. "Feminism and Multiculturalism: Some Tensions." *Ethics*, 108(4), pp.661~684.

_____. 1999. "Is Multiculturalism Bad for Women?" in J. Cohen, M. Howard and Martha C. Nussbaum(eds.). *Is Multiculturalism Bad for Women?* Princeton, New Jersey: Princeton University Press.

_____. 2002. "'Mistresses of Their Own Destiny': Group Rights, Gender, and Realistic Rights of Exit." *Ethics*, 112(2), pp.205~230.

Phillips, Anne and Sawitri Saharso. 2008. "The rights of women and the crisis of multiculturalism." *Ethnicities*, 8(3), pp.2~12.

Polli, Katha. 1997. "Whose Culture? A response to Susan Okin's 'Is Multiculturalism Bad for Women?'" *Boston Review*, October/November.

Reddy, Rupa. 2008. "Gender, culture and the law: Approaches to honour crimes' in the UK." *Feminist Legal Studies*, 16(3), pp.305~321.

Sainsbury, Diane. 2006. "Immigrants' social rights in comparative perspective: welfare regimes, forms of immigration and immigration policy regimes." *Journal of European Social Policy*, 16(3), pp.229~244.

Sen, Gita and Nira Yuval Davis. 1992. *Refusing Holy Orders: Women and Fundamentalism in Britain.* London: Virago.

Shachar, Ayelct. 2001. *Multiculturalism Jurisdictions: Cultural Differences and Women's Rights*. Cambridge: Cambridge University Press.

Siim, Birte and Hege Skjeie. 2008. "Tracks, intersections and dead ends: Multicultural Challenges to state feminism in Denmark and Norway." *Ethnicities*, 8(3), pp.322~344.

Southall Black Sisters. "The Forced Marriage Campaign." http://www.southallblacksisters. org.uk/campaign_forcedmarriage.html(검색일: 2011.4.1).

Towns, Ann. 2002. "Paradoxes of (Inequality): Something is Rotten in the Gender Equal State of Sweden." *Journal of the Nordic International Studies*, 37(2), pp.157~179.

Westin, Charles. 2006. "Sweden: Restrictive Immigration Policy and Multiculturalism." *Migration Information Source*. http://www.migrationinformation.org/usfocus/display. cfm?ID=406(검색일: 2011.4.3).

Withaeckx, Sophie. 2011. "(De)culturalising honour-related violence in the migration context." Paper presented at the 2nd European on Politics & Gender, CEU Budapest (2011.1.13~15).

제2장

여성 성기 절제를 둘러싼
프랑스의 논쟁

김민정

1. 들어가며

프랑스는 오랜 이민 역사를 지닌 국가다. 19세기부터 주변 국가들로부터 많은 이민자를 받아들였고, 20세기에는 정치적 망명자도 받아들이기 시작했다. 이는 프랑스공화국의 국가 이념인 공화주의(republicanism)에서 모든 인간은 평등하며 인권을 국가가 존중해야 할 최우선 가치로 가르치기 때문이기도 하지만, 다른 한편으로는 경제적·군사적으로 새로운 인구의 충원이 필요했기 때문이었다. 특히 1950년대 프랑스 식민지였던 아프리카 국가들이 독립한 후 이 지역으로부터 대량 이민이 발생하면서 프랑스 사회에는 다른 문화를 지닌 많은 이민자가 함께 거주하고 있다. 이들 중에는 프랑스 국적을 취득한 사람도 있고, 국적을 취득하지 않은 채 외국인으로 살아가는 이민자도 있다. 여기에서 중요한 것은 국적의 취득 여부와 상관없이 그들은 원래의 프랑스인과 다른 문화를 지닌다는 사실이다.

이러한 이질적 문화가 사회에 공존하면서 프랑스는 많은 문제에 봉착하고 있다. 특히 가치 측면에서 이민자의 문화가 프랑스 사회의 주류 문화와 충돌할 때 많은 갈등이 야기된다. 이 중에는 단순히 프랑스 문화와 이민자 문화의 충돌이라는 문제에 그치지 않고 프랑스 문화 내의, 혹은 프랑스 가치 내의 충돌을 불러와 중첩적 갈등을 야기하는 문제도 있다. 그러한 문제 중에 젠더 관련 이슈가 있다. 북아프리카 이민자들에게는 많이 나타나지만 원래 프랑스 사회에서는 더 이상 행해지지 않거나 아예 존재하지 않았던 문화적 관행들이 여기에 속한다. 예컨대 히잡 착용, 강제 결혼, 여성 성기 절제(Female Genital Mutilation: FGM)와 같은 것들이다.

이러한 관행들은 이민자들이 프랑스 사회에 통합되는 것을 심리적으로 혹은 실질적으로 어렵게 하는 요인이 된다. 한편 이민자들의 문화는, 히잡 착용의 경우 비교적 덜 심하지만 강제 결혼이나 할례는 프랑스 문화 저변에 존재하는 인권 존중 개념에서 볼 때 엄청난 인권침해이며, 선택의 자유와 자기 신체의 자유에 대한 침해이므로 받아들이기 어려운 관행이다. 만약 강제 결혼과 성기 절제를 당한 여성이 프랑스 국적인 경우 프랑스 정부는 자국 국민에 대한 인권침해로 해석할 수도 있다. 그러나 다른 한편으로 개인의 권리라는 개념에서 보면 강제 결혼과 여성 성기 절제가 그러한 문화를 지닌 사람들에게는 자신의 문화를 존중하고 지켜야 할 의무와 그것을 향유할 권리를 의미한다. 따라서 프랑스의 그러한 문화 향유권 침해를 권력 남용으로 해석할 수도 있다. 이런 점에서 이민자의 다른 문화는 이민자와 프랑스 사회의 갈등 요인이 될 뿐만 아니라 프랑스 사회에서 프랑스 문화의 가치 간 충돌을 발생시키는 중요한 문제가 될 수도 있다.

이민자 문화의 고유한 속성을 인정하고 주류 문화가 이를 포용해 이민자들의 사회 통합을 발전시켜야 한다고 주장하는 다문화주의에 따르면, 프랑스 사회가 인권 개념이 아니라 다문화 존중의 관점에서 여성 성기 절제나 강제 결혼과 같은 이민자의 문화적 관행을 인정해야 한다고 주장한다. 그러나 페미니즘의 관점에서 이러한 문화는 분명 여성의 권리에 대한 침해이며 극복되어야 할 과제로 인식되고 있다.

그러한 문제의식을 바탕으로 이 글은 다문화주의와 페미니즘이 충돌하는 지점에서 프랑스 사회가 어떻게 반응했는지 살펴보고자 한다. 이민자들의 많은 문화적 관행 가운데 좀 더 극단적이고 분명한 사회적 논쟁을 불러왔으며, 그 해결 과정에서 프랑스 사회의 특성과 프랑스 이민자 정책의 특성을 잘 보여준다고 생각되는 여성 성기 절제 관행을 둘러싼 논쟁을 살펴볼 것이다. 논쟁과 해결, 그리고 여성 성기 절제에 대한 프랑스의 정책을 통해 이민자의 유입으로 야기된 프랑스 사회의 중요한 논쟁, 즉 프랑스 문화와 이민자 문화의 충돌, 그리고 프랑스 사회 내 가치의 충돌을 보여주고, 그 해결 과정에서 프랑스 사회의 가치 우선순위에 대해 밝혀보려 한다. 이를 젠더 관점에서 재해석해 이민자 여성에 대한 프랑스의 시각을 살펴보려는 것이 이 글의 목적이다.

2. 여성 성기 절제의 현황과 정책 유형

1) 여성 성기 절제의 현황

여성 성기 절제는 서구 페미니스트들의 큰 관심사 중 하나다. 외부인의

시각에서 여성 성기 절제는 끔찍하고 받아들이기 어려운 전통이자 이해할
수 없는 전통이어서 어떤 대가를 치르더라도 반드시 사라져야 하는 전근
대적 관행으로 인식된다. 그래서 이러한 관행이 행해지는 아프리카 지역
을 점령한 서구 국가들은 이를 불법화하며 근절하려 했다. 수단을 점령한
영국 정부는 1946년에 성기 절제를 법으로 금지했다. 그러나 이러한 금지
정책은 여성 성기 절제 관행을 없애기는커녕, 금지 조치가 확산되기 전 또
는 여성 성기 절제가 불법화되기 전에 성기 절제를 시키려는 부모들 때문에
오히려 여성 성기 절제가 단기간에 급증하는 현상을 불러왔다(Polderman,
2006: 57). 이와 더불어 식민 모국의 금지 조치는 오히려 반식민 또는 탈식
민 운동의 빌미가 되었다. 1946년 영국이 여성 성기 절제를 금지시킨 수단
에서는 두 명의 여성이 여성 성기 절제 혐의로 기소되었는데, 이 사건은
수단에서 반식민주의 항거와 민족주의 운동의 촉발제가 되었다. 수단 민
족주의자들은 여성 성기 절제로 식민지 여성을 기소하는 것이 식민 모국
의 잔인한 억압정책이라고 해석한 것이다. 여성 성기 절제는 이렇듯 외부
인의 시각에서는 끔찍한 가부장적 관행이지만, 내부인의 시각에서 외부인
의 이러한 시각은 오히려 서구 중심적이고 인종차별적인 성격을 지녔다고
비판받게 된다.

여성 성기 절제가 국제적인 관심을 끌게 된 것은 페미니즘 운동의 확산
과 연관이 크다. 페미니스트들은 여성 성기 절제를 묵과할 수 없는 가부장
제 관행으로 간주했고, 여성이 성적 기쁨을 즐길 수 있는 능력을 제거해
여성을 통제하고 억압하는 행위로 이해했다. 프랜 호스켄(Fran Hosken)과
앨리스 워커(Alice Walker)는 여성 성기 절제 관행을 면밀히 조사한 뒤 보고
서를 내어 그 잔인성에 대해 전 세계의 관심을 환기시켰다(Hosken, 1982).
호스켄은 보고서에서 "여성 성기 절제는 단순한 신체적 고문이나 억압이

아니다. 그것은 여성을 노예화하고 남성에게 영구히, 그리고 철저히 종속시키려는 의도적인 시도다. 여성 성기 절제는 여성의 몸에 대한, 재생산과 섹슈얼리티에 대한 물리적인 통제"(Hosken, 1982: 15)라고 주장했다.

여성 성기 절제는 전 세계적으로 1억~1억 4000만 명의 여성과 소녀가 겪고 있는 일이다. 성기 절제는 건강에 치명적인 영향을 주며, 그 방법과 상처의 경중에 따라 심각한 문제를 야기한다.[1] 여성 성기 절제는 주로 사하라 남부 아프리카와 극동 지역, 남동아시아(예멘, 인도네시아, 말레이시아) 등에서 발생한다. 유럽이나 기타 지역의 피해자는 약 5%에 불과하다. 이 여성들은 아프리카 출신 이민자들로서 유럽이나 북아메리카에 살고 있다. 아프리카는 28개국에서 여성 성기 절제가 행해진다. 그동안 성기 절제를 당한 여성의 수는 정확히 알려지지 않았지만 1990년부터 조사를 통해 밝혀지고 있다. 그 숫자는 국가별 격차가 큰데, 카메룬에서는 1.4%에 그치는 반면, 기니에서는 96%에 달한다는 통계가 나와 있다. 여성 성기 절제는 주로 15세 이전의 소녀들에게 행해진다.

여성 성기 절제는 종교적 관행(이슬람)과 연관되었다고 알려져 있지만, 사실 아프리카에 이슬람이 들어오기 훨씬 전부터 행해져왔고, 이를 정당화한 어떤 종교적 텍스트도 없는 것으로 알려졌다.[2] 에티오피아에서는 성

---

1 세계보건기구(WHO)에서는 여성 성기 절제를 네 가지 유형으로 나눈다. 첫 번째 유형은 음핵의 부분적 혹은 전체적 절제를 동반하거나 동반하지 않는 껍질의 절제, 두 번째 유형은 음핵의 부분적 혹은 전체적 절제, 세 번째 유형은 외부 성기의 부분적 혹은 전체적 절제와 질 입구의 봉합 및 협소화, 네 번째 유형은 그 이외의 경우(찌름, 천공, 절개)다. 여성 성기 절제로 인한 결과는 세 범주로 나눌 수 있는데, 단기간의 의학적 결과(예를 들어 통증, 출혈, 소변 정체, 감염 등), 장기적인 의학적 결말, 즉 감염, 불임, 생리 불순, 임신 및 출산 중의 어려움, 마지막 범주는 심리적인 결과로서 정신적·사회적 어려움(성적 민감성의 문제, 심리적 불안, 스트레스 등)이다.

기 절제를 당한 여성 중 75%는 어떠한 종교와도 연관이 없으며, 25%만 이슬람 여성이다. 나이지리아에서는 2%만이 여성 성기 절제를 당했는데, 사실 나이지리아인의 거의 대부분은 이슬람교도다. 말리는 이슬람 국가로서 90% 이상의 여성이 성기 절제를 당했고, 알제리, 리비아, 튀니지, 모로코 등의 이슬람 국가는 사실상 여성 성기 절제가 존재하지 않는다고 할 수 있다. 이렇게 볼 때 이슬람의 종교적 관행으로 알려진 여성 성기 절제가 사실상 이슬람과 관련이 없다고 해도 과언이 아니다.

　여성 성기 절제의 관행은 종교적이기보다는 인종적 현상이라는 것이 전문가들의 주장이다. 한 국가에서도 인종 집단에 따라 여성 성기 절제 관행이 있는 집단과 그렇지 않은 집단이 분명히 나뉜다. 오은경(2008)의 논문에서는 이슬람의 남성 할례와 여성 성기 절제를 동일시하지만, 이슬람에서 남성 할례는 여성 성기 절제보다 그 시술 과정이 훨씬 간단하고 덜 위험해 신체적 외상이 훨씬 적을 뿐 아니라 심리적인 후유증도 적다.[3]

　여성 성기 절제의 목적은 다차원적이다. 수단과 같은 국가에서는 정화 (purification)의 뜻인 '타후르(Tahur)'로 불리며 신성화의 목적이 부여되고,

---

2　개신교 교회에서는 이 문제에 대해 수십 년 전부터 관심을 두고 대응해왔으며, 가톨릭교회에서는 1990년대 이래로 관심을 갖고 국제적인 공동체의 참여를 호소해왔다. 최근에는 2006년 카이로 알아자르 대학에서 열린 한 회의에서 수니파 종교 지도자들이 여성 성기 절제는 이슬람법에 근거하지 않는다는 점과 이러한 나쁜 폐습에 대항해 투쟁할 것을 선언했다.

3　여성 성기 절제를 나타내는 표현은 여러 가지다. 좀 더 보편적인 용어는 '여성 할례'인데, 가야트리 C. 스피박(Gayatri C. Spivak)은 이 용어가 성차별적이라는 이유로 '음핵 절단 (clitoridectomy)'이라는 표현을 쓰자고 주장했다(Spivak, 1987). 일반적으로 할례는 이슬람교의 종교적 행위인데, 여성 성기 절제는 종교적 관습이기보다는 전통적인 관습으로 알려져 있기에 '여성 할례'라는 표현은 적절하지 않다. 따라서 이 글에서는 '여성 성기 절제'라는 용어를 사용한다.

다른 국가에서는 단순히 전통의 의미를 지닌 '수나(Sunna)'로 불리며 공동체의 일체감을 표출하기 위한 전통으로 간주된다. 전통적으로 일종의 성인식 같은 의식으로 사용해온 국가도 있다.

아프리카 출신 이민자가 프랑스에 들어오기 시작하면서 이 문제는 단지 부족적 전통의 문제에서 이민자의 문제로 그 성격이 변화했다. 1960년대에 아프리카 이민자가 프랑스 사회에 대거 들어오기 시작했지만, 당시에는 여성 이민자가 많지 않아 별 문제가 없었다. 그러나 1970년대 이민자 가족 재결합 정책에 따라 남성 이민자의 여성 가족 구성원이 프랑스 사회에 유입되면서 문제가 된 것이다. 2004년부터 프랑스 이민자 중 여성이 절반을 넘기 시작했지만(김민정, 2010: 32),[4] 이것이 문제가 되기 시작한 것은 1980년대부터였다. 1980년대 초반 프랑스에서 태어난 여아들이 성기 절제 시술을 받다가 과다 출혈과 불결한 시술 상황으로 인한 감염 때문에 사망하는 일이 생기면서 정부 당국을 긴장시켰다. 정부는 형법 제222조에서 여성 성기 절제를 폭력으로 간주해 금지했다. 그 숫자가 정확하게 알려진 것은 아니지만, 한 조사에 따르면 1982년 2만 4000명의 여아와 여성이 성기 절제를 당했고, 1989년에는 2만 7000명이 당했다고 응답했다. 1980년대에 아프리카 출신 여성 인구가 오늘날에 비해 많지 않았던 것을 감안하면 이는 상당히 큰 숫자다. 최근의 추정치로는 2004년에 5만 명의 여성이 성기 절제를 당한 것으로 알려졌다(Andro and Lesclingand, 2007: 3). 알려진 데이터를 통해 보면 여성 성기 절제가 많은 국가들로부터 프랑스로 입

---

4   여성 이민자 수는 1960년대에 전체 이민자의 47%였는데, 1999년에 이르러 남녀 이민자 수가 거의 비슷해지다가(49%) 2000년을 지나며 여성 이민자 수가 다수를 차지했다. 현재는 전체 이민자 490만 명 가운데 54%가 여성으로, 남성에 비해 훨씬 많다.

<그림 2-1> 여성 성기 절제 시행국

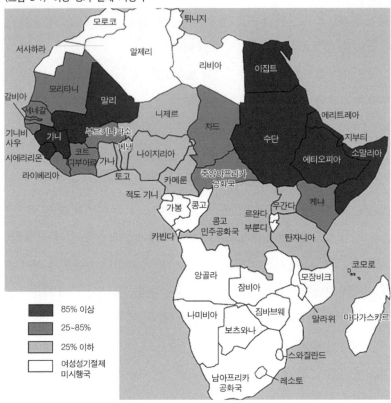

자료: Andro and Lesclingand(2007: 3).

국하는 총인원은 매년 약 20만 명에 이른다. 이들 국가 출신으로서 프랑스
에 거주하는 이민자 중 매년 9만 명 정도가 프랑스 국적을 취득한다.

　이 가운데 0~17세 여아는 대략 5만 5000명 정도로, 4분의 1에 해당한
다. 이들 중 약 50%가 여성 성기 절제를 당했거나 당할 위험에 놓인다.

　이렇게 볼 때 그 숫자는 1980년대에 비해 줄었다고 할 수 있지만, 그렇
다고 완전히 없어진 것은 아니다. 또한 그 위험은 출생지에 상관없이 가족

〈표 2-1〉여성 성기 절제 시행 국가 출신의 이민자 또는 국적취득자

국가	여성 성기 절제 시행 비율(%)	입국 인원 (2006년 통계)	국적취득자(명)
베냉	17	6,748	4,739
부르키나파소	77	8,101	1,250
카메룬	20	693	9,105
중앙아프리카 공화국	36	31,096	2,118
차드	45	460	832
콩고	5	43	9,411
지부티	98	1,162	1,064
이집트	97	4	8,561
에리트레아	89	604	58
에티오피아	80	237	1,663
감비아	80	1,489	103
가나	30	2,391	1,016
기니	99	24,611	1,565
기니비사우	50	22,367	1,432
코트디부아르	45	24,894	10,692
케냐	32	2,391	133
라이베리아	60	279	143
말리	92	41	5,683
모리타니	71	20,353	1,515
니제르	5	3,721	445
나이지리아	19	1,133	499
세네갈	28	2,463	15,583
시에라리온	90	31,708	165
소말리아	98	144	193
수단	90	384	271
탄자니아	18	663	137
토고	50	1,443	5,077
우간다	5	1,825	89
예멘	23	16	392
총합	53.41(평균)	193,470(총합)	83,934(총합)

자료: 여성 성기 절제 시행 비율은 Guiné and Fuentes(2007: 482), 입국 인원은 INSEE(2008) 통계, 프랑스 국적취득은 INSEE(2005) 통계.

<표 2-2> 여성 성기 절제를 실시하는 국가 출신의 이민자 중 0~17세 여아 수

국가	0~17세 여아 수(명)	국가	0~17세 여아 수(명)
베냉	631	가나	447
부르키나파소	306	기니	4,411
카메룬	5,005	코트디부아르	6,246
중앙아프리카 공화국	1,118	말리	7,862
차드	2,887	모리타니	942
콩고	9,971	니제르	253
콩고민주공화국	5,170	나이지리아	367
지부티	117	세네갈	4,616
이집트	1,770	수단	160
에티오피아	166	차드	320
가봉	1,080	토고	984
감비아	261	기타	836
총합		55,924	

자료: INSEE(2008).

이 속한 인종 또는 본국에 따라 좌우되며, 성기 절제를 당하는 나이도 일 정치 않다. 이런 점에서 프랑스의 여성 성기 절제 불법화와 사법 처리 정 책은 어느 정도 효과를 보고 있지만, 완벽히 사라지게 할 수는 없었다.

2) 여성 성기 절제를 둘러싼 다양한 견해

여성 성기 절제를 둘러싸고 유럽 국가에는 몇 가지 입장이 있다. 우선 앞서 언급한 호스켄과 같이 명확한 보편주의적 입장을 취하는 견해가 있 다. 반(反)여성 성기 절제 운동가와 페미니스트 중에는 이러한 보편주의적 입장을 취하는 사람이 많다. 이들은 여성 성기 절제가 남성에 의한 여성 억압 구조의 대표적인 예이며 고통받는 여성을 그 고통에서 구해내야 한 다는 입장이다. 수전 몰러 오킨(Susan Moller Okin)은 다문화주의에 의해 인정된 집단의 권리가 일부다처제, 강제 결혼, 여성 성기 절제 등과 같은 여성 억압적 관행을 다문화주의의 이름으로 보호한다면 다문화주의는 결국 여성에게 나쁠 수밖에 없다는 주장을 폈다(Okin, 1999). 그러나 역설적이게도 이 주장은 그다지 일반화되지 않았다. 특히 '고통받고 있는' 여성들 스스로가 이런 의견에 동의하지 않고 있다. 이들은 호스켄의 보편주의가 왜곡된 식민주의의 일환이라고 비판한다(Mohany, 1991). 이에 대해 아지자흐 알비브리(Azizah Al-Hibiri)는 "사회 변화는 온정주의적인 서구인들이 외부에서 변화를 강요해 이루어지는 것이 아니라 내부로부터 이루어진다. 그래서 서구의 페미니즘이 과연 제3세계 소수 여성들에게 도움이 될 것인지"(Al- Hibri, 1999: 41~46) 의문을 제기하며 다문화주의적 접근을 옹호했다.

페미니스트 중에는 서로 대립되는 이 두 주장 사이에서 중립적 입장을 취하며 여성 성기 절제의 문화적 의미를 강조하는 학자도 있다. 엘런 그륀바움(Ellen Gruenbaum)과 재니스 보디(Janice Boddy)는 인류학자로서 여성 성기 절제의 시행 지역을 연구하다가 여성 성기 절제에 관심을 갖게 되었다. 이들은 극단적 보편주의를 지양하고, 또 다른 극단으로서 아프리카 지역의 특수성만을 강조하는 입장도 지양하며 문화적 맥락으로 이 문제에 접근했다(Gruenbaum, 2009). 그들은 성기 절제를 한 여성들을 인터뷰한 후 성기 절제에 대항하는 하나의 방법으로 그 관행의 본래 목적과 이유를 이해하는 것이 중요하다고 주장했다. 성기 절제를 한 여성들은 성기 절제가 꼭 필요하다고 주장하는 것에도 반대하지만, 성기 절제가 여성에 대한 억압이므로 반대해야 한다는 주장 역시 근시안적이며 비인간적이라고 생각한다는 것이다. 그들이 보기에 이러한 인류학적 연구의 대부분은 여성 성기 절제에 반대하는 서구 페미니스트들이 성기 절제를 한 여성들의 신체 건강과 정신적 외상에 관심을 두기보다는 서구 문화의 우월성에 입각해 여성 성기 절제를 시행하는 국가나 사회의 야만성에만 초점을 맞춘 것이라고 본다. 같은 맥락에서 페미니스트들 중 일부는 이를 19세기 반유대주의적 사회 분위기 속의 '타자로서의 유대인'과 비교하며, 1990년대의 여성 성기 절제 시행자를 '타자로서의 이민자'로 설정하고 이민자들 고유의 문화를 '야만적 관행'으로 간주하는 경향도 발견된다.

여성 성기 절제를 둘러싼 서로 다른 입장은 사실상 이민자들의 사회 통합에 대한 입장 차이와 유사하다. 이민자의 사회 통합을 바라보는 시각에는 다문화주의와 동화주의가 있다. 다문화주의 입장에서는 문화의 존중을 강조하며 문화적 상대주의를 중요하게 여긴다. 이민자들의 통합 과정에서 그들의 문화적 관행과 문화적 정체성을 인정해줘야 한다는 입장이다. 그들을 사회의 구성원으로 인정하며 그들의 문화적 관행 역시 존중해야 한다고 주장한다. 여성 성기 절제와 같은 행위에 대해서도 단순히 수용국에서 발생하는 폭력의 일종으로 간주하지 않으며, 문화적 관습에 바탕을 둔 것이기 때문에 어느 정도의 존중이 필요하다고 본다.

자유주의적 보편주의자의 입장에서 이민자의 문화적 전통은 수용국의 보편적 가치와 질서에 위배되지 않는다는 조건하에서만 관용될 수 있다. 여성 성기 절제처럼 인류의 보편적 가치인 인간의 존엄을 침해하는 가치와 전통은 관용될 수 없다는 것이다. 다문화주의자들은 이러한 입장이 서구적 입장만 지나치게 강조한다고 지적한다. 결국 서구식 페미니즘이 아프리카 문화를 무시하고 자신들의 문화적 우월성을 강요하는 행동이라는 비판이다.

마지막으로, 이들의 갈등을 조화시키려는 윌 킴리카(Will Kymlicka)의 입장이 있다. 그는 사실상 양자 간에 근본적 차이가 존재하지 않는다고 주장한다(Kymlicka, 1995). 각 개인은 집단 속에서 자기 존중과 자기애의 궁정적 감정을 발전시킬 수 있는 조건 아래 권리를 지닌다는 것이다. 특정한 언어와 역사가 있는 한 조직이나 문화 공동체에 속한다는 것, 그리고 이러한 조직에 대해 긍정적인 일체감을 발전시킬 수 있는 가능성은 어린이와 미성년자가 자기애와 자존감을 발전시키고 고양하기 위해 반드시 필요한 선행조건이다. 이러한 전제하에서 자신의 권리를 주장하려면 다른 사람의 권리도 같이 존중해야 하며, 그 과정에서 집단적 정체성이 형성된다는 것이다. 그는 공식적·공개적으로 여성에 대한 차별을 관행화하는 집단은 특별한 집단적 권리를 주장할 수 없다고 말한다. 킴리카의 입장은 문화적 상대주의를 인정하더라도 그 문화의 부정적 측면으로서 여성 성기 절제는 분명 집단의 권리를 주장할 수 있는 긍정적 관행이 아니기 때문에, 서구 사회에 편입된 이민자들이 문화적 특수성을 주장하며 그 처벌을 가볍게 해달라는 것은 받아들이기 어렵다는 것이다.

이러한 주장들을 정리하면, 보편주의적 입장에서는 여성 성기 절제와 같은 이민자의 특수한 문화적 관행이 비록 고유의 전통이더라도 수용국의 보편주의적 문화에 의거해 판단되고 이해되어야 한다. 반면 아프리카 특수주의를 강조하는 입장에 따르면, 여성 성기 절제는 본국의 고유한 전통이고 문화이므로 수용국의 문화가 중요하다면 이민자의 특수한 문화 역시 존중받아야 하며, 그들의 문화적 관행을 수용국의 문화와 가치로 판단해서는 안 된다. 문화적 맥락을 강조하는 입장에서는 여성 성기 절제의 문화적 의미에 초점을 맞추며, 그것이 가져다주는 심리적·육체적 외상에 관심을 두고 여성 성기 절제 근절에 노력해야 한다고 본다. 이러한 다양한 주장이 명확하게 나뉘는 것은 아니다. 각국 페미니스트들의 다양성, 정부 정책의 영향, 여성 성기 절제 관행의 유형, 이민자들의 의식화 등에 따라 이렇듯 중첩적으로 나타난다.

<표 2-3> 여성 성기 절제에 관한 입장

구분	이민정책	여성 성기 절제에 대한 입장
보편주의	동화주의	인권침해로서 근절되어야 할 관행
상대주의	다문화주의	해당 문화가 지닌 특수성의 표출. 여성 성기 절제의 특수성 인정
문화적 접근		타자인 이민자들의 야만적 문화
		문화적 맥락 중시. 야만적 문화로서가 아니라 여성 성기 절제가 해당 여성에게 남기는 심리적·육체적 외상에 주목

일반적으로 여성 성기 절제를 둘러싼 각국 정부의 정책은 크게 두 가지로 나눌 수 있다. 첫 번째는 여성 성기 절제의 인권유린과 인권침해는 인정하지만, 국가가 개인의 일에 개입하기를 꺼려 적극적인 입법 조치를 하지 않고 교육, 홍보, 정보 제공 등을 통해 예방에 힘쓰는 정책이다. 이는 국가가 불법화해 처벌하기보다는 교육과 의식 개선, 정보 제공 등을 통해 자발적으로 여성 성기 절제의 관행이 없어지기를 기다리는 방식이다.

이 방식은 기본적으로 여성 성기 절제의 문화적 의미를 충분히 고려한다. 일반적으로 딸에게 성기 절제를 행하는 부모는 그것이 아동 학대의 범주에 속하지 않는다고 주장한다. 성기 절제가 딸을 해롭게 하는 것이 아니라 좋은 여성 또는 훌륭한 배우자로서의 조건을 갖추도록 도와주는 행위라고 생각한다. 본국에서는 문화적으로 그것이 부모가 꼭 해야 할 선한 행위로 인식되어왔기 때문이다. 따라서 서구 사회의 법질서에 맞추어 처벌하는 것은 부적절하며, 더구나 아동 학대의 범주에서 다루는 것은 더욱 적절하지 않다는 입장이다.

이들은 여성 성기 절제가 불러올 수 있는 심리적·육체적 외상에 대해 부모에게 알려주고, 그것이 딸의 인생에 큰 장애가 될 수 있다는 점을 인식시켜줌으로써 그들 스스로 딸에게 성기 절제를 시행하지 않도록 하는 방식을 채택한다. 이러한 정책은 기본적으로 효과를 거두기가 어렵다. 설령 부모가 교육과 정보 제공에 의해 여성 성기 절제의 부당성을 인식하더라도 본국의 압력을 견디기 어려우며, 또한 딸이 결혼 적령기에 이르렀을 때 성기 절제를 하지 않았다는 이유로 동족 남성들에게 외면당할지 모른다는 두려움을 없애주지 못한다. 따라서 대부분의 유럽 국가는 여성 성기 절제의 문화적 맥락을 이해하면서도 불법이라는 인식을 통해 일정 부분 강제적으로 그들의 관행을 바꾸려는 조치를 취한다.

두 번째는 불법화를 통한 처벌 방식이다. 즉, 법에 여성 성기 절제의 불법화를 명시하고 법에 의거해 처벌하는 방식이다. 불법화를 통한 처벌 방식은 다시 두 가지로 나뉘는데, 여성 성기 절제 관련 특별법을 제정하는 방법과 기존의 법을 이용한 불법화 방법이다. 영국과 오스트리아는 각각 2003년과 2001년에 여성 성기 절제를 금지하는 특별 형사법을 제정해 여성 성기 절제를 금하고 있다(Polderman, 2006: 77). 영국의 경우 여성 성기 절제 금지 특별법을 제정해 여성 성기 절제를 처벌하지만, 영국 사회에서는 사실상 다문화주의와 자유주의적 전통이 충돌하고 있다. 다문화주의에 입각해 여성 성기 절제를 일반 형법에서 다루기는 어렵다고 보며, 그 특수성을 인정해 특별법 제정으로 접근하는 것이다. 그러나 영국 사회에 내재한 자유주의적 전통, 즉 개인의 사생활에 국가가 개입하는 것을 꺼리는 전통이 작용하므로 명백하고 거부하기 힘든 증거가 있기 전까지는 특별법에 호소하는 경우가 없다. 법이 있기는 하지만 지금까지 이 법에 의해 기소된 예는 없다. 의사도, 지역의 활동가도 이 법에 따라 여성 성기 절제를 행한 부모나 시술자의 처벌을 요구하기를 꺼린다(Guiné and Fuentes, 2007: 483~488).

불법화의 또 다른 방식은 프랑스와 네덜란드가 취하는 기존 형법을 통

〈표 2-4〉 여성 성기 절제에 대한 국가 정책 유형

정책 유형		내용	입법례
교육 및 정보 제공		• 여성 성기 절제가 갖는 문화적 특성을 인정하며 아동 학대로 이해하지 않음 • 교육과 정보 제공 등을 통해 자발적으로 여성 성기 절제를 없애려고 함	프랑스 시민단체 GAMS의 주장
불법화 및 처벌	특별법 제정	• 여성 성기 절제를 다루는 특별법 제정	영국, 오스트리아
	일반 형법으로 처벌	• 여성 성기 절제의 특수성보다는 그것이 지닌 아동 인권침해, 폭력적 요소에 초점을 맞춤	프랑스

한 여성 성기 절제의 불법화다. 프랑스의 경우 여성 성기 절제가 중요 이슈로 처음 등장한 때는 1982년으로, 보보 트라오레(Bobo Traoré)라는 3개월 된 아기가 여성 성기 절제 시술을 받고 과다 출혈과 합병증으로 사망한 사건 때문이다. 보보의 부모는 아기를 제시간에 병원으로 데려가지 못해 결국 사망에 이르게 했다고 기소되었다. 이는 1983년 재판 과정에서 형법 제312조 3항(구형법)에 의해 중범죄의 범주에 속하는 것으로 인정되었다. 이 사건은 언론의 많은 관심 속에 큰 사회적 반향을 불러일으켰고, 이로 인해 여성 성기 절제 근절을 위한 대표적 단체인 '성기절제폐지단체(Groupe féminine pour l'abolition de la mutilation sexuelle: GAMS)'가 설립되었다. 프랑스는 유럽의 다른 나라들보다 분명하게 여성 성기 절제의 불법화를 선포하고, 불법이므로 근절해야 한다는 입장에서 정책을 추진하는 대표적인 나라다.

이러한 접근법은 그 효율성에도 불구하고 몇 가지 문제점을 내포한다. 우선 불법화로 부모들이 처벌받는 경우 그것이 과연 성기 절제를 당한 딸들에게 이익이 되는가 하는 문제다. 특히 엄마가 처벌받는 경우 딸의 삶에 더욱 부정적일 수 있다. 또한 여성 성기 절제를 행한 사실이 발각되면 처벌되므로 부모들은 정부의 눈을 피해 비밀스럽게 진행하려 하고, 결과적으로 딸은 더 위험한 상황에 노출된다.

3. 여성 성기 절제를 둘러싼 프랑스 사회의 논쟁

프랑스는 공화주의적 동화정책이라는 통합 정책이 이민자 정책의 근간을 이루어왔기 때문에(김민정, 2007) 일반적으로 이민자와 같은 소수 인종의 집단적 권리를 보호하는 일에는 그다지 큰 관심을 보이지 않았다. 그러나 공화주의적 동화정책에 의거해 이민자에 대해서도 프랑스인과 같은 인간으로서의 보편적인 개인적 권리를 인정하고 존중해왔다. 따라서 여성 성기 절제를 당하는 여성들이 인간으로서 보편적 권리가 침해받는 상황에 처한 것으로 이해하고 이를 근절하기 위해 노력해왔다. 프랑스 정부와 공중 보건 및 예방 조치를 담당하는 기관에서는 여성 성기 절제를 근절하기 위해 적극적으로 개입해왔으며, 이 과정에서 사법적인 노력과 예방 조치, 교육 등을 병행해 많은 효과를 보았다(Leye, Bruyn and Meuwese, 1998).

프랑스의 사법부는 여성 성기 절제 사건에 대해 중형을 선고하지는 않았다. 일반적으로 집행유예를 동반하는 형이어서 결코 무거운 형이라고는 할 수 없다. 이러한 사법부의 판단은 결국 처벌이라는 측면에서 보편주의적 입장을 취하지만, 처벌 자체가 무겁지 않다는 점에서 어느 정도는 아프리카 문화의 특수성을 인정하는 문화상대주의적 입장을 취한다고 할 수 있다.

1) 여성 성기 절제 사건을 다룰 재판소의 문제

소송을 통해 여성 성기 절제를 근절하려는 정책은 프랑스에서 가장 두드러진다. 1982년 4월 보보 트라오레 사건으로 시작해 쿨리발리/케이타 (Coulibaly/Keita) 사건(1986), 그리고 리셰르(Richer) 사건(1983)까지 거치면서 프랑스 사법부의 태도가 점차 분명해졌다. 초기에 프랑스 사법부는 여성 성기 절제 사건을 어느 법정에서 다루어야 할지 명확한 판단을 내리지 못했다. 예심판사가 사건을 경범죄 법정에서 다룰지 1심 법정(tribunal de Grande instance)에서 다룰지에 대해 정해진 규칙 없이 사안별로 결정이 이루어졌다.

프랑스에서 여성 성기 절제를 공적 이슈로 처음 제기한 이는 '모자보건센터(Centre pour la Protection maternelle et infantile: PMI)'의 공중 보건의들이었다. 제2차 세계대전 이후 영아 사망률을 줄이기 위해 세워진 이 센터는 태아부터 6세 아동까지의 보건을 돌보는 국립 무료보건센터다. 1970년대부터 1980년대 초까지 이 센터의 의료진들은 여성 성기 절제에 큰 관심을 보였다. 그들은 과다 출혈 등 심각한 합병증이 생긴 여아들을 진찰하면서 여성 성기 절제의 심각성에 대해 알게 되었다(Gallard, 1995: 1592 ff). 1981년 모자보건센터의 소아과 의사들은 여성 성기 절제에 관한 교육 프로그램 도입을 제안했다. 이들은 여성 성기 절제야말로 프랑스에서 소아과 치료가 당면한 가장 중요한 문제 중 하나라고 생각했다. 이러한 인식을 바탕으로 개별적인 교육 프로그램이 센터별로 도입되었고, 의사들은 센터별로 아프리카계 부모들에게 딸의 성기를 절제하지 않겠다는 약속을 받기도 했다. 또한 몇몇 센터에서는 여성 성기 절제의 위험성을 알리는 포스터를 센터 벽에 붙였고, 팸플릿 같은 자료를 준비해 아프리카계 부모들이 위험성을 인지할 수 있도록 노력했다. 이러한 노력은 지역적으로 이루어져 지역적 편차를 수반했지만, 아프리카계 이민자 가족이 많이 사는 지역의 센터들은 이러한 운동에 적극 동참했다.

모자보건센터의 공중 보건의들은 한편으로 여성 성기 절제의 위험을 교육해 예방적 조치를 취하고, 다른 한편으로 여성 성기 절제를 법정으로 가져온 최초의 인물들이었다. 최초의 여성 성기 절제 관련 소송은 1979년 프랑스에서 제기되었다. 피고는 3세 여아를 성기 절제 시술 중 사망에 이르게 한 시술자였다. 그 시술자는 1년의 집행유예를 선고받았다. 이 소송은 경범죄 재판소(Cour correctionnel)에서 다루어졌다(Winter, 1994). 4년 뒤인 1983년에는 3개월 된 여아 보보 트라오레의 사건이 발생했다. 그녀의 부모는 여성 성기 절제가 불법인 것을 알고 있었기 때문에 시술 과정에서 과다 출혈이 생겨도 처벌이 두려워 아기를 병원으로 데려가지 않았고, 결국 아기가 사망에 이른 것이다.

처음에는 이 사건 역시 경범죄 재판소에 보내졌다. 그러나 '여성 SOS(SOS Femmes)', '성기절제폐지위원회(commission pour l'abolition de la mutilation sexuelle: CAMS)' 같은 시민단체들은 이 사건의 심각성을 지적하며 중범죄 재판소에서 다루어야 한다고 주장했다(Winter, 1994: 944). 이전까지만 해도 여성 성기 절제는 절제로 인한 불구(mutilation)로 인정되지 않았기 때문에 경범죄 재판소에서 다루어졌다. 시민단체가 이 사건을 중범죄 재판소에서 다루어야 한다고 주장한 것은 여성 성기 절제를 단순한 절제가 아니라 불구를 수반하는 절제, 즉 심각한 훼손으로 보았기 때문이다. 보보의 아버지가 기소될 때 죄명은 심각한 훼손이 아니라 "위험에 처한 사람에게 적절한 조치를 취하지 않은 과실"이었다. 자신의 아이가 시술 도중 과다 출혈로 사망에 이르게 내버려둔 것에 대해 당시 사법부가 적절한 조치를 취하지 않은 과실로 간주하자 시민단체는 분노했으며, 이를 심각한 훼손·절제로 보아야 한다고 주장하며 중범죄 재판소로의 이관을 요구했다. 여성 SOS와 성기절제폐지위원회는 직접 원고로서 재판에 개입했다.[5] 그 결과 경범죄 재판소는 스스로 이 소송에 적합하지 않다고 선언하며 사건을 중범죄 재판소로 이관했다. 결국 이 재판은 중범죄 재판소에서 이루어졌으며, 1986년 아버지에게 2년형이 선고되었다. 비슷한 사건이 1986년 발생한 쿨리발리/케이타 사건이다. 당시 여섯 살 난 딸의 아버지와 시술자가 기소되었다. 이 역시 시민단체의 요구로 경범죄 재판소에서 중범죄 재판소로 이관되었다. 보보 사건과의 차이점은 딸이 죽지 않고 살아 있었다는 것이다. 이는 피해자의 생사 여부와 관계없이 여성 성기 절제가 중범죄 재판소로 이관되기 시작했음을 의미한다.

여성 성기 절제를 중범죄로 다루게 된 또 하나의 배경은 1983년 리셰르 사건이다. 프랑스인 백인 여성 다니엘 리셰르(Danièle Richer)는 치매 상태의 광기로 딸의 성기를 절제했다. 그녀는 바로 상고심(cour de cassation)으로 보내졌다. 이때 그녀의 죄명은 '훼손(mutilation)'이었다. 리셰르 사건 이전의 여성 성기 절제 사건이 아프리카계 이민자 여아들에게 이루어진 것이라면 이 사건은 백인 여아에게 행해진 것이었다. 같은 여성 성기 절제라도 후자의 경우는 더욱 심각한 범죄로 다루어진 반면, 전자는 경범죄 법정에서 다루어졌는데, 이는 프랑스 사법부의 차별적 태도를 극명하게 보여

---

5 프랑스 사법에서는 형사사건의 경우 어떤 개인이나 단체도 검사와 함께 재판에 개입할 수 있다. 이때 그들의 자격은 시민단체(partie civile)다. 이 경우 변호사가 시민단체를 법정에서 대리할 수도 있다. 프랑스 페미니스트 단체들은 그러한 자격으로 여성 관련 이슈에서 직접 원고가 되어 재판에 참석하고 있다.

주었다. 프랑스 시민단체들은 리셰르 사건을 선행 사례로 삼아 그러한 차별적 태도가 명백한 인종차별이라고 강하게 비판하며, 모든 여성 성기 절제를 훼손으로 인정해 중범죄 법정에서 다룰 것을 주장했다. 리셰르 사건이 상고심에서 다루어진 것은 여성 성기 절제의 법적 성격을 규정하는 데도 중요한 의미가 있었지만, 다른 한편으로 언론과 대중의 관심을 촉발했다는 점에서도 중요한 사건이었다. 여성 단체는 이 사건을 계기로 여성 성기 절제 문제에 적극 개입하며 시민단체로서 재판에 직접 관여했다.

2) 여성 성기 절제 근절을 위한 가장 좋은 방법: 예방이냐 처벌이냐

여성 성기 절제를 둘러싼 두 번째 중요한 논쟁은 1980년대 중반에 등장했다. 이는 당시 여성 성기 절제를 처벌할 수 있는 근거 규정으로서 형법 제312조의 해석에 관한 문제였다. '여성권리연맹(Ligue pour le droit des femmes)'과 같은 단체는 여성 성기 절제를 형사상 범죄로 간주해 중범죄 재판소에서 다루고 처벌할 것을 주장했다. 반면 GAMS는 부모가 법정에 출두하는 것은 심리적으로 매우 힘든 일이라고 주장하며, 부모들을 고발하는 대신 그들에게 여성 성기 절제의 위험성을 알리고 공중 보건을 향상시키는 데 집중할 것을 요구했다. GAMS는 여성권리연맹과 달리 이민자를 여성 성기 절제 문제로 처벌해 분리시키기기보다는 프랑스 사회에 통합되도록 하는 것이 더 바람직하다는 입장을 보였다(Guiné and Fuentes, 2007: 502).

전자는 여성 성기 절제가 보편적 인권에 대한 침해이며, 프랑스인뿐 아니라 유색인종에게도 적용되는 보편 원칙이라는 입장이다. 그렇기 때문에 이러한 원칙의 위반을 프랑스 사회에 대한 위협으로 보고 엄격하게 처벌해야 한다는 것이다. 이 입장에서는 특별법을 통한 처벌이나 여성 성기 절제를 다루는 특수 병원의 설치를 필요로 하지 않는다. 유색인이든 프랑스인이든 보편적 원칙 앞에서는 누구든지 같은 대우를 받아야 하므로 특별법이나 특수 병원의 설치는 이미 그 자체로 차별의 소지가 있다고 생각한다. 한편 후자는 딸에게 성기 절제를 행하는 부모가 나쁜 의도를 지닌 것은 아니므로 아동 학대나 다른 의도적인 범죄와 구별해야 한다는 입장이다. 따라서 부모에게 여성 성기 절제가 좋은 것이 아님을 알게 하고 그 위험성에 대해 교육함으로써 그들 스스로 그만두게 하는 것이 가장 바람직한 근절 방법이라고 생각한다.

GAMS는 후자의 방법을 선호하는 대표적인 단체로 1982년 파리에서 설립되었다. 이 단체는 프랑스 여성과 이민자 여성이 함께 세웠으며, 여성 성기 절제나 다른 해로운 전통 관습의 부정적 측면을 학교나 모자보건센터에서 교육하고 정보를 제공하는 것을 기본 목적으로 한다(Ministère du droit des femmes, 2004). 이 단체는 유럽과 아프리카에서 여성 성기 절제를 근절하고자 국제적인 프로그램을 통해 교육과 정보를 제공한다. 모자보건센터와의 협력을 강조하는데, 모자보건센터에서는 6세까지의 아동을 무료로 치료해주고, 가난한 이민자 가정의 여아를 진찰할 때 성기 절제 경험의 유무를 살펴본 뒤 성기가 절제된 경우 그 외상을 치료하며, 성기 절제의 가능성이 있는 여아에 대해서는 그 가족들에게 위험성을 알리고 절제하지 않도록 하는 데 중요한 역할을 담당한다.

GAMS의 주장에 따르면 처벌은 당장 가시적으로 여성 성기 절제 행위를 줄일 수 있는 것으로 보이지만, 사실은 여성 성기 절제를 비밀스럽게 시행하도록 하거나 지연시키는 데 그치고 있어 실질적으로 그다지 효과가 없다. 특히 그 처벌이 시술자에게는 과중하지만 부모에게는 가벼워 형평성이 맞지 않으며, 소송이 예방적 확산 효과를 불러오지는 않는다고 주장한다. 그 대신 유럽적 차원의 협력을 강조하며 여성 성기 절제의 예방에 좀 더 많은 관심을 쏟도록 주문했다. 이러한 호소로 유럽연합의 DAPHNE 프로그램[6] 등이 나타날 수 있었다.

이러한 두 방법은 1991년 들어 서서히 합의점을 찾아갔다. 프랑스 사법부는 더 이상 '거만한 보편주의'로 해석되지 않으면서도 여성 성기 절제 관행의 보편적이며 특수한 가치들을 중재하려는 노력을 추구했다(Guiné and Fuentes, 2007: 502). 대표적인 예가 1991년 케이타 사건이다. 검사는 이 사건을 중범죄 재판에 회부했는데, 재판에서 부모에게는 3년의 집행유예를 선고한 반면 시술자에게는 5년의 실형을 선고했다. 부모가 시술자와 달리 여성 성기 절제의 부정적 측면을 이해하지 못한 상태였다고 간주하며, 부모가 교육 프로그램을 통해 여성 성기 절제의 부정적 측면을 이해할 기회를 제공하라고 요청했다. 이러한 판결을 통해 검사는 약한 처벌을 원했고, 판결에서 서로 다른 문화 간 이해를 촉진하는 방식을 선호했음을 알 수 있다.

3) 여성 성기 절제에 대한 두려움이 프랑스 체류의 이유가 될 수 있는가?

세 번째 논쟁은 여성 성기 절제에 대한 두려움이 프랑스 체류의 이유가 될 수 있는지의 문제다. 아프리카계 이민자 중 일부는 고국의 가족들로부터 딸에게 성기 절제를 시행하라는 압력을 받지만, 프랑스에 체류하는 동

---

6   http://ec.europa.eu/justice/grants/results/daphne-toolkit/(검색일: 2016.11.13).

안은 그러한 압력에서 자유로울 수 있다. 그러나 프랑스 체류 이유가 소멸되어 본국으로 돌아가야 할 때, 여성 성기 절제의 압력에서 자유로울 수 없다는 이유로 체류 연장을 요청하는 경우가 종종 있었다. 경우에 따라서는 정치적 망명을 요청하기도 한다. 프랑스 정부는 여성 성기 절제를 피하기 위한 목적의 프랑스 체류 연장 혹은 망명 요구에 대해 비교적 관대한 태도를 취해왔다.

1996년 리옹 행정법원은 위조문서를 사용했다는 이유로 기니 출신 여성의 프랑스 체류를 금지한 명령을 취소했다. 그녀는 기니에서 성기 절제를 당하며 모욕적이고 비인간적인, 그리고 인간의 존엄을 훼손하는 대우를 받았기 때문에 프랑스에 계속 체류하기 위한 위조 서류를 만들었다고 대답했다. 리옹 행정법원은 그녀의 주장이 「인권에 관한 유럽협약(Convention européenne des droits de l'Homme)」 제3조에 의거해 충분히 프랑스 체류 사유가 된다고 판단해 체류 금지 명령을 철회한 것이다(Leclercq, 1996).

2001년 말리인 남성과 소말리아인 여성 부부는 딸에 대한 성기 절제 시행을 거부해 본국에서 어려움에 처하자 프랑스로 건너와 망명을 신청했다. 당시의 망명청원위원회(Commission des recours des réfugiés)[7]는 여성 성기 절제에 대한 거부가 박해를 가져올 수 있고, 인권 훼손으로 연결될 수 있는 본국의 사회적 규범에 대항하는 사람은 보호되어야 한다는 변호사 크리스틴 마르티노(Christine Martineau)의 주장을 받아들여 이들의 망명을 공식적으로 인정했다(Ministère du droit des femmes, 2004). 그러한 결정은 「성기 절제의 위협하에 놓인 여성들과 소녀들을 위한 망명권(Droit d'asile

---

7 2007년 '망명권 법정(Cour nationale du droit d'asile)'으로 바뀜.

pour les femmes et les jeunes filles sous le danger de la mutilation génitale)」
을 인정한 유럽의회의 2001년 9월 20일 선언을 재확인한 것이다.

그러나 2000년대 중반을 지나 프랑스 사회가 불법 이민 문제에 민감해
지고 불법 이민자들에 대한 관용이 철회되면서 여성 성기 절제에 대한 위
협이 결코 체류 사유가 될 수 없음을 보여주는 사례들이 나타나기 시작했
다. 2005년 8월 오를레앙 행정법원은 말리 출신의 어머니와 13세 딸에게
본국으로의 추방을 명령했다. 이들 모녀는 남편(아버지)이 프랑스에서 체
류하고 있었기 때문에 가족 재결합 정책에 따라 프랑스로 들어와 머물렀
다. 하지만 그가 2003년에 사망한 후 체류 자격이 사라지면서 불법체류자
가 되었다. 그는 사실상 1992년부터 프랑스에 체류해왔고 프랑스군의 재
향군인이었을 뿐만 아니라, 해당 모녀가 본국인 말리로 돌아가면 할머니
에게 성기 절제를 당할 수 있는 위험에 처해 있음에도 행정법원은 그들의
추방을 명령했다. 고인과 친분이 있었던 공산당 소속 하원 부의장 조르주
아주(Georges Hage) 의원이 당시 내무부 장관이던 니콜라 사르코지(Nicolas
Sarkozy)에게 편지까지 쓰며 추방을 막으려 했지만 소용이 없었다(Guiné
and Fuentes, 2007: 505).

이 사례를 통해 2000년대 이전에는 여성 성기 절제의 위험을 내세워 본
국으로 돌아가기를 거부하고 프랑스 체류를 요구하는 이민자에게 관대했
던 프랑스 행정 당국이 2000년대 들어 그 태도가 돌변한 것을 알 수 있다.
더욱이 2005년 파리 근교 방리유(banlieue) 사태[8]를 기화로 프랑스 정부는

---

8   파리 근교 북아프리카계 이민자가 많이 거주하는 지역에서 이민자에 대한 불평등한 대우
    에 항의해 시작된 폭동이다. 프랑스 전역으로 확대되어 국가비상사태가 되었고, 3주 동안
    계속되었다.

〈표 2-5〉 여성 성기 절제를 둘러싼 프랑스 사회의 논쟁

논쟁의 주제	상반된 의견	의미	프랑스의 선택
여성 성기 절제 재판권의 소재	경범죄 재판소에서 다루어야 한다	여성 성기 절제는 단순한 상해다 ⇨ 인종차별적 견해	중범죄 재판소에서 다룸
	중범죄 재판소에서 다루어야 한다	여성 성기 절제는 심각한 훼손이다 ⇨ 보편주의적 견해	
여성 성기 절제 근절을 위한 효율적인 방법	교육 및 예방 조치	문화상대주의적 접근	양자 병행
	형법적 처벌	보편주의적 접근	
여성 성기 절제의 위협이 프랑스 거주 이유가 될 수 있을까?	거주해야 한다	보편주의적 접근	2000년대 이전
	거주할 수 없다	이민자를 인권 보호의 대상으로 인식하지 않음 ⇨ 인종차별적 견해	2000년대 이후

불법 이민에 더욱 강경한 태도를 보였고, 망명 신청자들을 잠재적인 밀수업자로까지 간주하며 소녀들의 육체가 큰 위험에 놓여 있는 상황에서도 체류를 허락하지 않았다. 프랑스 사회가 이민자들에게 프랑스 문화에 동화되도록 요구하면서도, 정작 프랑스 정부 자체는 이민자를 프랑스 문화의 핵심 중 하나인 인권 보호의 대상으로 상정하지 않는 이중적 태도를 보이고 있는 것이다.

4. 나가며

프랑스는 유럽에서 가장 많은 이민자가 거주하는 국가 중 하나이며, 특히 여성 성기 절제가 광범위하게 이루어지는 사하라 이남 아프리카 출신의 이민자가 많다. 이민자의 여성 성기 절제가 왜 프랑스 사회의 큰 문제가 되며, 프랑스 사회는 어째서 이 문제에 관심이 있는가? 그것은 기본적

으로 프랑스 사회가 공화주의적 동화주의에 입각해 프랑스 영토에 살고 있는 어떠한 개인도 국가로부터 불평등한 대우를 받지 않으며 인권을 보호받아야 한다는 이념 아래, 이민자라 하더라도 인권이 침해당하면 국가는 그들의 인권을 보호해주어야 한다는 견해를 지니고 있기 때문이다. 그래서 영국과 달리 관련 특별법을 제정하지 않았으며, 특수 병원을 설치해 여성 이민자의 성기 절제 문제를 다루지도 않는다. 일반 프랑스인과 마찬가지로 일반 형법에 따라 일반 병원 또는 프랑스인도 대상이 되는 모자보건센터에서 진료를 받는 것이다. 이는 이미 오래전에 확립된 프랑스 이민자 정책의 근간이므로 여성 성기 절제 문제에서도 예외를 두지 않는다.

그러나 이러한 공화주의적 동화주의에도 불구하고 1980년대 초반까지 프랑스 사회에서는 여성 성기 절제가 인종차별적 시각에서 인식되었다. 인종차별적인 시각은 한편으로 문화상대주의적 입장을 포함하지만, 다른 한편으로는 심각한 차별적 요소를 지니고 있었다. 성기 절제를 당한 백인 여아의 인권과 흑인 여아의 인권이 차별적으로 보호되었기 때문이다. 그러나 시민단체와 사회의 강력한 압력으로 프랑스는 점차 성기 절제를 당한 여아의 인권을 보호하는 데 어떠한 차별도 두지 않고 보편주의적으로 접근하는 경향을 보였다. 이러한 측면에서 여성 성기 절제를 둘러싼 논쟁을 통해 프랑스 사회가 이 문제에 관한 한 상당히 보편주의적인 입장을 취하고 있음을 알 수 있다.

그러나 2000년대 중반을 지나며 이러한 보편주의적 입장은 서서히 철회되고 있다. 보편주의적 입장에서 여성 성기 절제로 침해될 수 있는 인권의 보호는 더 이상 프랑스 체류를 연장할 사유가 되지 못한다. 여아들이 본국으로 돌아가면 당장 성기 절제의 위협에 놓일 수 있는데도 프랑스 정부는 그보다 불법 이민자 추방에 더 관심을 보이고 있다. 이는 프랑스 정부가 이민자의 인권은 프랑스인의 인권과 같지 않다고 생각하고 있음을 보여준다.

그러한 태도와 더불어, 여성 성기 절제를 둘러싼 논쟁을 통해 프랑스 사회가 여성 이민자를 보는 시각에 큰 문제가 있음을 알 수 있다. 여성 이민자는 프랑스 사회에서 성적 차별과 인종적 차별을 동시에 겪는다. 프랑스 정부는 체류 허가와 관련해 여성 이민자를 단지 남성 이민자의 체류 자격에 종속된 존재로 파악하기 때문에 남편이나 아버지의 체류 자격이 소멸되면 아내나 딸의 인권은 전혀 고려하지 않고 이들을 추방한다. 이런 점에서 이제 프랑스 사회의 인권 논의는 이민자 전체에 대한 인권 논의와 더불어 이민자 집단 내 차별, 그리고 여성 이민자에 대한 프랑스 정부의 관점을 새롭게 정립하는 방향으로 나아가야 한다.

〈부록〉 프랑스에서 여성 성기 절제 관련 소송

번호	연도	해당 형법 조항	피고	형량	비고
1	1979	221-6	전통적 시술자	1년 CI	
2	1984	222-3	전통적 시술자	1년 CI	
3		121-3, 221-6, 221-7	부모	6개월 CI	1심 법원에서 중범죄(법정)으로 이관됨
4	1986/1991	121-7, 222-9, 222-10	부모, 전통적 시술자	5년 CICC, 2년 보호관찰, 5년 UI	해당 법정 선정에 대한 논란
5	1988	222-6	부모	3년 CI	아버지 + 2명의 부인
6	1989	121-7, 222-9, 222-10	어머니	3년 CI	
7	1990	121-8, 222-9, 222-10	아버지	5년 CI	어머니 의사에 반하여 시술이 이루어짐
8	1991	222-6	전통적 시술자	4년 CI/UI, 무조건적 1년	대형 사건, 4번과 같은 전통적 시술자
		121-7	부모(15)	1년 CI	3명의 아버지: 무죄 선고
		222-6			시민사회는 공공 검사의 제안에 따름
		222-9, 222-10			다수의 소송 기각
9		222-9, 222-10	어머니	5년 CI/UI, 무조건적 1년	
10		222-9, 222-10	어머니	5년 CI	
11	1993	222-9, 222-10	아버지, 어머니(2)	4년 CI/UI, 무조건적 1개월, 3년 CI	
12		222-9, 222-10	어머니(2)	5년 CI	
13		121-7, 222-9, 222-10	전통적 시술자의 아버지	5년 CI/UI, 무조건적 6개월	

번호	연도	해당 형법 조항	피고	형량	비고
14		222-9, 222-10	어머니	3년 CI/UI, 무조건적 6개월	
15		222-9, 222-10	부모	1년 CI	
16		222-9, 222-10	어머니	5년 CI	
17		222-9, 222-10	아버지	1년 CI	
18		222-9, 222-10	아버지	2년 CI	
19	1994	222-9, 222-10	부모	4년 CI	
20		222-9, 222-10	부모, 전통적 시술자	무죄 선고, 1년 CI	
21	1995	222-9, 222-10	아버지	15개월 UI	보호자의 동의하에 외국에서 절제
22		222-9, 222-10	아버지	1년 CI	
23	1996	222-9, 222-10	전통적 시술자	5년 CI/UI, 무조건적 1년	
24		222-9, 222-10	아버지	3년 CI/UI, 무조건적 1년	
25	1997.	222-9, 222-10	어머니	5년 CI	
26		222-9, 222-10	부모	3년 CI	1만 프랑 손해배상
27		222-9, 222-10	부모	3년 CI	
28	1998	222-9, 222-10	아버지, 부인(2)	1년 CI 1년 CI	

번호	연도	해당 형벌법 조항	피고	형량	비고
29	1999	222-9, 222-10	전통적시술자	8년 UI	Gréou 소송: 최초로 피해자가 고소함
			원고의 어머니	2년 UI	
			다른 부모(25)	5년 CI(22 부모), 각각 3년 CI(3명의 부모)	관련된 부모 간 형량 차이 / 48명 피해자에 각각 1만 3000프랑 보상
30	2002	222-9, 222-10	어머니(2)	5년 CI	고소된 피의자에 각각 762유로 손해배상
31	2002	222-9, 222-10	부모	2년 CI	고소된 피의자에 각각 762유로 손해배상
			부모	3년 CI	고소된 피의자에 각각 762유로 손해배상
32	2003	222-9, 222-10	어머니	5년 CI, 3년 보호관찰	1만 2000유로 손해배상
33	2003	222-9, 222-10	어머니	3년 CI	1만 5000유로 손해배상
34	2004	222-9, 222-10	어머니	5년 CI, 3년 보호관찰	1만 5000유로 손해배상
35	2004	222-9, 222-10	어머니	5년 CI	2만 5000유로 손해배상

주 1) CI: Totally conditional imprisonment(조건부 수감)

2) CICC: conditional imprisonment combined condition(집행유예 기간 동안 범죄를 저지르지 않는 조건으로 수감)

3) CI/UI: unconditional part of a combined partially conditional, partially unconditional

4) UI: totally unconditional imprisonment(조건 없는 수감)

자료: Polderman(2006).

참고문헌

김민정. 2007. 「프랑스 이민자정책: 공화주의적 동화정책의 성공과 실패」. ≪세계지역연구
　　논총≫, 25집 3호, 5~34쪽.

_____. 2010. 「여성이민자는 이민의 수혜자인가: 프랑스 내의 북아프리카 출신 여성이민자
　　의 경우」. ≪유럽연구≫, 28호 2호, 25~61쪽.

오은경. 2008. 「이슬람 여성의 할례를 보는 다양한 시각에 대한 소고」. ≪젠더와 문화≫,
　　1(창간호), 87~120쪽.

Al-Hibiri, Azizah H. 1999. "Is Western Patriarchal Feminism Good for Third world/
　　Minority Women?" in Joshua Cohen, Mattew Howard and Martha C. Nussbaum
　　(eds.). *Is Multiculturalism bad for women?* Princeton: Princeton University Press.

Andro, Armelle and Marie Lesclingand. 2007. "Les Mutilations sexuelles féminines: le point
　　sur la situation en Afrique et en France." *Population & Société*, 438.

Coene, Gily and Chia Longman. 2009. *Féminisme et multiculturalisme. Les Paradoxes
　　du débat.* Bruxelles: Université de Bruxelles.

Gallard, Collette. 1995. "Education and debate: Female Genital mutilation in France."
　　British Medical Journal, 310, pp.1590~1592.

Gruenbaum, Ellen. 2009. "Female Genital Cutting: Culture and controversy." in Carole
　　B. Brettell and Carolyn F. Sargent(eds.). *Gender in Cross cultural perspective*. Upper
　　saddle River, New Jersey: Pearson Prentice Hall.

Guiné, Anouk and Francisco Javier Moreno Fuentes. 2007. "Engendering Redistribution,
　　Recognition and Representation: The Case of Female Genital Mutilation in the United
　　Kingdom and France." *Politics and Society*, 35, p.477.

Hosken, Fran. 1982. *The Hosken Report: Genital and sexual mutilation of Females.*
　　Lexington: Women's international Network News.

INSEE. 2005. "Étrangers par nationalité détaillée. InSee." https://www.ined.fr/fr/tout-
　　savoir-population/chiffres/france/immigres-etrangers/population-immigree(검색일:
　　2016.11.13).

_____. 2008. "Tableau CD-MF2 - Immigrés selon le sexe, la catégorie de population et le pays de naissance détaillé." http://www.insee.fr/fr/themes/detail.asp?reg_id=0& ref_id=pop-immigree-pop-etrangere-2008(검색일: 2016.11.13).

Kymlicka, Will. 1995. *Multicultural citizenship: A liberal theory of minority rights.* Oxford: Oxford University Press.

Leclercq, Pierre-Robert. 1996.6.14. "Destin levantin." *Le Monde.*

Leye, E., M. De Bruyn and S. Meuwese. 1998. "Proceedings of the Expert Meeting on Female Genital Mutilation." *Ghent Belgium*, November, 5(7), p.90.

Ministère du droit des femmes. 2004. *Etudes et propositions sur la pratique des mutilations sexuelles féminines en France.*

Mohanty, Chandra. 1991. "Under western eyes: feminist Scholarship and colonial discourses." in Chandra Mohanty, Anne Russo and Lourdes Torres(eds.). *Third World and the Politics of Feminism.* Bloomington, Indiana: Indiana Univ. Press.

Okin, Susan Moller. 1999. "Is Multiculturalism bad for women?" in Joshua Cohen, Mattew Howard and Martha C. Nussbaum(eds.). *Is Multiculturalism bad for women?* Princeton: Princeton University Press.

Polderman, Sophie. 2006. *Combating Female Genital Mutilation in Europe.* Master thesis in University of Vienna, Austria.

Pazdor, Margery Rose. 2006. "Female Genital Mutilation in France and the UK: The role of non-governmental organization in policy formation." Thesis submitted for Master of Arts in The University of British Columbia.

Spivak, Gayatri Chakravorty. 1987. *In Other Worlds: Essays in Cultural Politics.* New York and London: Metheuen.

Winter, Brownyn. 1994. "Women, the law and Cultural Relativism in France: the Case of Excision." *Signs*, 19(4), pp.939~974.

http://ec.europa.eu/justice/grants/results/daphne-toolkit/(검색일: 2016.11.13).

제**3**장

미국의
문화적 항변 사례

김욱

1. 들어가며

다문화주의 혹은 다문화 사회(multicultural society)가 발전하면서 필연적으로 직면하는 문제 중 하나는 상충된 문화 또는 가치의 충돌이다. 여기에는 주류 문화와 소수 이민자 문화 간의 충돌도 있지만, 좀 더 넓게는 주류 집단과 소수집단의 문화적 관습과 보편적 가치의 충돌도 포함된다. 특히 페미니스트들이 최근 주목하는 것은 소수 이민자 집단이 용인하고 수용하는 문화적 관습 중에 여성의 보편적 인권과 충돌하는 부분이 상당하다는 사실이다(Okin, 1999). 예컨대 복혼제(polygamy), 강제 결혼, 여성 성기 절제, 강간당한 여성에 대한 처벌, 명예살인, 가정 폭력에 대한 용인, 히잡 착용 등은 일부 문화에서 당연한 것으로 받아들여진다. 그러나 이러한 문화적 관습들은 여성의 인권이라는 보편적 가치와 정면으로 충돌한다.

이러한 충돌이 발생할 경우 국가는 어떻게 대응해야 할 것인가. 다문화주의라는 관점에서 소수 이민자 집단의 문화적 관습을 인정하고 보호해주어야 할 것인가, 아니면 페미니즘의 관점 또는 인권 보호의 관점에서 이러한 관습을 금지해야 할 것인가. 이는 다문화 사회가 안고 있는 매우 근본적인 딜레마다. 특히 한국처럼 주류 문화 자체에 여성에 대한 차별적 관습이 상당히 존재하는 경우, 이러한 문화 및 가치의 충돌과 딜레마는 더욱 복잡해질 수밖에 없다. 주류 문화, 소수 문화, 여성 인권 등이 다중적으로 얽혀 충돌할 가능성이 크기 때문이다.

이 글은 다문화주의와 페미니즘 간에 발생하는 충돌을 미국의 소수 이민자 집단에게 적용되어온 '문화적 항변(cultural defense)' 제도를 중심으로 살펴본다. 먼저 다문화주의와 페미니즘의 관계 및 충돌을 검토하며, 특히 구성주의적 문화관이라는 새로운 시각에서 이 문제를 재조명하는 데 초점을 맞춘다. 이러한 새로운 시각을 적용해 미국의 형사재판 과정에서 발생한 문화적 항변 사례 두 가지를 구체적으로 살펴보고, 문화적 항변 제도의 문제점과 필요성에 대해 논의한다. 마지막으로 전체 내용을 요약하며 한국의 다문화 사회에 주는 시사점을 간략하게 서술할 것이다.

2. 다문화주의와 페미니즘의 관계에 대한 이론적 논의

1) 다문화주의와 페미니즘의 충돌

다문화주의는 여러 가지 다양한 의미로 사용되고 있다. 이 글에서 다문화주의란 단순히 한 국가·사회 내 소수 문화에 대한 관용을 넘어 이들에게 특별한 권리를 부여해야 한다는 주장을 의미한다. 수전 몰러 오킨(Susan Moller Okin)의 표현을 빌리면, 다문화주의란 "기본적으로 자유민주주의 국가의 맥락에서 소수 문화를 보호하는 데 있어 그들 구성원의 개인적 권리를 보장하는 것만으로는 충분하지 않으며, 따라서 특별한 집단의 권리(special group rights) 혹은 특권(privileges)을 통해 이들 소수 문화를 보호해야 한다는 주장"(Okin, 1999: 2)이다.

　실제로 자유민주주의 국가에서 이러한 집단적 권리에 대한 요구가 증가하고 있다. 원주민, 소수 인종과 소수 종교 집단, 이민자 집단 등 다양한 소수집단이 이러한 특별권을 주장하며, 이들이 요구하는 권리의 내용 또한 다양하다. 소수 원주민의 경우 자치권을 주장하거나 정치적 대표성을 특별히 보장해줄 것을 요구한다.[1] 다른 소수집단들은 자신들이 일반법의 적용에서 면제될 것을 주장한다. 예를 들면 복혼제나 강제 결혼처럼 법으로 금지된 행동들을 특정 집단 구성원들에게 허용하거나, 법률적 적용에서 예외적인 대우(일례로, 앞으로 살펴볼 문화적 항변의 기회)를 제공해줄 것을 요구한다.

　그런데 이러한 다문화주의에 입각한 주장은 페미니즘과 충돌할 가능성이 있다. 대표적인 페미니스트 학자인 오킨에 따르면 자유민주주의 국가

1　소수 원주민의 자치권과 여성의 인권이 충돌한 사례도 있었다. 미국 뉴멕시코 주에 위치한 원주민 사회 중 하나인 산타클라라 푸에블로(Santa Clara Pueblo)는 1939년 자치권을 활용해 원주민 남성이 외부 여성과 결혼으로 낳은 자식을 원주민으로 인정하면서, 원주민 여성이 외부 남성과 결혼해 낳은 자식은 원주민으로 인정하지 않았다. 1970년대 들어 원주민 여성이 이러한 여성 차별 조항을 바꾸려 시도하면서 이것이 미국 사회에서 논란이 되었다. 좀 더 자세한 내용은 Song(2007) 참조.

에 존재하는 대부분의 소수 문화는 남성 우위적 가부장제적 질서를 강요한다(Okin, 1999). 따라서 이러한 소수 문화에 대한 배려나 보호는 여성의 기본권 침해를 용인하는 것은 물론, 나아가 여성에 대한 남성의 구속을 강화해주는 결과를 초래할 수 있다. 다문화주의에 의한 여성 구속 · 권리침해의 구체적 사례로는 히잡 착용, 복혼제 관행, 음핵 절제 수술 허용, 아동 결혼과 강제 결혼의 관습, 부정한 아내 살해에 대한 문화적 용인 등 다양한 문화적 관습이 제시된다.

그러한 다문화주의와 페미니즘의 충돌 주장은 문화에 대한 특정 시각을 전제로 한다. 다문화주의자들은 문화를 '근본적인 사회적 재화(irreducible social goods)'로 본다. 문화는 자기 충족적인 전체로서 구성원들에게 자신의 정체성과 존재감을 확인할 수 있도록 해준다는 것이다. 대표적인 다문화주의자 윌 킴리카(Will Kymlicka)에 따르면 개인은 사회적으로 스스로를 인정받음으로써 성장할 수 있다(Kymlicka, 1995). 문화는 개인의 정체성과 소속감에서 오는 안전을 제공해주는 데 핵심적 기능을 수행하기 때문이다.

한편 페미니즘의 관점에서 다문화주의가 여성에게 미치는 피해를 강조하는 학자들 또한 문화에 대해 비슷한 시각을 지니고 있는데, 문화를 통합적이고 분명한 경계가 있는 자기 충족적 전체로 본다. 오킨은 다문화주의를 비판하는 데 있어 문화가 획일적으로 가부장적인 것이라 보며, 단지 서양 문화보다 소수 문화가 일반적으로 가부장적 성격이 더 강하다고 주장한다(Okin, 1999). 이처럼 문화에 대한 통합적이고 고정적인 시각은 다문화주의와 페미니즘을 서로 대립하게 만든다. 다문화주의 대 페미니즘, 집단의 권리 대 여성의 권리, 문화 대 젠더(gender)라는 표현들은 이처럼 양자 간 대립 관계를 강조하는 시각에서 비롯된 것이라고 할 수 있다.

2) 다문화주의와 페미니즘의 충돌에 대한 새로운 시각: 구성주의적 문화관

문화를 바라보는 새로운 시각 중 하나는 구성주의(constructivism) 견해다. 구성주의 견해를 주장하는 대표적 학자인 세라 송(Sarah Song)에 따르면 문화는 통합된 전체가 아니며 고정적인 것 또한 아니다(Song, 2007). 문화는 내부적 경쟁의 결과일 뿐 아니라 다른 문화와의 복잡한 역사적 상호작용 과정의 결과로 해석될 수 있으며, 따라서 실제로 현재 상황은 다문화주의적(multicultural)이라기보다는 '간(間)문화주의적(intercultural)'이다.

문화에 대한 구성주의적 시각은 문화 내부의 주도권 다툼을 위한 경쟁을 인정하며, 따라서 문화가 구성원에게 주는 혜택도 개인마다 다를 수 있음을 인정한다. 이는 문화란 근본적인 사회적 재화로서 모든 구성원에게 정체성과 소속감의 안전을 제공한다고 보는 다문화주의자들의 시각과 전혀 다른 것이다.

구성주의적 문화관이 상정하는 문화 내부의 경쟁이라는 관점에서 보면 다문화주의와 페미니즘은 분명한 공통점이 있다. 양자 모두 주류(혹은 다수)와 소수의 경쟁에서 소수(다문화주의는 소수집단, 페미니즘은 여성)의 권리를 보호하고 보장하려 한다는 측면에서 평등주의 원칙을 기반으로 한다고 할 수 있다. 이렇게 보면 다문화주의가 여성에게 미치는 잠재적 피해는 '내부적 소수(internal minority)'의 문제 또는 '소수 내 소수(minority within minority)'의 문제로 해석될 수 있다(Song, 2007).

문화 간 상호작용의 중요성이라는 관점은 다문화주의와 페미니즘의 잠재적 충돌을 해결하는 방법에도 중요한 시사점을 제공한다. 주류 문화와 소수 문화는 늘 상호작용하고 있다. 따라서 다문화주의가 여성에게 미치는 피해를 고려할 때 항상 다수-소수 문화 간 상호작용에 주목해야 한다.

다수-소수 문화 간 상호작용에 주목해야 하는 이유는 다음의 세 가지다 (Song, 2007). 첫째, 소수 문화의 가부장제적 성향이 여성에게 불리한 효과를 낳는다고 할 때 이를 전적으로 소수 문화의 탓으로만 돌릴 수는 없다. 주류 문화와 소수 문화가 서로 상호작용한다면 주류 문화가 소수 문화의 그러한 성향에 영향을 미쳤을 가능성이 크기 때문이다. 둘째, 이와 반대로 소수 문화에서 보이는 성차별적 성향을 허용하는 정책을 펼친다면 이는 주류 문화 전체에도 심각한 영향을 미치게 될 것이다. 이를 '부메랑 효과'라고 한다. 셋째, 소수 문화의 성차별 성향에 대한 비난이 자칫하면 주류 문화에 내재된 성차별 성향에 대한 주의를 분산시키는 효과를 불러올 수 있음을 경계해야 한다. 예를 들어 서구 자유민주주의 국가에서 진행되는 소수 문화의 성차별적 관행(앞서 언급한 히잡 착용, 여성 음핵 절제 수술 등)에 대한 비판이 자칫 서구 문화에 여전히 내재된 성차별성을 희석할 수 있다는 것이다.

마지막으로, 문화가 통합적일 뿐 아니라 고정되지 않고 유동적인 것이라면 다문화주의와 페미니즘의 충돌에서 문제가 되는 것은 문화 자체가 아니라 성차별적이고 억압적인 관행이다. 따라서 문제의 해결에서도 소수 문화를 절대적으로 용인한다거나 모두 부정하는 것과 같은 원칙주의적 방안보다는 각 사안별로 여성의 권리와 소수집단의 권리 간 균형을 도모하는 방식이 적절하다. 그리고 이러한 과정에서 민주적 심의(democratic deliberation)를 적용해 해당 사안의 영향을 받는 많은 사람들의 참여를 보장하고 그들의 의견을 반영할 필요가 있다(Song, 2007; 현남숙, 2009).

이러한 새로운 시각으로 다문화주의와 페미니즘 간 충돌을 바라보는 데 있어 미국 형법에서 적용되는 문화적 항변은 매우 적절한 사례를 제공한다. 문화적 항변은 다문화주의가 주장하는 소수집단에 대한 수용과 보호를 실현하는 하나의 제도적 방식이다. 그 과정에서 다양한 관련자의 다양한 의견이 경쟁적으로 제시되고, 이렇듯 다양한 의견과 충돌하는 권리를 민주적 심의를 통해 조정할 필요가 발생하는 것이다.

3. 미국의 문화적 항변 사례

1) 다문화주의의 한 방식으로서 문화적 항변

문화적 항변이란 피고인이 법정에서 자신을 변호하기 위해 동원하는 한 수단이다. 법률을 위반한 자신의 행위는 자신이 오랫동안 소속되어온 문화 공동체의 전통에 따른 것이며, 현존 법질서가 추구하는 가치를 부정하려는 의도 없이 의식 속에 이미 내재화된 가치 체계를 자연스럽게 따른 행위였으므로 위법 행위에 대한 개인적 책임을 줄여달라고 주장하는 것을 말한다(차동욱, 2006).

문화적 항변은 다문화주의의 주장을 수용하는 한 방식이라고 할 수 있다. 실제로 문화적 항변은 소수 인종 혹은 소수 문화 집단의 구성원들에 의해 주로 사용되는데, 한 국가의 형사정책을 포함한 공공 정책들은 그 사회 주류 문화의 가치들을 반영하기 때문이다. 따라서 문화적 항변이라는 제도는 주류 사회에 적응해야 하는 소수집단의 문화적 정체성을 인정할 뿐 아니라 적극적으로 보호하려는 다문화주의 정책의 하나로 해석될 수 있다.

미국의 형사재판에서는 이러한 문화적 항변이 적용되고 있으나, 모든 재판에서 일반적인 효력이 있는 것은 아니다. 현 단계에서 문화적 항변의 인

〈표 3-1〉 미국 내 문화적 항변의 대표적 사건

사건	사건 개요	문화적 항변 내용	항변 인정 여부	비고
모우아 사건(People v. Moua) (1985, California)	몽족 출신 23세 남성이 19세 몽족 여성을 납치해 강제로 성관계를 맺음. 해당 여성은 경찰에 신고해 유괴죄와 강간죄로 남성을 고발함	몽족 문화에는 '포획 결혼'이 있음. 그 전통에 따르면 성관계에 대한 여성의 거부는 의례적인 행동임	인정	포획 결혼과 관련된 유사 사건들이 콜로라도, 미네소타, 위스콘신 주에서도 보고됨
천 사건(People v. Chen) (1989, New York)	중국계 남성이 아내의 혼외정사를 발견하고 살해함	중국에서는 일반적으로 이러한 경우에 남성은 극도의 분노를 느끼므로 살해의 고의성을 인정할 수 없음	인정	
키무라 사건(People v. Kimura) (1985, California)	일본계 여성이 남편의 부정행위에 자살을 느껴 자녀들과의 동반 자살을 시도했으나 자녀들만 사망함	일본의 전통문화에서는 이러한 경우 자녀와의 동반 자살이 용인됨	인정	
우 사건(People v. Wu) (1991, California)	중국계 여성이 사생아를 낳자 아이를 살해하고 자살을 시도함	중국 전통 신앙에 따라 피와지는 사후 세계에 대한 강한 믿음이 있었음	인정	
카가 사건(State of Maine v. Kargar) (1996, Maine)	아프가니스탄 난민 출신 남성이 이웃들이 보는 앞에서 아들의 성기에 입을 맞춤	아프가니스탄에서는 자식에 대한 애정 표시로서 보편적으로 행해지는 행위라고 주장	인정	

자료: 차동욱(2006: 336~337)의 '표 1'을 기본으로 Song(2007)을 참조해 수정 및 보완.

정 여부는 개별 사건을 담당하는 법관의 재량으로 결정되고 있다. 그리고 한 가지 강조할 점은 문화적 항변이 인정되었다고 무죄를 선고받는 경우는 별로 없으며, 상대적으로 가벼운 죄로 평결이 나거나 형량이 줄어드는 것이 일반적이다(차동욱, 2006).

〈표 3-1〉은 미국에서 문화적 항변이 이슈가 된 주요 사건 다섯 개를 보여준다. 이 중 본 연구가 초점을 맞추고 있는 소수 문화 내 남성의 여성 억압을 직접적으로 보여주는 사례는 맨 앞의 두 가지다. 그다음의 두 사례도 소수 문화가 지닌 가부장제적 성향을 보여주고는 있으나 여성이 직접적인 피해자는 아니었다. 마지막 사례는 단순히 신체 접촉에 관련된 문화적 차이를 보여준다. 다음에서는 앞의 두 사례에서 발생한 다문화주의와 여성 인권 보호 간 충돌에 대해 좀 더 자세히 살펴보도록 하겠다.

2) 몽족의 '포획 결혼' 사례

(1) 사건 개요

미국에서 6년 동안 살아온 23세 몽족 남성 콩 펑 모우아(Kong Feng Moua)는 1984년 캘리포니아 주에 위치한 프레즈노(Fresno) 국립대학에서 19세 몽족 여성 셩 시옹(Xeng Xiong)을 납치해 성관계를 강요했다. 피해 여성은 경찰에 신고하고 모우아를 유괴 및 강간죄로 고소했다.

모우아는 단지 몽족의 전통적인 결혼 의식을 수행하고 있었다며 자신을 변호했다. 몽족 전통문화 중에는 '포획 결혼(marriage by capture)'이 있는데, 이 전통에 따르면 남성은 자신이 원하는 여성을 납치해 성관계를 요구한다. 이때 여성은 남성과 결혼할 의지가 있더라도 자신의 도덕성을 보여주기 위해서 성관계에 저항해야 한다. 따라서 모우아는 당시 시옹의 저항을 성관계에 동의하지 않는다는 표시로 이해하지 않았다고 주장했다.

법정은 이러한 모우아의 문화적 항변을 인정해 강간과 유괴 혐의를 기각하고, 그보다 훨씬 가벼운 불법감금죄를 적용해 120일 투옥과 1000달러 벌금이라는 판결을 내렸다.

(2) 문화적 항변의 쟁점

모우아 사건에서 쟁점은 몽족 풍속에 익숙한 모우아가 피해 여성의 저항이 진실인 것으로 이해하지 못했다는 주장에 있다. 사건 담당 검찰은 시옹의 가족과 몽족의 결혼 풍속에 대해 이야기를 나눈 후 모우아를 유괴나 강간죄로 기소하지 않기로 했다. 당시 시옹의 이모는 모국에서라면 이 문제를 어떻게 풀겠냐는 검사의 질문에 가족의 명예와 자존심 회복을 위해 다음의 세 가지 중 하나를 요구했다고 한다. 첫째는 3000달러, 둘째는 2000달러와 60일 투옥, 셋째는 1000달러와 90일 투옥이었다.

모우아의 변호인 측은 그 지역의 라오스 공동체 센터에서 일하는 몽족 남성이 작성한 몽족의 데이트와 결혼 관습 팸플릿을 증거물로 제시했다. 변호인은 몽족 관습에서 첫 성관계 전에 여성은 "나는 아직 준비가 안 되었다"라고 말하며 저항해야 하고, 이에 대해 남성은 "넌 오늘 내 것이야"라고 말하며 자신의 강한 남성성을 과시하는 것이 일반적이라고 강조했다. 그런데 이상하게도 재판 과정에서 몽족 문화에 대한 전문인의 진술은 없었다고 한다(Song, 2007).

(3) 문화적 항변 인정의 문제점

모우아 사건의 문화적 항변 인정에서 첫 번째 문제점으로 지적되는 것은 몽족 결혼 문화의 다양성에 대한 무시다. 몽족의 결혼 풍습에 대해서는 상충되는 의견들이 존재하는데, 분명한 것은 포획 결혼 외에도 다양한 형태의 결혼 관습이 있다는 점이다. 첫 번째 결혼 유형은 당사자의 가족이 선택한 결혼 중개인의 협상으로 이루어지는 중매결혼이다. 이 경우 결혼은 두 젊은이의 부모들 간에 성사된 계약이라고 할 수 있다. 두 번째 결혼 유형은 도주(elopement)인데, 이 경우 예비 신부가 자발적으로 예비 신랑을 따라 신랑 집으로 들어간다. 남성은 사람을 보내 여성의 부모에게 이 사실을 알린다. 그로부터 3일 후 두 사람은 신부 집으로 돌아가 결혼식을 치르게 된다. 이러한 도주 결혼은 부모들이 결혼을 반대할 때 발생한다. 세 번째 유형이 바로 포획 결혼인데, 이는 남성이 자신에게 별 관심을 보이지 않는 여성과 결혼하고 싶을 때 발생한다. 보통은 남성 친구들의 도움을 받아 여성이 남성의 침소로 납치되고, 3일간 인질로 머무는 동안 성관계를 치르게 된다.

이처럼 몽족 문화에는 다양한 결혼 유형과 관습이 있는데, 앞서 언급한 사건의 경우 포획 결혼을 마치 몽족 결혼의 유일한(혹은 지배적인) 관습으로 인정하는 오류를 범했다. 그리고 이러한 오류가 발생한 가장 큰 원인은 몽족 문화에 대해 감정인 또는 전문가의 의견을 구하지 않고, 피해자 가족과 팸플릿 등만을 참조했다는 사실에 있다.

두 번째 문제점은 이 사건의 판사는 판결문에서 문화적 차이를 이유로 모우아에게 특별 대우를 해주었다고 진술했지만, 실제로는 미국 주류 문화에도 남성 중심의 규범이 공통적으로 존재한다는 사실을 간과했다는 점이다. 얼마 전까지만 해도 미국에서 강간 사건 피해자가 승소하려면 가해자의 강간 시도에 최대한 저항했음을 증명해야 했다. 이러한 저항의 증거가 없는 상태에서는 피고가 상대방 여성의 동의에 대해 '합당한 오해(reasonable mistake)'를 범했다고 주장할 수 있었다.

모우아의 사건에서 변호인 측이 직접적으로 '합당한 오해'에 근거한 변론을 주장하지는 않았지만, 간접적으로는 이러한 주장을 한 것으로 볼 수 있다. "강간이나 유괴가 문제없다고 생각했기 때문에 형량 경감을 받는 문화에 대해 들어본 적이 없다"라는 검사의 주장에 대해 모우아의 변호인은 1975년 캘리포니아 주에서 발생한 메이베리 사례(People v. Mayberry)를 들어, 미국에도 피해 여성의 분명한 저항이 없는 상태에서 가해 남성의 합당한 오해를 인정하는 전통이 있다고 답변했다.

결국 모우아 사건에서 문화적 항변이 인정된 배경에는 미국의 주류 문화에도 강간에 대한 남성주의적 시각이 존재하기 때문이었다고 할 수 있다(Song, 2007). 과거에 비해 개선되었다고는 하나 미국 사회도 여전히 남녀 관계 전반에서, 그리고 특히 성적 접촉에서 남성의 공격성과 여성의 수동성을 전제하는 것이다. 주류 문화와 소수 문화의 이러한 공통성 때문에 모우아 사건에서 피고인의 문화적 항변이 비교적 손쉽게 인정될 수 있었다는 해석이 가능하다.

3) 중국인의 아내 살해 사례

(1) 사건 개요

1989년 뉴욕에 1년간 거주 중이던 중국계 이민자 둥루천(Dong Lu Chen)은 아내의 혼외정사 사실을 알고 나서 몇 주 후 아내를 구타해 살해했다.

천의 변호인 측은 인류학자의 증언을 빌려 중국 문화에서는 아내의 혼외정사에 대한 폭력적 복수가 용인될 수 있는 반응이라는 점을 강조했다. 법원은 이러한 문화적 항변을 인정했고, 천은 2급 고살죄(second degree manslaughter), 즉 과실치사죄를 선고받았다. 그리고 5년 집행유예로 투옥을 면하게 되었는데, 이는 일반적인 과실치사죄에 주어지는 형량에 비해서도 매우 가벼운 처벌이었다.

(2) 문화적 항변의 쟁점

천의 변호인 측은 검사의 2급 모살(second degree murder) 구형을 2급 고살로 경감하는 데 천의 문화적 배경을 적극 활용했다. 변호인은 천이 아내의 부정을 발견한 후 정신적 도발을 당하는 데 문화적 요인이 작용했으며, 그에 따른 '극심한 정서장애(emotional disturbance)' 상태에서 살인을 저질렀다고 주장했다. 따라서 모살(謀殺, murder)이라기보다는 고살(故殺, manslaughter)이며, 그것도 의도하지 않은 2급 고살, 즉 과실치사라고 주장했다.[2]

천의 변호인은 인류학 교수를 감정인으로 내세웠는데, 감정인은 중국에서 여성이 부정을 일으킬 경우 심하게 처벌받는다고 증언했다. 감정인에 따르면 중국 전통문화에서 아내의 부정은 남편의 약함을 증명하는 것으로 간주되며, 그에 따라 이혼 후에도 남편은 바람직하지 못한 남편감이 된다. 이러한 문화적 전통 때문에 중국 남성이 아내의 부정을 알게 되면 극도의 분노 상태에 빠진다고 합당하게 기대할 수 있다는 것이다. 같은 상황에 처한 합리적인 미국 남성의 반응과 비교할 때 대체적으로 중국 남성의 반응

---

2 영미계의 법전들은 '살인(homicide)'을 둘 이상의 각각 다른 범죄로 분류해 각 범죄에 형벌을 부과하는데, 형량은 정해진 한도 내에서 형 선고권자의 재량에 따라 달라질 수 있다. 예를 들면 '모살'은 고의적 살인 혹은 다른 중대한 범행의 결과로 이루어지는 살인이다. 반면 부주의의 결과이거나 피해자가 살인자를 도발하는 경우처럼 감정의 일시적 폭발로 인한 살해 등은 '고살'에 해당된다. 참고로 한국의 형법에서는 모살과 고살의 구분을 인정하지 않는다.

은 좀 더 폭력적일 가능성이 높다고 증언했다.

검사 측은 법정이 이러한 문화적 증거를 받아들이지 않을 것으로 생각했기 때문에 감정인의 진술에 도전하지 않았고, 그의 진술과 상치하는 문화적 증거를 제시하지도 않았다. 당시 검사는 이러한 증거가 관련성이 없다고 믿었는데, 외국의 관습이 미국법보다 우선할 수 없다는 신념 때문이었다고 한다(Song, 2007).

(3) 문화적 항변 인정의 문제점

미국의 여러 아시아인 단체와 여성 단체는 천 사건에 대한 법원의 판결을 비판했다. 특히 차이나타운 내 '아시아여성센터'에 근무하는 바버라 창(Barbara Chang)은 그러한 결정이 미국 내 아시아인 공동체에 미칠 영향을 우려하며 "우리 문화는 가정의 상황이 어떻더라도 남성에게 자신의 아내를 살해할 권리를 주지 않는다"고 주장했다. "이 사건은 미국 내 아시아인 공동체의 가정 폭력 남편들에게 매우 강력한 메시지를 보낸다"며, "당신이 중국인이라면 아내를 구타하고 죽여도 투옥되지 않을 수 있다"라는 매우 잘못된 메시지를 보내고 있다는 것이다(Song, 2007).

실제로 천 사건을 다룬 법정은 단 한 명의 중국 문화 전문가의 증언만을 토대로 문화적 항변을 인정했다. 미국 내 아시아인 공동체의 다양한 의견을 반영하는 데 실패한 것이다. 또한 이 법정에서는 현대 중국의 법률 체계에 대한 검토도 없었는데, 현대 중국의 형법에서는 부정을 이유로 아내를 살해한 남편을 강력하게 처벌한다는 사실을 간과한 것이다(Song, 2007).

앞서 살펴본 모우아 사건과 마찬가지로 천 사건에서 문화적 항변이 인정된 데는 미국 주류 문화에 내재된 남성 우월주의적인 시각이 작용했다고 할 수 있다. 미국을 비롯한 서양 사회에도 부정한 아내를 살해하는 남편의 행위에 관대한 전통이 존재했기 때문이다. 이러한 관대함은 이른바 '도발 원칙(provocation doctrine)'에 근거했는데, 행위자가 배우자의 부정행위에 도발되어 '격분의 열정 상태(in the heat of passion)'에서 저지른 행위에 대해서는 상대적으로 관대하게 처벌해온 것이다. 이처럼 남성에게 관대한 규정은 미국 50개 주의 절반가량에서 여전히 존재한다. 그리고 20개 정도의 주에서는 이러한 성차별적 표현을 없애고 좀 더 중립적으로 개인의 정신 상태를 분석하는 표현인 '극도의 정서장애(extreme emotional disturbance)'를 사용한다(Song, 2007).

경험적으로도 이러한 도발 변론은 여성보다 남성에게 유리하게 작용하고 있음이 분명하다. 미국에서 발생하는 살인 사건의 약 9%는 현재 또는 과거의 배우자나 애인에 의한 살인이라고 한다. 그런데 이러한 친밀 관계에서 발생한 살인 사건의 피해자는 여성인 경우가 많은데, 한 통계에 따르면 친밀 살해 사건 피해자의 4분의 3가량이 여성이라고 한다(Song, 2007). 그리고 여성 가해자보다는 남성 가해자가 도발 변론을 근거로 처벌을 약하게 받을 가능성이 훨씬 더 크다. 남성이 파트너를 살해하는 동기와 여성이 파트너를 살해하는 동기가 다르기 때문이다. 한 연구에 따르면 남성은 파트너의 부정으로 도발된 분노 때문에 살인을 저지를 가능성이 큰 반면, 여성은 파트너가 가하는 신체적·정신적 학대에 대한 자기방어를 위해 살인을 범할 가능성이 크다고 한다(Song, 2007).

비록 첫 사건의 변호인이 아내의 부정에 대해 미국 남성과 중국 남성이 다르게 반응할 것이라고 주장하며 문화적 차이를 강조했지만, 실제 성 규범에서는 두 문화 간에 놀랄 만한 유사성이 발견된다. 두 문화 모두에서 여성 파트너의 부정에 대한 남성의 폭력적 복수가 합당한 반응으로 여겨지고 있다.

4) 문화적 항변의 필요성에 대한 논란

앞서 살펴본 두 사례에서 문화적 항변의 인정은 문제가 있다고 할 수 있다. 그것은 결과적으로 소수집단 여성의 기본권을 침해했으며, 그에 따라 미국 주류 문화의 가부장제적 성향을 강화하는 데 기여했을 가능성(앞서 언급한 부메랑 효과)도 있다. 그보다 더 큰 문제는 이미 살펴본 바와 같이 문화적 항변을 인정하는 과정에서 다양한 관련자의 참여와 의견이 부족했고, 소수 문화 내부에 존재하는 다양성과 경쟁을 제대로 고려하지 못했다는 점이다.

그렇다면 오킨의 주장처럼 문화적 항변은 인정하지 말아야 하는가. 혹은 좀 더 넓은 관점에서, 다문화주의가 주장하는 소수 문화에 대한 특권 부여를 없애야 하는가. 앞서 제시한 구성주의적 문화관에 따르면 문제는 문화 자체가 아니라 여성 억압적인 관행이다. 따라서 소수 문화 또는 이를 보호하는 장치인 문화적 항변을 절대적으로 인정하거나 절대적으로 부정하기보다는 각 사안별로 대처하는 것이 적절한 방법이다.

실제로 문화적 항변은 유용성이 있다. 〈표 3-1〉에서 언급한 1996년에 메인 주에서 발생한 아프가니스탄 출신 난민 사건(State of Maine v. Kargar)은 이 제도의 필요성을 명확히 보여준다. 만약 문화적 항변이 허용되지 않았다면 피의자는 자식에 대한 애정 표시 행동으로 양육권을 잃었을 가능성도 있다. 비슷한 사건으로 알바니아 출신 무슬림 아빠가 공공 체육관에서 자신의 네 살짜리 딸을 만졌다고 고소당했는데, 알바니아 문화 전문가가 그 행동이 애정을 표현하기 위한 것이라고 증언해 무죄를 선고받았다(Song, 2007). 소수 문화의 다양성을 인정하고 보호하는 일은 그것이 다른 권리를 침해하지 않는 한 평등주의적 관점에서 볼 때 규범적으로 옳은 일이다.

　문화적 항변을 무조건 부정할 수 없는 또 다른 이유는 문화적 항변이 없다면 법률 체계에 내재된 주류 문화의 가부장제적 성향을 그냥 지나치게 된다는 점에 있다. 앞서 살펴본 대로 문화적 항변이 인정되는 데는 주류 문화의 규범도 작용한다. 두 문화 간에 상호작용이 이루어지고 있기 때문이다. 과연 많은 사람이 가정하듯 "소수 문화는 주류 문화보다 항상 더 가부장적인가?" 문화적 항변은 이러한 가정에 도전하는 수단으로 작용할 수 있다(Song, 2007).

　문화적 항변의 효용성을 인정하되 그 인정에서는 좀 더 신중한 자세가 필요하다. 통상 주류 문화가 소수 문화에 영향을 미치긴 하지만, 그 반대로 문화적 항변을 통해 소수 문화가 주류 문화의 가부장제적 성격을 강화할 가능성이 있기 때문이다. 실제로 앞서 살펴본 두 사례에서 문화적 항변에 대한 가장 큰 비판은 바로 이러한 부메랑 효과에 근거한 것이었다. 따라서 문화적 항변을 인정할 것인지, 인정한다면 어느 정도로 인정할지에 대해서 각 사안별로 신중하게 판단해야 한다. 특히 언급된 사례에서처럼 여성 인권에 대한 침해 가능성이 있을 경우 소수집단의 문화와 여성 인권이라는 두 가치에 대한 균형을 고려해야 한다. 그리고 이러한 판단 과정에서 전문가 증인 채택을 통해 사실을 확인하는 동시에, 관련자들의 참여와 의견을 독려해야 한다. 이것이 바로 많은 학자가 제시하는 '민주적 심의' 혹은 '심의민주주의(deliberative democracy)'를 통한 문제 해결 방법이다 (Benhabib, 1996; Song, 2007; 현남숙, 2009).

4. 나가며

지금까지 다문화주의와 페미니즘 간에 발생하는 충돌을 미국의 이민자 소수집단에게 적용되어온 문화적 항변 제도를 중심으로 살펴보았다. 먼저 다문화주의와 페미니즘의 관계 및 충돌을 구성주의적 문화관에 입각해 새로운 시각에서 재조명한 후, 이러한 새로운 시각으로 미국의 형사재판 과정에서 발생한 문화적 항변 사례 두 가지를 구체적으로 살펴보았다. 두 사례 모두 소수 문화 인정과 여성 인권 간 충돌을 담고 있었다.

이러한 사례에 대한 검토를 통해 얻을 수 있는 한 가지 결론은 문화적 항변을 무조건 포기하거나 무조건 인정하는 방식은 적절치 않다는 것이다. 즉, 이러한 원칙주의적 해결 방법보다는 문화적 항변의 인정 여부를 각 사안별로 신중하게 판단하는 방법이 필요하다. 그리고 판단 과정에서 관련자들의 참여와 의견을 독려해 민주적 심의를 실현해야 할 것이다. 물론 이러한 심의민주주의적 해결 방법은 비단 문화적 항변 사례뿐 아니라 다문화주의와 페미니즘이 충돌하는 모든 경우에도 일반적으로 적용될 수 있다.

그렇다면 앞서 논의한 다문화주의와 페미니즘의 충돌, 그리고 구체적으로 미국에서의 문화적 항변 적용에 대한 논의가 한국의 다문화 사회에 주는 시사점은 무엇인가. 우선 한국의 사례는 미국 등 서구 자유민주주의 국가와 매우 다르다는 점을 강조할 필요가 있다. 한국에는 주류 문화 자체에 여전히 성차별적 성향이 강하게 남아 있다. 실제로 한국에서 이민자 집단의 소수 문화가 주류 문화보다 더 가부장제적이라고 말할 수 있는지 의문이다. 어쩌면 한국의 주류 문화가 소수 문화에 비해 가부장제적 성격이 더욱 강할 가능성이 높다. 따라서 한국에서 다문화주의와 페미니즘의 충돌 문제는 더욱 복잡해질 가능성이 크다. 주류 문화, 소수 문화, 보편적 가치로서의 여성 인권이라는 삼자가 다중적으로 얽혀 있기 때문이다.

한국의 경우 대부분의 이민자가 결혼 이민자 여성이므로 가정 내에서 주류 문화와 소수 문화 간 직접적 충돌이 발생할 가능성이 매우 높다. 최근 사회문제가 되고 있는 결혼 이민자 여성에 대한 가정 폭력 문제는 단지 여성 문제일 뿐 아니라 문화 간 충돌이라는 관점에서도 바라볼 수 있다. 한국의 경우 가정 내에서 두 문화 간 상호작용이 더욱 긴밀하게 이루어질 가능성이 매우 높다. 이러한 측면에서 한국 사회에는 문화에 대한 구성주의적 시각의 적용이 더욱 적절하다고 할 수 있다. 구성주의적 문화관은 문화를 고정적인 것이 아니라 유동적인 것으로 보기 때문에 문화 간 관계와 상호작용을 분석하는 데 매우 유용하기 때문이다.

사실 한국의 다문화 사회는 선진국에 비하면 아직 초기 단계라고 할 수 있다. 따라서 다문화 사회에 대한 연구와 정책은 단순히 다문화 가정 여성에 대한 보호와 지원에 초점이 맞춰졌을 뿐이며(김욱, 2011), 이러한 다문화주의와 페미니즘 간의 갈등 혹은 문화 간 갈등과 상호작용에 대해 아직 본격적으로 고민하지 않고 있다. 그러나 한국의 다문화 사회가 점차 심화되어 갈수록 이러한 문화 간 갈등과 상호작용 및 그에 따른 여성 문제 등이 매우 심각한 사회문제로 부상될 가능성이 높다.

기존의 연구 결과를 검토해볼 때 한국에서 다문화주의와 페미니즘의 충돌 사례는 아직 발견되지 않고 있다. 이는 기본적으로 한국의 주류 문화가 오히려 이민자 집단의 소수 문화에 비해 가부장제적 성격이 더욱 강하기 때문일 것이다. 따라서 서구 자유민주주의 국가에서처럼 소수 문화를 용인하고 보호하는 과정에서 여성의 인권을 침해할 가능성은 그리 크지 않다. 그보다는 오히려 한국의 남성 우위적인 가부장제적 문화 관습 때문에 여성 이민자의 인권이 침해될 가능성이 크다(황정미, 2011). 특히 한국의 경우 이민자가 대부분 결혼 이민 여성이므로 이러한 양 문화의 차이에 따른 갈등과 그에 의한 여성 인권침해가 가정 내에서 발생할 가능성이 높다는 점을 주목할 필요가 있다(조현옥, 2012).

결국 한국에서 아직까지 다문화주의와 페미니즘은 서로 충돌하기보다는 같은 편에 서 있다고 할 수 있다. 다문화주의자와 페미니스트 모두 다문화 가정 여성의 문화적 관습 보호와 여성 인권 보호를 위해 서로 협력해야 하는 상황에 처해 있기 때문이다. 실제로 소수 문화에 대한 관용·보호와 여성 인권 보호는 밀접하게 연관된 문제다. 예를 들어 다문화 가정에서 발생하는 폭력은 여성 인권의 문제인 동시에, 한국의 남성 중심적인 주류 문화가 결혼 이민자의 소수 문화를 인정하지 않고 억누르면서 발생하는 문제이기도 한 것이다. 따라서 적어도 한국에서는 주류 문화와 소수 문화 간 갈등을 해결하고 그 과정에서 여성 인권을 보호하기 위해 다문화주의와 페미니즘이 서로 협력할 필요가 있는 것이다.

이러한 문제의식을 바탕으로 향후 페미니즘의 관점에서, 그리고 동시에 구성주의적 문화관에 입각해 한국 다문화 가정에서 발생하는 문화 간 충돌과 상호작용에 대한 체계적인 연구가 좀 더 활성화되어야 할 것이다.

참고문헌

김민정. 2010. 「여성이민자는 이민의 수혜자인가: 프랑스 내의 북아프리카 출신 여성이민자의 경우」. ≪유럽연구≫, 28호 2호, 25~61쪽.

김욱. 2011. 『다문화가정을 위한 사회통합 프로그램의 실태 및 개선 방안: 북한이탈주민 프로그램과의 비교를 중심으로』. 다문화가족정책연구원 보고서.

문경희. 2006. 「국제결혼 이주여성을 계기로 살펴보는 다문화주의와 한국의 다문화 현상」. ≪21세기정치학회보≫, 16집 3호, 67~93쪽.

_____. 2011. 「명예살인을 둘러싼 스웨덴의 논쟁과 정책적 대응」. ≪국제정치논총≫, 51집 2호, 135~159쪽.

전복희. 2012. 「독일에서 이슬람 이민자의 강제결혼에 대한 논의」. 숙명여자대학교 아시아여성연구소 정기학술대회 "이주여성에 대한 폭력, 다문화주의, 페미니즘" 발표 논문 (2012.5).

조현옥. 2012. 「한국사회의 이주여성 가정폭력에 관한 논의와 대책들」. 숙명여자대학교 아시아여성연구소 정기학술대회 "이주여성에 대한 폭력, 다문화주의, 페미니즘" 발표 논문(2012.5).

차동욱. 2006. 「문화적 항변과 감정인의 역할 및 소송 전략」. ≪미국학논집≫, 38집 3호, 329~365쪽.

황영주. 2012. 「페미니즘과 다문화주의의 만남」. 숙명여자대학교 아시아여성연구소 정기학술대회 "이주여성에 대한 폭력, 다문화주의, 페미니즘" 발표 논문(2012.5).

황정미. 2011. 「초국적 이주와 여성의 시민권에 관한 새로운 쟁점들」. ≪한국여성학≫, 27권 4호, 111~143쪽.

현남숙. 2009. 「다문화주의와 여성주의의 갈등에 관한 심의민주주의적 접근: S. 벤하비브의 심의민주주의 다문화 정치학을 중심으로」. ≪시대와 철학≫, 20권 3호, 439~471쪽.

Benhabib, Seyla. 1996. "Toward a Deliberative Model of Democratic Legitimacy." in Seyla Benhabib(ed.). *Democracy and Difference: Contesting the Boundaries of the Political.* Princeton: Princeton University Press.

Cohen, Joshua, Matthew Howard and Martha C. Nussbaum. 1999. "Introduction:

Feminism, Multiculturalism, and Human Equality." in J. Cohen, M. Howard and Martha C. Nussbaum(eds.). *Is Multiculturalism Bad for Women?* Princeton, New Jersey: Princeton University Press.

Ehrenreich, Barbara and Arlie Russell Hochschild(eds.). 2002. *Global Woman: Nannies, Maids, and Sex Workers in the New Economy.* New York: A Holt Paperback.

Hondagneu-Sotel, Pierrette(ed.). 2003. *Gender and U.S. Immigration: Contemporary Trends.* Berkeley: University of California Press.

Kymlicka, Will. 1995. *Multicultural Citizenship: A Liberal Theory of Minority Rights.* Oxford: Oxford University Press.

Okin, Susan Moller. 1998. "Feminism and Multiculturalism: Some Tensions." *Ethics*, 108(4), pp.661~684.

_____. 1999. "Is Multiculturalism Bad for Women?" in J. Cohen, M. Howard and Martha C. Nussbaum(eds.). *Is Multiculturalism Bad for Women?* Princeton, New Jersey: Princeton University Press.

_____. 2005. "Multiculturalism and Feminism: No Simple Questions, No Simple Answers." in Avigail Eisenberg and Jeff Sinner-Halev(eds.). *Minorities within Minorities: Equality, Rights and Diversity.* Cambridge: Cambridge University Press.

Song, Sarah. 2007. *Justice, Gender, and the Politics of Multiculturalism.* New York: Cambridge University Press.

Warren, Joyce W.(ed.). 2006. *Feminism and Multiculturalism: How Do They/We Work Together?* Newcastle: Cambridge Scholars Publishing.

제4장

이슬람 이민자의 강제 결혼에 대한
독일의 논의

전복희

1. 들어가며

제2차 세계대전 이후 독일(서독)에서 외국인 이민자의 유입은 전후 경제 복구 과정에서 노동력 부족을 충당하고자 1955년부터 외국인 노동자를 받아들이며 시작되었다.[1] 외국인 노동자에 대한 공식적인 모집은 1973년에

---

1   공식적인 외국인 노동자 모집은 1955년부터 1973년까지 계속되었다. 서독은 1955년 이탈리아와의 협약을 시작으로 1960년 스페인과 그리스, 1961년 터키, 1963년 모로코, 1964년 포르투갈, 1965년 튀니지, 1968년 유고슬라비아와 노동자 모집을 위한 협약을 체결했다. 이들 외국인 노동자는 '객 노동자(Gastarbeiter)'라고 불렸는데, 일시적으로만 독일에 머물며 일한 뒤 다시 고국으로 돌아가는 것을 전제로 한다는 뜻이 담겼다(Butterwegge, 2005: 1).

중단되었지만, 독일에 체류하던 외국인 노동자들이 고향에 있는 가족을 독일로 불러들여 외국인의 수는 그 후에도 계속 증가했다. 외국인 노동자 가족이 늘어나면서 점차 이민자 자녀의 학교 문제와 교육 통합 문제 등 사회적 문제가 불거지기 시작했지만, 독일 정부의 외국인 정책은 제한적이었고 외국인의 체류를 위한 법적 지위도 안정되지 못했다.

1980년대 초 기민련(CDU)과 자유당(FDP)의 연합 정권이 출범하면서 독일 정부는 연정 프로그램에 독일이 이민 국가가 아님을 명문화했으나, 1998년 사민당(SPD)/녹색당(die Grünen) 연합이 집권한 후 독일은 이민 국가가 아니라는 주장을 마침내 공식적으로 포기했다. 그리고 2004년에 이민법을 제정하며 이민국임을 공식화했다. 이민법 제정에는 유럽연합 회원국으로서 유럽연합의 이민 통합 정책의 수용, 외국인 이민자들의 사회 통합을 위한 정책 필요, 저출산과 고령화로 인한 노동력 부족, 전문 인력 부족 등 정치적·사회경제적·인구통계적 요구들이 영향을 미친 것으로 보인다(박명선, 2007: 272, 280).

독일이 이민 국가임을 공식화하면서 사회 통합은 사회적·정치적 주요 과제로 등장했다. 독일의 이민자 사회 통합 정책에서 특히 이슬람 이민자의 사회 통합 문제는 사회적·정치적 논의의 주요 쟁점이 되었다. 2009년 연방이주난민청이 발표한 「독일에서 무슬림의 생활(Muslimisches Leben in Deutschland)」이라는 연구 보고서에 따르면 독일 내 무슬림 수는 약 380만 명에서 400만 명 사이로, 전체 독일 인구의 4.6~5.2%에 해당된다. 독일에 거주하는 무슬림 가운데 약 45%는 독일 국적을 갖고 있다. 그중 약 63.2%는 터키 출신 이민자이고, 그다음이 보스니아, 불가리아, 알바니아 등 남동유럽 지역 출신(13.6%)이며, 그 외에 아랍, 북아프리카, 동남아시아 출신이 있다(BMI, 2009).

독일의 무슬림 이민자는 언어나 구조적 통합 문제로 어려움을 겪고 있는데, 여러 연구 결과에 따르면 특히 터키 출신 무슬림의 어려움이 많은 것으로 알려져 있다. 터키 출신 이민자는 독일의 외국인 이민자 중 15.8%로 가장 많은 수를 차지하는데,[2] 교육이나 노동시장과 관련해 지원이 많이 필요한 실정이며, 경제적·사회적 통합에 어려움을 겪는다고 한다(Marschke and brinkmann, 2011: 14).

이슬람 이민자의 사회 통합 논의 과정에서 이슬람 이민자 공동체의 강제 결혼, 명예살인, 히잡 착용 문제 등은 주요 테마가 되곤 한다. 독일 이슬람 이민자 공동체에서 발생하는 강제 결혼 문제는 이미 1970년부터 페미니스트 단체들과 학자들, 이민 연구자들에 의해 논의되었지만 정치적으로나 사회적으로 여론화되지는 않았다. 그런데 2004년 이주법이 제정되고 사회 통합이 주요 정책 과제가 된 와중에 이슬람에 대해 비판적이던 네덜란드 영화감독 테오 반 고흐(Theo van Gogh)가 살해되고, 베를린에 살던 23세 터키 여성이 버스 정류장에서 친오빠에게 비참하게 살해되는[3] 등 일련의 사건들이 발생하면서 강제 결혼, 명예살인 문제가 정치적 논의와 언론에서 부각되기 시작했다. 그러나 당시 이슬람 이민자의 강제 결혼이나 명예살인 등은 젠더 이슈로 다루어지기보다는 이슬람 문화 또는 무슬림

---

2 독일에서 이민자에 대한 공식 통계들을 보면 이민자를 '이민 배경이 있는 인구'로 표시한다. '이민 배경이 있는 인구'는 일반적으로 직접 이주를 한 이민자 1세대뿐 아니라 이민자의 2, 3세대까지 포함한다(Statistisches Bundesamt, 2011: 6). 독일 연방통계청이 2011년 발표한 자료에 따르면, 2010년 '이민 배경이 있는 인구'는 1570만 명으로 전체 인구의 19.3%에 해당된다. 이들 '이민 배경이 있는 인구' 중 약 절반에 해당하는 710만 명은 외국인으로, 이들은 전체 독일 인구의 8.7%를 차지하며 독일인, 즉 독일 혈통의 이민자는 860만 명으로 전체 독일 인구의 10.5%를 차지한다.
3 이 책의 서론에서 명예살인 부분 참조.

종교의 여성 억압과 폭력성으로 해석되었다. 그래서 강제 결혼은 비민주적이고 문화적으로 이질적인 이슬람 이민자들의 사회 통합 가능성에 대한 논의나 이민자 제한 정책과 관련된 논의에서 중점적으로 다루어지곤 했다.

강제 결혼의 의미는 그 개념을 사용하는 사람들에 따라, 또는 국가에 따라 매우 다양하게 정의된다. 넓은 의미로 강제 결혼은 결혼 당사자들 자신이 혼인을 성립시키는 형태가 아닌 특수한 형태의 혼인을 일컫는 상위개념이며, 중매결혼(arrangierte Ehe)과 같은 국제결혼, 전통적 결혼, 조혼, 노예 결혼, 아동 결혼 등 모두를 포함한 개념으로 사용되기도 한다(Karakaşoğlu and Subaşi, 2008: 100). 강제 결혼은 심각한 인권침해로서 결혼에 대한 자유로운 자기 결정권이라는 문제 외에 심리적·물리적 폭력 문제를 발생시키고, 경우에 따라서는 조혼 관습에 의한 미성년자의 결혼 문제, 젊은 여성의 경우 강제 결혼 때문에 교육권이나 직업 선택의 자유를 박탈당하는 문제 등을 발생시킨다. 독일에서 강제 결혼은 법적으로 금지되어 있다.

독일에서는 특히 강제 결혼과 중매결혼의 구분에 대한 학계의 논의가 있었다. 관습에 따라 부모나 친척이 주선하고, 혼인이 성립되는 과정에서 결혼 당사자의 의사가 반영될 수 있는 중매결혼을 인권침해의 강제 결혼이라고 할 수 있는가. 중매결혼과 강제 결혼을 동일시해 법적 제재를 가하는 일은 차별적인 것이 아닌가. 어떻게 강제 결혼과 중매결혼의 경계를 그을 수 있는가. 과연 강제 결혼과 중매결혼은 구분될 수 있는가. 학계에서는 결론적으로 강제 결혼과 중매결혼이 근본적 차이가 없고 중매결혼도 결국 강제적이라는 견해도 있지만, 대부분의 많은 학자는 강제 결혼과 중매결혼을 동일시할 수 없지만 그 경계를 짓는 것이 매우 어렵다는 사실에 동의하며, 개념의 사용은 각각의 문맥에 따라 차별적으로 접근해야 한다고 주장한다(Bielefeldt and Follmar-Ott, 2008: 13).[4]

독일의 이슬람, 특히 터키 이민자 공동체에서 강제 결혼은 여성과 남성 모두에게 해당되지만, 통상 여성이 더 많은 어려움을 겪는다. 강제 결혼은 대부분 부모나 친척에 의해 시도되며, 독일에서 자라거나 거주하는 이민자들 간 결혼을 통해 독일에서 성립되기도 하고, 터키로부터 신부를 '수입(Importbäuten)'해 이루어지기도 하며, 이른바 '휴가 신부(Ferienverheiratung)'처럼 휴가 기간 중 터키의 고향에 가서 결혼하거나, 독일에 이민 오려는 사람이 독일에 사는 이민자와 결혼하는 등 다양한 형태가 있다.

독일 내 강제 결혼의 현실에 대한 평가는 강제 결혼의 내용상 복잡성과 자료 부족 때문에 제대로 이루어지지 못하고 있다. 강제 결혼을 둘러싼 매스미디어의 많은 논의에서 정치인이 인용 또는 거론하는 강제 결혼의 규모나 내용 등은 대부분 대중적으로 인기 있는 도서들에 근거한다. 그런데 이러한 도서들은 몇몇 저자가 개인적으로 작성하고, 간혹 감정적으로 서술한 경험담들로서 강제 결혼 문제를 이슬람 문화에 귀속시키는 공통점이 있어, 여론에 이슬람 이민자를 둘러싼 편견과 부정적 인식을 확산시킬 수 있는 문제점이 있다. 한편 강제 결혼이 사회적 이슈가 되면서 강제 결혼의 실태를 파악할 수 있는 경험적 자료를 기반으로 한 연구들이 일부 발표되고 있다(Karakaşoğlu and Subaşi, 2008: 101~102).[5]

---

4   대표적으로 강제 결혼과 중매결혼의 차이를 연구한 가비 슈트라스부르거(Gaby Straßburger)는 강제 결혼을 "여성 또는 남성이 자신의 거부를 수용하는 사람이 없거나 저항할 용기가 없기 때문에 심리적 또는 물리적 압력에 의해 자신의 의지에 반하는 결혼을 강제당하는 것"(Straßburger, 2008: 68)으로 규정한다. 강제 결혼과 달리 중매결혼은 원칙적으로 정당한 사회적 관습으로서 인정해줘야 하는데, 양자 간에는 구분하기 힘든 회색 영역이 있으므로 구체적인 개별 사례를 항상 조심스럽게 평가해야 한다고 주장한다.
5   경험적 연구로는 강제 결혼을 했으며 교육 수준이 낮은 터키계 젊은 남성의 경험에 대한 아흐메트 토프락(Ahmet Toprak)의 연구(Toprak, 2008), 터키 이민자 2세의 결혼 양식과

다음에서는 독일 이슬람 이민자의 강제 결혼에 관한 사회적 논의와 그 특징을 검토하고, 그것이 독일의 사회 통합 정책에 미친 영향을 살펴보려 한다. 이를 위해 첫째, 독일 이슬람 이민자의 강제 결혼에 대한 사회적 논의를 분석하고자 매스미디어와 여론에 나타나는 강제 결혼을 둘러싼 관점들을 크게 세 가지로 구분해 설명한다. 둘째, 이슬람 이민자의 강제 결혼에 관한 비판에 이슬람 이민자 공동체가 어떻게 대응하는지 검토함으로써 무슬림의 연대라는 민족적 과제 때문에 젠더 이슈로서의 강제 결혼 문제가 어떻게 다루어지는지 살펴본다. 마지막으로, 독일 사회에서 강제 결혼에 대한 사회적 논의가 사회 통합 정책에 미친 영향을 고찰해보려 한다.

2. 이슬람 이민자의 강제 결혼에 대한 사회적 논의

민족국가(Nationbildung)에 대한 독일의 개념 규정은 매우 문화적인 성격을 띠고 있다. 독일이 프랑스나 영국과 달리 늦게 주변에 흩어진 국가들을 모아 통일된 민족국가를 형성하며 통일 과정에서 민족의 혈연적 동질성 또는 문화적·역사적 동질성을 강조한 역사적 경험이 작용했기 때문이다(Winkler, 1985: 9). 이러한 문화적 특성은 외국인이나 외국 문화를 보는 관점에도 영향을 미쳐 독일 사회에서는 외국인이나 외국 문화를 동질적인

배우자 선택에 관한 가비 슈트라스부르거의 연구(Straßburger, 2008), 우르줄라 보오스뉜니히(Ursula Boos-Nünnig)와 야세민 카라카서굴루(Yasemin Karakaşoğlu)의 중매 국제 결혼과 배우자 선호에 관한 입장 연구(Boos-Nünnig and Karakaşoğlu, 2006), 함부르크 지역에 거주하는 이주 여성 조사를 기반으로 강제 결혼을 경험적으로 연구한 요한 다니엘 라배츠 재단(Johann Daniel Lawaetz-Stiftung, 2006)의 연구 등이 있다.

'우리'와 '다른' 또는 '낯선' 것으로 경계를 긋고 판단하는 경향이 있다. 또한 이민자 사회에서 발생하는 사회문제들을 곧잘 이민자의 문화나 종교에 소급해서 해석하기도 한다.

독일 사회의 공적 담론과 여론에서 이슬람 문화는 독일의 주류 문화와 대비되는 것으로 "서구 대 이슬람, 계몽 대 후진, 민주주의 대 전 민주주의, 근대적 대 전근대적, 세속적 대 이슬람적, 인권 대 폭력" 등 이분법적으로 파악되곤 한다(Şeker, 2011: 2). 이러한 이분법적 사고는 자민족 중심의 문화적 우월성을 기반으로 하는 문화적 위계성을 내포한다. 이는 독일 사회에서 이슬람의 문화를 근대화되고 진보된 민주주의 국가를 후진시키거나 해치는 위협적 존재로 인식하는 바탕이 되기도 한다.

이슬람에 대한 편견은 독일 사회에 고정관념으로 퍼져 있는데, 2006년 5월에 발표된 알렌스바흐 설문 조사(Allensbach-Umfrage)에서 조사에 응한 사람들의 83%가 이슬람은 광신적이라고 대답했으며, 62%는 후진적, 71%는 비관용적, 60%는 비민주적이라고 답했다. 또한 91%는 '이슬람' 하면 제일 먼저 여성의 피해가 떠오른다고 답했다(Foroutan and Schäfer, 2009: 8).

이슬람과 이슬람 여성에 대한 이와 같은 문화적 접근 또는 편견은 그대로 강제 결혼을 둘러싼 사회적 논의에도 반영된다. 다음에서는 독일의 매스미디어와 학계에서 논의되는 강제 결혼에 대한 관점을 세 가지로 구분해보려 한다. 첫 번째 관점은 강제 결혼을 이슬람의 문화 또는 종교와 연관시켜서 보는 것이다. 이 관점은 독일 사회의 여론과 공적 담론에서 가장 일반화된 관점이다. 두 번째 관점은 강제 결혼을 이슬람 문화나 종교가 아니라 세계 도처에서 발생할 수 있는 보편적 인권침해 문제로 보는 관점이다. 세 번째 관점은 강제 결혼을 문화뿐만 아니라 사회경제적 수준 등 다양한 조건과 관련해 다차원적으로 접근하는 입장이다.

1) 강제 결혼을 문화적·종교적으로 접근하는 관점

먼저 첫 번째 관점을 이 관점의 대표적 인물인 네즐라 켈레크(Necla Kelek)의 주장을 중심으로 살펴보겠다. 터키 출신의 사회학자 켈레크는 독일에서 외국인 노동자로 일하던 아버지를 따라 아홉 살에 독일로 이주했다. 그녀는 2005년 『낯선 신부(Die fremde Braut)』라는 책을 발표했는데, 여기서 자신의 가족사뿐 아니라 자신이 이슬람 문화에서 벗어나 자유와 자결을 누리게 된 방법, 그리고 이른바 '수입된 신부'에 대해 썼다. 그 책과 그녀의 입장은 독일에서 강제 결혼에 관한 논쟁에 많이 거론되면서 중요한 영향을 미쳤다.

그녀는 터키 이민자들의 강제 결혼이 이슬람 문화가 지닌 권위주의(Autoritarismus)에서 기인한다고 본다. 그녀의 주장에 따르면 터키-이슬람 사회에는 종교와 밀접하게 연관되고 종교에 의해 정당화되는 특별한 인간상과 세계상이 있다. 전통적 이슬람 문화에는 개인보다 집단을 중시하는 집단적 사고, 나이 든 남성에 의해 가족의 할 일과 의무가 규정·통제되는 통제 시스템이 있다. 이 통제 시스템은 존경과 명예의 원칙이 지배한다. 그에 따르면 젊은 사람은 나이 든 사람에게 반대하면 안 되고, 여성은 남성의 소유물로서 남성의 명예와 관련된다.

이슬람의 여성관은 가부장적 모델을 기반으로 한다. 사회는 남성과 여성으로 이루어진 것이 아니라 남성의 사회와 여성의 사회가 수직적으로 구분되어 있다. 여성은 남성에게 지속적인 유혹이고 남성은 유혹 앞에서 평정을 유지하기 어렵기 때문에 만일 여성이 남성의 영역으로 들어오길 원한다면 이러한 이슬람 사회의 구성에 따라 남성의 영역을 교란하지 않기 위해 감추어져야만 한다(Kelek, 2006: 5).

이슬람 사회에서 결혼은 선택의 문제가 아니다. 남녀에게 혼인은 유일하게 적합한 생활 형태다. 가족이나 후견인(남성 친척)이 자녀의 결혼을 책임진다. 자녀를 명예롭게 결혼시키고 성대한 파티를 여는 것은 부모에게 중요한 과제다. 이 과제 때문에 정규교육 같은 다른 목표는 부차적이 된다. 부모들은 특히 딸들이 학교나 집 밖에서 연애함으로써 가족사에 불명예가 생기지 않도록 일찍 결혼시킨다. 결혼을 통해 딸이 그녀의 남편에게 속하면 가족의 부담이 덜어질 뿐 아니라 무엇보다도 가족의 명예가 딸의 정조와 연관되어 있기 때문이다(Kelek, 2008: 87 ff).

강제 결혼과 중매결혼 둘 다 무슬림적 사회에 있는 '혼인으로의 강제(Zwang zur Ehe)'다. 소녀나 소년이 부모가 구한 파트너를 거부할 가능성이 있다면 중매결혼이고, 의지에 반하는 결혼을 하게 된다면 강제 결혼이라고 하는데, 가족의 압력과 사회적 압력이 강하므로 결혼 대상자는 자유롭게 의사 결정을 표명할 수 없다. 무슬림 여성과 소녀는 복종과 폭력에 대한 공포가 사회화되어 있어서 스스로 경찰이나 법정을 찾아 감히 아버지의 의사에 반하는 이야기를 하지 못하며, 가족에게 버림받지 않기 위해, 또 폭력에 대한 공포로 고통을 감내한다(Kelek, 2008: 89 ff).

켈레크는 전통적인 이슬람 문화와 종교를 신봉하는 수많은 터키 이민자가 독일로 이주한 후 근대적 독일 사회에 살며 독일의 사회보험과 실업수당 등의 혜택을 받으면서도, 분리된 채 이슬람 문화와 종교에 의거해 생활함으로써 병렬 사회(Parallegesellschaft)를 이루며 살아간다고 비판한다. 그녀는 독일에 살고 있는 터키인들이 실제로 사회 통합을 원하는지 의문시한다. 또한 이슬람 문화의 반(反)인권적이고 여성 억압적인 특성은 민주주의적 가치와 조화될 수 없다며 문화적 상대주의를 완강하게 반대한다. 그녀는 이슬람 이민자의 사회 통합은 이슬람 문화에서 벗어나 독일의 가치에 적응해야만 일어날 수 있다고 주장하며, 강제 결혼 방지책으로 이슬람 이민자의 교육과 계몽, 그리고 결혼을 통해 이주해오는 사람에 대한 제한 규정 등을 제시한다(Kelek, 2009: 92~96).

반면 켈레크처럼 강제 결혼이나 명예살인을 이슬람의 가부장적 구조와 연관 지어 바라보는 문화적 접근을 하면서도, 이슬람 문화가 역사적 · 지역적 · 민족적 · 계급적 문맥에 따라 복합적이고 이질적이며 다양하다는 사실을 무시하고 동질적이며 불변적이라 보는 켈레크의 시각에는 반대하는 입장이 있다. 즉, 이슬람을 불변하는 하나의 전통으로 보는 관점과 이슬람이 근대적인 것과 조화할 수 없다고 보는 관점 둘 다에 반대한다. 대표적 인물로 세이란 아테쉬(Seyran Ateş)가 있다. 그녀는 터키인의 정체성과 종교심을 지닌 인물로, 독일에서 변호사이자 녹색당 당원으로 활동하며 강제 결혼이나 명예살인 등과 관련된 언론 매체나 세미나에 적극적으로 참여해 이슬람을 둘러싼 상투적인 주장에 대응했다. 그녀는 문화를 끊임없이 발전하는 것으로 보면서 독일 터키 공동체들의 터키 문화를 멀리 떨어진 터키로부터 완전히 '수입된' 것이 아니라 변화된 것으로 본다. 그녀는 이슬람 국가에서 여성이 높은 지위에 있는 것은 하나의 신화이지만 독일의 터키 공동체에서는 높은 지위의 여성을 볼 수 있는데, 이는 독일의 터키 공동체 내 이슬람 문화에서 젠더 관계가 변화된 것을 보여준다고 주장한다. 그녀는 독일 좌파들이 주장하는 다문화주의가 분리로 가는 길이며, 무책임한 것이라고 비판한다(Korteweg and Yurdakul, 2010: 88).

그녀는 독일에서 이슬람 문화가 독일 또는 서구 문화의 영향을 받아 변화되었다고 보기 때문에 이슬람을 둘러싼 고정적 관념에 대해 비판하지만, 그녀의 관점 또한 근본적으로 이슬람 대 서구 가치라는 이분법적 사고에 근거한다.

2) 강제 결혼을 보편적 인권 문제로 보는 관점

두 번째 입장에서는 강제 결혼을 이슬람 문화나 종교와 연관 짓는 것에 반대하고, 강제 결혼을 가부장적 구조 아래 발생하는 보편적인 인권침해 문제로 파악한다. 이러한 입장은 특히 이슬람 공동체에서 발생하는 강제 결혼과 여성 폭력을 이슬람 문화나 종교와 연결시키는 것이 이슬람에 대한 선입견을 만들어낼 수 있다고 비판한다.

2006년 2월 2일 독일의 주간지 ≪디 차이트(Die Zeit)≫는 이민 연구가 60명의 청원서를 실었다. 청원서에서 네즐라 켈레크, 아얀 히르시 알리(Auaan Hirsi Ali), 세이란 아테쉬 등은 그들의 개인적 경험을 기반으로 강제 결혼과 명예살인의 문제를 희생자의 이슬람 문화에 귀속시키는 것을 비판했다. 특히 그들은 켈레크의 책 때문에 이슬람과 터키인에 대한 천박한 고정관념이 퍼져나가는 것을 경계했다. 강제 결혼이나 명예살인은 법으로 처리되어야 하지만, '명예'라는 이름의 범죄들은 정치적으로 논의될 문제이지 도덕적으로 판단될 문제가 아니며, 이슬람을 서구 문명과 반대되는 것으로 추론할 수는 없다고 비판했다(Rostock and Berghahn, 2008: 355).[6]

터키 여성과 소녀에 관한 책을 다수 저술한 저널리스트이자 작가인 하티제 아퀸(Hatice Akyün)은 강제 결혼과 명예살인이 존재한다는 사실을 부

---

6 켈레크는 한 주 뒤에 다시 그들을 반박하는 글을 실었다. 그녀는 여기서 그들이 강제 결혼, 중매결혼, '명예' 범죄들과 민족적 분리 등의 이슈들을 무시했는데, 이러한 이슈들이 그들이 주장하는 다원주의의 이데올로기적 개념에 맞지 않고, 또 이러한 이슈의 이면에 있는 인권침해를 보기 원치 않았기 때문이라고 주장했다.

인하지 않았지만 그것은 극히 일부에 불과하다고 주장했다. 독일에 살고 있는 대다수의 터키 소녀는 완전히 정상적인 생활을 하고 있다. 명예살인은 코란에 나와 있지 않으며, 이슬람적인 것도 터키적인 것도 아니다. 만일 어떤 독일인 엄마가 자식을 굶겨 죽였다고 할 때 그것을 독일적인 것이라고 할 수 있는가? 아니다. 그녀는 비인간적이다. 그는 사람들이 이러한 것들을 구분하지 않는다고 비판했다(Korteweg and Yurdakul, 2010: 89).

또한 '베를린-브란덴부르크 터키연합'의 대변인이었던 사프터 즈마르(Safter Cmar)는 명예살인과 강제 결혼 등의 여성 억압이 이슬람 종교와 일치하지 않는다고 주장했다. 주류 사회는 외국인들이 적용해야만 하는 독일의 가치에 대해 논의하는 것을 중지해야 한다고 보았다. 그에 따르면 요점은 독일적 가치 또는 터키적 가치에 관한 문제가 아니라 보편적인 인권에 관한 문제다(Korteweg and Yurdakul, 2010: 89).

모니카 슈뢰틀레(Monika Schröttle)는 2003년 독일에 살고 있는 16~85세 여성 1만 명(이민 배경이 없는 독일 여성, 터키와 동유럽 국가에서 이주한 이민 배경을 가진 여성 등 모두 포함)에 대한 설문 조사를 통해 강제 결혼, 폭력, 여성과 배우자 관계 등을 살펴본 후 이분법적 문화적 접근과 편견에 대해 반박했다. 즉, 가부장제와 가정 폭력 문제는 이슬람 이민자 공동체뿐 아니라 독일 주류 사회에서도 발생하는 문제라는 사실을 밝힌다.

독일 여성과 터키 여성에 대한 문화적 이분법적 판단은 잘못되었다. 터키 이민 배경을 지닌 여성 가운데 압도적인 상당수가 강제 결혼을 하지 않았고, 또 결혼을 목적으로 터키에서 '수입'되지도 않았다. 그녀들 대다수는 사회로부터 소외되거나 가정 밖의 여가 활동에서 배제되어 있지도 않았다. 또한 압도적 다수가 배우자의 지배나 통제, 폭력, 위협에 시달리고 있지 않았으며, 과도하게 전통적인 부부 관계를 유지하거나, 또 제대로 교육을 받지 못하거나 사회적으로 어려운 관계 속에서 살고 있지 않았다. 터키 출신의 대다수 여성이 심각할 정도의 전통적 부부 관계나 폭력에 눌려 살고 있지 않은 반면, 대다수의 독일 여성도 평등한 과제 분담을 기반으로 한 근대적이고 폭력이 없는 부부 관계를 유지하고 있지 않다. 그러나 터키 여성은 독일의 대다수 여성보다 낮은 수입, 열악한 주택, 교육의 부족 등 때문에 사회적으로 더 어려운 처지에 살고 있다. 터키 여성이 겪는 어려움은 독일 사회에서 이주민이 겪는 사회적 차별과 인종적 차별에서 발생한다. 많은 터키 여성이 느끼는 사회적 통제와 소외감은 독일에 거주하는 다른 인종의 이민자에게서도 나타난다(Schröttle, 2008: 162 ff).

독일에 살고 있는 대부분의 터키 출신 이민자는 이러한 관점을 주장하는 반면, 주류 사회의 독일인 중 이런 관점을 지닌 사람은 소수에 불과하며 발언의 영향력도 상대적으로 약하다(Korteweg and Yurdakul, 2010: 90).

3) 강제 결혼을 다차원적으로 접근하는 관점

세 번째 입장은 강제 결혼에 다차원적으로 접근한다. 이 관점은 강제 결혼을 이슬람 문화나 종교와 자동적으로 연결시켜 단순화하는 것을 비판하며, 강제 결혼은 다양한 요소, 즉 사회경제적·문화적·인구통계적 조건과 이민자의 교육 수준, 이주 과정에서 성 역할의 변화 등이 서로 복잡하게 연결되어 발생한다고 주장한다.

2006년 함부르크 시의 사회·가족·건강·소비자보호부의 후원 아래 함부르크 지역 상담소들에서 실시한 강제 결혼에 관한 설문 응답 조사와 인터뷰를 기반으로 라배츠 재단이 수행한 연구는 가족이나 사회적 압력으로 이루어지는 강제 결혼에 다양한 동기와 사회적·경제적·구조적 원인이 함께 영향을 미치고 있음을 보여준다. 이 연구에 따르면 강제 결혼은 대부분 당사자의 부모에 의해 이루어지고, 드물게 다른 친척들이 참여하기도 한다.

설문 조사 응답자들이 많이 선택한 강제 결혼의 동기는 자식의 명예로운 생활 변화와 통제, 자식의 생계 안전, 가족의 의무/가족의 약속, 전통과 전통적 성 역할 보존, 독일 체류/이주, 재정적 이득, 명예와 위신, 종교 등이다. 이를 비율별로 살펴보면 가족의 명예, 딸에 대한 통제, 전통이 44.4%로 가장 많았고, 자식의 생계와 재정적 동기가 24.1%, 가족의 약속과 가족적 의무가 13%, 체류 지위와 이주가 13%, 종교가 5.6%를 차지했다. 이 연구에 참여한 전문가들에 따르면 강제 결혼에서 종교가 차지하는 비중은 여론에서 논의되는 것과 달리 매우 작다. 그 밖의 강제 결혼 동기로는 부모의 공포를 들고 있는데, 부모는 자식들이 자신의 가치가 아니라 서구적 가치를 지향하는 것에 대해 공포를 느끼고 자식들을 다시 '옳은 길'로 인도하기 위해 강제 결혼을 시도하는 것으로 보인다(Johann Daniel Lawaetz-Stiftung, 2006: 24 ff).

결론적으로 이 연구는 강제 결혼의 다양한 조건을 고려해 이민자들의 강제 결혼에 영향을 미치는 요소로, 이주하면서 겪은 경험과 수용국의 문화적 가치에 대한 지식 부족 또는 수용 부족, 수용국 사회에서의 불충분한 전망과 차별 경험(일례로 노동시장 참여나 진입), 낮은 교육 수준과 시골 지역 출신이라는 점(많은 응답자가 강제 결혼은 교육 수준이 아주 낮은 시골 출신 가정에서 발생한다고 생각함), 명예의 전통과 가족 위신에 대한 높은 의미 부여, 독일에서 자란 이민자 자녀들의 경우 서구적 가치를 지향하지만 그들이 수용국에서 교육이나 취업적 전망이 매우 적기 때문에 강제 결혼을 하게 된다는 점 등을 들었다(Johann Daniel Lawaetz-Stiftung, 2006: 61).

아흐메트 토프락은 터키 출신의 젊은 남성 15명에 대한 전기적 심층 인터뷰를 통해 그들이 강제 결혼을 하거나 아내에게 폭력을 행사하는 이유를 조사했다. 조사 대상자들은 교육을 받지 못했고 부모의 주선으로 터키 출신지 여성과 결혼한 사람들이다. 토프락은 조사 대상자들이 강제 결혼을 하거나 가정 내 폭력을 행사하게 된 근본적 이유가 생활적·사회적·노동적·교육적 자원의 부족에 있다고 보았다. 또한 그는 아내에 대한 젊은 터키 남성들의 폭력이 이슬람과 어떻게 연관되는지 살펴보았다. 그에 따르면 그들의 폭력은 이슬람적 행동 양식에 대한 지식이 있어서가 아니라 아버지 또는 다른 남성 가족 구성원이 구두로 전한 것을 반성 없이 수용하면서 발생한다(Karakaşoğlu and Subaşi, 2008: 116).

그는 사회에서 적절한 인정을 받지 못하고, 사회에 참여하지 못하거나 전망을 발견하지 못하는 젊은 남성들이 출신국의 전통적 가치, 즉 명예, 남성성, 우정, 연대 또는 여성 가족 구성원의 명예에 대한 무조건적 방어 등을 지나치게 강조한다고 주장했다. 자의식이 있고 열린 이민자 3세들은 전통적 규범에서 해방되어 자신의 학업과 직업을 정하는 반면, 자의식이 적고 교육 수준이나 위신이 낮은 청소년들은 전통적 가치에 집착하며, 심지어 부분적으로는 그들의 부모보다 더 엄격하게 전통적 가치를 강조한다(Toprak, 2008: 181).

3. 강제 결혼 비판에 대한 이슬람 이민자의 대응

강제 결혼을 둘러싼 논의에서 촉발된 이슬람 문화에 대한 비판은 독일 주류 사회의 문화와 이슬람 문화를 대립적으로 파악하며 이슬람 문화에 대한 부정적 인식을 확산시키는 역할을 했다. 이슬람 이민자 공동체는 이슬람 문화에 대한 편견과 잘못된 해석이 이슬람 문화에 대한 차별이자 이슬람 이민자의 권리를 무시하는 것이라고 비판하며 대응했다.

함부르크에 있는 이슬람 단체 연합체 '함부르크 슈라(Schura Hamburg)'의 이사회는 2005년 11월 25일 '세계 여성폭력 방지의 날'을 맞아 함부르크 슈라의 여성위원회가 여성 폭력에 반대하는 성명을 이사회에 제출하자 다음과 같이 반응했다고 한다.

> 그들은 이슬람이 폭력을 분명히 금지하고 있기 때문에 이 테마를 논의할 필요성이 없다는 것 같았다. 또한 경건하고 이슬람적으로 '올바르게' 사는 여성은 폭력을 당하는 문제가 없을 것이라고 언급했다. 게다가 미디어가 무슬림의 이름을 더럽히고 차별하기 위해 폭력 문제를 잘못 보도한다고 주장했다(Hassani, 2008: 333).[7]

이처럼 이슬람 이민자 공동체 이사회는 강제 결혼을 둘러싸고 독일 주류 사회가 이슬람의 여성 억압이나 폭력성에 대해 비판하는 것을 무슬림에 대한 차별로 규정하며, 공동체 내에서 발생하는 젠더 이슈에 대한 문제 제기를 방임하거나 무시하고 있다. 이러한 현상은 남성들로 구성된 이슬람 이민자 공동체 이사회뿐 아니라 독일에 살고 있는 무슬림 여성들의 반응에서도 발견된다. 이 여성들은 강제 결혼이 이슬람의 권위주의와 가부

---

7 앙겔리카 하사니(Angelika Hassani)는 슈라의 여성위원회에 4개월 이상 참여하며 무슬림 조직 내 강제 결혼과 여성 폭력에 대한 논의를 연구했다.

장성에서 기인한다고 주장하며, 이슬람을 비판하는 무슬림 여성들은 서구화되고 비이슬람적인 '사이비 신학도'이자 '무슬림의 적'이며 사회의 압력에 굴복하고 주류 사회와 정치에서 이득을 얻으려 알랑거리는 것이라고 비판하며, 서구인에 대항해 이슬람 공동체가 단합해야 한다고 주장한다(Hassani, 2008: 331).

하사니는 독일 주류 사회의 차별에 대항해 이슬람 문화를 지켜야 한다는 목적으로 무슬림 여성의 연대를 내세우며 무슬림의 여성 문제를 비판하는 무슬림 여성을 매도하는 것은 '잘못된 연대'라고 지적한다. 그녀는 이러한 잘못된 연대가 강제 결혼, 히잡, 명예살인과 같은 문제가 발생했을 때 독일에 사는 무슬림들이 논의에 참여하지 못하도록 하거나 침묵하게 만드는 요인이 된다고 주장한다(Hassani, 2008: 332). 결국 강제 결혼에 대한 비판이 독일 주류 사회와 소수 사회의 문화 갈등으로 부각되는 가운데, 이슬람 이민자들이 민족 차별에 대한 투쟁이라는 이슬람 이민자 공동체의 민족적·인종적 과제에 집중하면서 젠더 이슈로서의 강제 결혼 문제는 그 중요성이 희석되거나 밀리는 결과를 불러왔다.

독일에 살고 있는 이슬람 여성 이민자들 중에는 페미니즘적 관점에서 가부장적 구조와 폭력에 대해 비판하는 이슬람 페미니스트들이 있다.[8] 그러나 이들이 이슬람 여성들의 '잘못된 연대'를 넘어 페미니스트로서 보편적인 여성 인권 보호 및 가부장적 구조에 대한 저항이라는 공통된 관심사를 품고, 강제 결혼의 문제를 해결하기 위해 독일 주류 사회의 페미니스트

---

8 이슬람 페미니스트들은 여성에게 불리한 방식으로 코란을 해석하는 것을 비판하고, 이슬람의 법 해석에서 가부장적 전통의 해체를 시도하며, 가부장적 구조에 대항해 투쟁한다(Şeker, 2011: 7; Rommelspacher, 2008: 11).

들과 연대하는 데는 장애가 있을 것으로 보인다. 독일 사회에 편재해 있는 다른 문화에 대한 이분법적 관점과 자민족 중심의 문화적 위계성이 독일 페미니스트들의 이슬람 여성상에서도 그대로 반영되고 있기 때문이다.

독일 주류 사회의 페미니스트들은 이슬람 문화가 역사적·민족적·지역적으로 다양하다는 사실을 무시하며 이슬람을 하나의 문화로 판단하고 보편적 여성 인권을 강조하면서 서구적 가치를 기반으로 평가하는 '페미니스트 자문화 중심주의'의 전형을 보여주곤 한다(Westphal, 2008: 128; 오은경, 2009: 18). 독일 주류 사회의 페미니스트가 이슬람 여성을 "해방되고, 자유로운, 근대화된 독일 여성"과 반대로, 전근대적이고 가부장적이며 권위적인 남성에 의해 억압받고 희생된 소극적인 '낯선(fremd)' 또는 '이국적(exotic)' 여성으로 보는 '페미니스트 자문화 중심주의'의 우월감을 지니고 이슬람 여성을 판단하는 한 양자 간 연대는 어려울 것이다(Beck-Gernsheim, 2006: 4).[9]

4. 나가며

독일 사회의 여론과 공적 담론에서는 이슬람 이민자 공동체에서 발생하

---

9 이러한 예는 이슬람 여성의 히잡 착용에 대한 페미니스트들의 반대에서 잘 찾아볼 수 있다. 독일의 페미니스트들은 히잡이 이슬람의 종교적 의미 외에 여성의 문화적 정체성을 표시하는 기표, 서구 이민자 사회에서 서구에 저항하려는 민족주의 투쟁의 일환 등 다양한 의미로 착용된다는 사실을 무시한다. 예를 들어 영향력 있는 페미니스트 알리체 슈바르처 (Alice Schwarzer)는 이슬람 여성의 히잡 착용을 "모든 세상을 신의 국가로 변형시키기 원하는 이슬람주의적 십자군의 깃발"이며 "피의 상징"이라고 강력하게 비난하며, 히잡을 착용한 여성은 그들의 동등권을 자발적으로 포기한 것이자 이슬람주의 정당의 깃발을 든 여성이라고 비판했다(Şeker, 2011: 5).

는 강제 결혼을 이슬람 문화 또는 종교와 결부해 이슬람 문화에서만 발생하는 폭력성, 전근대적 가부장성으로 보는 관점이 지배적이다. 독일 내 이슬람 이민자 공동체는 강제 결혼을 이슬람 문화와 연관 짓는 것이 이슬람에 대한 차별이며 이슬람 이민자의 권리를 무시하는 것이라고 비판하며, 독일 주류 사회의 민족적 · 인종적 차별에 대항하기 위한 민족적 연대를 주장했다. 그 결과 독일 주류 사회와 이슬람 이민자 공동체의 문화적 대립이 강조되면서 독일 주류 사회뿐 아니라 이슬람 이민자 공동체에서도 젠더 이슈로서 강제 결혼의 문제점은 그 중요성이 희석되거나 뒤로 밀렸다.

강제 결혼에 대한 문화적 접근에서부터 확대 · 재생산된 반이슬람주의 또는 이슬람 문화에 대한 비판은 독일의 다문화주의 정책과 이슬람 이민자의 사회 통합 정책에 영향을 미쳤다. 이슬람 이민자의 강제 결혼 문제는 다문화주의에 대한 부정적 인상을 더욱 강화했으며, 여성 폭력적이고 억압적인 전근대적 가부장 문화를 지닌 이슬람 이민자 문화와의 공존을 주장하는 다문화주의와 문화상대주의가 옳지 않다는 입장을 확산시켰다. 사실 독일에서 다문화주의라는 용어는 간혹 감정적 요소가 이입되어 잘못 이해되곤 하는 경향이 있다. '다문화'가 한 사회에 존재하는 민족들의 다양성 인정과 다양한 민족과의 공존을 의미하지 않고, 예컨대 민족적 병렬 사회 또는 민족적 식민지, 민족적 게토(Getto)와 같이 다양한 민족문화 집단이 서로 관계없이 병존하는 것으로 이해되며 사회 통합과 반대되는 개념으로 수용되었다(Geißler, 2004: 294).

특히 다문화주의에 반대하는 정치인들은 이슬람 이민자 공동체에서 발생하는 강제 결혼과 같은 문제를 예로 들어 이슬람 이민자들의 사회 통합 의지를 의문시하며 다문화주의가 실패했다고 주장하기도 했다. 앙겔라 메르켈(Angela Merkel) 총리는 2006년 독일 정부의 대표들과 독일에 사는 무슬림 대표자들의 제도화된 대화를 시도하며, 이슬람 이익집단의 조직화된 분리 문제를 없애기 위해서 제1회 독일이슬람정상회의(Deutschen Islam Konferenz)를 개최했다. 이를 통해 메르켈 총리는 이슬람 이민자와 독일인이 "독일을 위하여 함께(gemein für Deutschland)"하는 사회 통합을 시도했지만, 다문화주의에 대해서는 부정적이었다(Schubert and Meyer, 2011: 12).

또한 메르켈 총리는 2010년 10월 16일 포츠담에서 기민련의 청년 당원들과 만나 "이민자들과 함께 살면서 행복하게 느낀다는, 이른바 물티쿨티(Multikulti, 다문화주의) 접근 방식은 완전히 실패했다"고 말했다. 기민련의 자매당인 기사련(CSU)의 당수 호르스트 제호퍼(Horst Seehofer)도 같은 모임에서 "독일인 주류 문화를 지지하며, 다문화에 반대한다. 다문화주의는 죽었다"고 더 강한 목소리를 냈다(Korteweg and Yurdakul, 2010: 86).[10]

독일의 사회 통합 정책은 기본적으로 독일 사회의 가치와 문화에 대한 이민자의 동화를 기반으로 하는데,[11] 이슬람 이민자의 강제 결혼 같은 문제는 다문화주의를 인정하지 않고 동화적 사회 통합 정책을 더욱 정당화하는 도구적 역할을 했다. 이러한 동화적 사회 통합 정책은 독일 정부가 이민자들이 독일의 문화나 가치를 수용하고 있는지 검토하는 시험, 이른바 '가치관 시험(value test)'을 통해 독일의 문화나 가치에 문화적 동화를 요구하는 것에서도 나타난다.

하나의 예로 독일의 바덴뷔르템베르크 주는 2006년 독일 시민권을 신

---

10 김신영(2010) 참조.

11 독일의 사회 통합 정책에 영향을 미친 하르트 에서(Hart Esser)는 "민족문화적 다원주의(ethnokultureller pluralismus)와 구조적 동화(assimilation)·통합(기회 평등)은 서로 조화할 수 없고", "통합은 단지 동화로서만 가능하다"라고 주장한다(Geißler, 2004: 290).

청한 이슬람 이민자에 대해 '가치관 시험'을 도입했다. 그 시험은 이민자에게 민주주의와 테러리즘에 관한 그들의 의견뿐 아니라 여성과 남성의 관계, 동성애 등에 대해 다음과 같이 질문했다. "아내는 남편에게 복종해야만 하며, 아내가 복종하지 않을 경우 아내를 때리는 것은 허용된다는 주장에 대해 어떻게 생각하는가?", "당신의 성년 아들이 당신에게 자신이 동성애자이고 다른 남성과 함께 동거하기 원한다고 말하는 것을 상상해보라. 당신은 어떻게 반응하겠는가?"

헤센 주도 이슬람 이민자만 대상으로 하는 것은 아니라고 강조했지만, '지식과 가치' 시험에서 "여성은 가까운 남성 친척의 동반 없이 여행이나 외출을 해서는 안 된다는 주장에 대해 당신은 어떻게 생각하는가?" 등의 질문을 던지고 있다(Rostock and Berghahn, 2008: 353 ff). 이러한 질문들은 앞서 살펴본 것처럼 이슬람 문화에 대한 단순화된 고정관념과 서구적 우월성을 기반으로 한 이분법적 사고로, '비민주주의적'이고 '후진적인' 이슬람 이민자가 '민주주의적'이고 '서구적인' 독일의 가치와 문화를 수용하는 것을 독일 시민이 되는 전제로 여기는 차별적 성격을 내포한다.

독일 정부는 이슬람 이민자의 강제 결혼 문제를 젠더적 관점보다 이민자의 사회 통합 정책과 관련된 문제로 보았다. 따라서 강제 결혼을 방지하고 예방하기 위해 이민정책을 더 엄격하게 강화하는 정책적 조치에 역점을 두었다. 2007년 개정된 이민법은 강제 결혼이 조혼의 형태로 이루어지는 점을 감안해 18세 이하 외국인 배우자의 독일 유입을 제한하고 그들이 독일어 능력을 입증하도록 규정함으로써 이민자의 독일 유입 문턱을 더 높게 만들었다. 또한 연방 상원과 하원도 강제 결혼이나 폭력의 희생자를 보호하기 위해 강제 결혼이나 폭력적 관계에서 벗어나기 쉬운 환경을 조성하는 방안으로 그들의 체류권을 강화하자는 주장을 거부했다(Bielefeldt and Follmar-Ott, 2008: 17 ff).

이슬람 이민자의 강제 결혼 원인에 대한 불충분한 이해와 이민자 정책에 대한 젠더적 관점의 결여는 강제 결혼과 명예살인 등의 문제가 이민자들이 겪는 다양한 사회적 · 경제적 · 문화적 요인과 복합적으로 연관되어 발생한다는 사실을 경시해 독일 사회에서 여성 이민자들이 겪는 사회적 · 경제적 문제에 대한 관심이 뒷전으로 밀리게 만들었고, 결국 독일 사회가 이민 여성들의 사회적 · 경제적 통합 정책에 소홀하도록 만드는 문제점을 가져왔다.

참고문헌

김신영. 2010.10.18. "메르켈, 독일 多문화주의(이주자들과 함께 살기) 50년, 완전히 실패 했다". ≪조선일보≫(http://news.chosun.com/site/data/html_dir/2010/10/18/201010 1800083.html).

박명선. 2007. 「독일 이민법과 통합정책의 외국인 차별에 관한 연구」. ≪한국사회학≫, 41 집 2호, 271~303쪽.

오은경. 2009. 「이슬람 여성과 다문화주의: 테일러, 오킨, 지젝의 통찰을 중심으로」. ≪페 미니즘연구≫, 9권 1호, 1~29쪽.

최현덕. 2010. 「다문화주의와 여성주의 사이의 갈등에 전제되어 있는 문화개념에 관하여: 여성 디아스포라의 관점에서」. ≪사회와 철학≫, 20호, 259~284쪽.

Beck-Gernsheim, Elisabeth. 2006. "Türkische Bräute und die Migrationsdebatte in Deutschland." *Aus Politik und Zietgeschichte*, 1(2), pp.32~37.

Bielefeldt, Heiner and Petra Follmar-Ott. 2008. "Zwangsverheiratung: ein Menschen-rechtsthema in der innenpolitischen Kontroverse." in Bundesministrium für Familie, Senioren, Frauen, Jugend(ed.). *Zwangsheiratung in Deutschland* (pp.10~22). Berlin: Nomos Verlag.

Boos-Nünnig, Ursula and Yasemin Karakaşoğlu. 2006. *Viele Welten leben. Lebenslagen von Mädchen und jungen Frauen mit Migrationshintergrund. 2. Auflage.* Münster u.a.: Waxmann.

Butterwegge, Carolin. 2005. "Von der 'Gastarbeiter': Anwerbung zum Zuwanderungs-gesetz." http://www.bpb.de/gesellschaft/migration/dossier-migraton/56377/migratons politik-in-brd(검색일: 2012.3.12).

Bundesministerium des Innern(BMI). 2009. "Zusammenfassung 'Muslimisches Leben in Deutschland'." www.deutsche-islam-konferenz.de(검색일: 2012.3.27).

Foroutan, Naika and Isabel Schäfer. 2009. "Hybride Identitäten: muslimische Migratinnen und Migranten in Deutschland und Europa." http://www.bpb.de/publikationen/ 9XFFAQ.html(검색일: 2012.3.12).

Geißler, Rainer. 2004. "Einheit-in-Vershiedenheit. Die interkulturelle Integration von Migranten: ein humaner Mittelweg zwishen Assimilation und Segregation." *Berliner Journal für Sozilogie*, Heft 3, pp.287~298.

Hassani, Angelika. 2008. "Zwangsverheiratung und Gewalt gegen Frauen: Zur Debatte in muslimischen Organisationen." in Bundesministrium für Familie, Senioren, Frauen, Jugend(ed.). *Zwangsheiratung in Deutschland* (pp.328~343). Berlin: Nomos Verlag.

Johann Daniel Lawaetz-Stiftung(ed.). 2006. "Ergebnisse einer Befragung zu dem Thema Zwangsheirat in Hamburg." http://www.eu-kompetenz-lawaetz.de/fileadmin/eu-kompetenz/dokumente/Bericht%20Zwangsheirat%20Hamburg%20Oktober%202006. pdf(검색일: 2012.5.5).

Karakaşoğlu, Yasemin and Sakine Subaşi. 2008. "Ausmaß und Ursachen von Zwang-sverheiratungen in europäischer Perspektive. Ein Blick auf Forschungsergebnisse aus Deutschland, Österreich, England und der Türkei." in Bundesministrium für Familie, Senioren, Frauen, Jugend(ed.). *Zwangsheiratung in Deutschland* (pp.99~126). Berlin: Nomos Verlag.

Kelek, Necla. 2006. "Die muslimische Frau in der Moderne." *Aus Politik und Zeitge-schichte*, 1(2), pp.25~31.

_____. 2008. "Heirat ist keine Frage." in Bundesministrium für Familie, Senioren, Frauen, Jugend(ed.). *Zwangsheiratung in Deutschland* (pp.83~97). Berlin: Nomos Verlag.

Korteweg, Anna and Gökce Yurdakul. 2010. "Islam, Gender und Integration von Immigranten: Grenzziehungen in den Diskursen über Ehrenmorde in den Nieder-landen und Deutschland." in Gökce Yurdakul and Y. Michal Bodemann(eds.). *Staatsbürgerschaft, Migration und Minderheiten. Inklusion und Ausgrenzungsstrate-gien im Vergleich* (pp.71~94). Wiesbaden: Vs Verlag für Sozialwissenschaften.

Marschke, Britta and Heinz Ulrich Brinkmann(eds.). 2011. *Handbuch Migrationsarbeit. part 1*. Wiesbaden: Vs Verlag für Sozialwissenschaften.

Rommelspacher, Birgit. 2008. "Feminismus und kulturelle Dominanz, Kontroversen um die Emanzipation 'der' muslimischen Frau." *BAG Mädchenpolitik Info 9*. http://www.birgit-rommelspacher.de(검색일: 2012.3.15).

_____. 2009. "Islamkritik und antimuslimische Positionen: am Beispiel von Necla Kelek und Seyran Ateş." in T. G. Schneinders(ed.). *Islamfeindlichkeit: wenn die Grenzen der Kritik verschwimmen.* Wiesbaden: Vs. Verlag für Sozialwissenschaft.

Reißlandt, Carolin. 2005. "Migration in Ost-und Westdeutschland von 1955 bis 2004." http://www.bpb.de/themen/8Q83M7.html(검색일: 2012.3.12).

Rostock, Petra and Sabine Berghahn. 2008. "The Ambivalent role of gender in redefining the German nation." *Ethnicities*, 8(3), pp.345~364.

Schröttle, Monika. 2008. "Zwangsverheiratung, Gewalt und Paarbeziehungen von Frauen mit und ohne migrationshintergrung in Deutschland: Differenzierung statt polarisierung-." in Bundesministrium für Familie, Senioren, Frauen, Jugend(ed.). *Zwangsheiratung in Deutschland* (pp.145~166). Berlin: Nomos Verlag.

Schubert, Klaus and Hendrik Meyer. 2011. "Politik und Islam in Deutschland: Aktuelle Fragen und Stand der Forschung." *Politik und Isam* (pp.11~26). Wiesbaden: Vs Verlag für Sozialwissenschaften.

Şeker, Nimet. 2011. "Ist der Islam ein Integrationshindernis? -Essay." *Aus Politik und Zietgeschichte*, 13(14), pp.16~21.

Statistisches Bundesamt. 2011. *Bevölkerung und Erwebstätigkeit. Bevölkerung mit migrationshintergund -Ergebinsse des Mikrozensun 2010.* Wiesbaden.

Straßburger, Gaby. 2008. "Zwangsheirat und arrangierte Ehe: zur Schwierigkeit der Abgrenzung." in Bundesministrium für Familie, Senioren, Frauen, Jugend(ed.). *Zwangsheiratung in Deutschland* (pp.68~82). Berlin: Nomos Verlag.

Toprak, Ahmet. 2008. "Geschlechterrollen und Geschlechtererziehung in traditionellen türkischen Familien. Verheiratung des Mannes als Disziplinarmaßnahme." in Bundesministrium für Familie, Senioren, Frauen, Jugend(ed.). *Zwangsheiratung in Deutschland* (pp.167~182). Berlin: Nomos Verlag.

Westphal, Manuela. 2008. "Geschlechterstereotype und Migration." in Bundesministrium für Familie, Senioren, Frauen, Jugend(ed.). *Zwangsheiratung in Deutschland* (pp.122~144). Berlin: Nomos Verlag.

Winkler, Heinrich August(ed.). 1985. *Nationalismus. 2. Auflage.* Königstein: Athenäum Verlag.

제**5**장

호주의 여성 이민자
베일 문제

문경희

1. 들어가며

유럽의 대다수 이민 국가와 마찬가지로, 최근 10여 년 동안 호주 사회에서도 이슬람 여성 이민자의 베일(히잡, 부르카, 니캅 등) 착용과 국민 정체성(national identity)에 대한 논란이 일고 있다. 논란의 배경에는 호주 안팎에서 무슬림 남성이 비무슬림 호주인에게 자행한 일련의 폭력 사건이 자리한다. 2000년 8월 시드니에서 일어난 레바논계 폭력 조직의 비무슬림 호주 여성 강간 사건, 2001년 9·11 테러 이후 연속 발생한 발리 폭탄 테러 사건, 크로눌라 해변 인종 분쟁 사건 등이 호주 사회 내 무슬림 남성의 폭력성과 여성 혐오증을 공론화하는 데 기여했다.

공론화 과정에서 무슬림 남성의 폭력은 국가와 주류 사회의 안보를 위협할 뿐 아니라 기독교와 백인 중심으로 형성된 호주의 국민 정체성과 젠더 평등 가치 체계를 위협하는 것으로 논의되기 시작했다. 이는 9·11 테러 사건 이후 전 세계적으로 강화된 '문화적 인종주의(cultural racism)' 시각이 호주에서도 예외 없이 확대·재생산되었음을 의미한다. 서구 백인 기독교와 비서구 유색인 이슬람교의 가치·믿음 체계를 이항적 대립의 시각에서 바라보는 문화적 인종주의 시각은 호주 내 무슬림 남성의 폭력성을 그들의 종교적·문화적 관행의 탓으로 귀결시키고 있다.

그 결과 호주 무슬림 남성 이민자의 폭력성은 호주의 주류 사회가 중요시하는 호주의 가치, 즉 '호주성(Australianess)'에 위배되는 것으로 간주되었다. 여기서 강조된 호주성에는 반인종차별주의, 세속주의, 젠더 평등이 포함된다. 이러한 논의는 결국 호주 주류 사회에서 무슬림 이민자를 인종적으로 '타자화'하는 동시에, 무슬림 여성 이민자와 비무슬림 호주 여성이 여성 혐오자인 무슬림 남성에게 억압받는 피해자라는 인식을 확산시켰다. 이에 따라 세속적이고 민주적인 문화와 젠더 평등의 가치를 소중히 여기는 호주 주류 사회가 나서서 무슬림 여성과 비무슬림 여성의 권리를 보호해야 한다는 구호가 등장하기 시작했다.

주로 보수 성향의 정치인과 언론이 외친 그러한 구호는 공공장소에서 무슬림 여성의 베일 착용을 금지해야 한다는 주장으로 나타났다. 여기에는 무슬림 여성 이민자의 베일 착용이 교조주의적이고 여성 혐오적인 무슬림 남성의 강제에 의한 것이라는 시각이 전제되어 있다. 아울러 무슬림 여성 이민자가 '진정한' 호주인이 되려면 정교일치를 주장하는 이슬람의 의복 관행을 포기하고 정교분리, 즉 세속화된 호주 사회의 주류 가치에 부합하는 것이 순리라는 동화주의적 사고도 내재되어 있다. 이는 베일 착용을 고집하는 무슬림 여성 이민자가 인종차별적이고 여성 혐오적인 무슬림 남성의 동조자라는, 따라서 그들도 호주 사회의 안전에 위협이 될 수 있다는 경계심도 포함되어 있다.

2000년대 들어 반이슬람 정서의 확산과 함께 무슬림 여성 이민자의 베일 착용이 문제가 된 곳은 호주뿐만이 아니다. 9·11 테러 이후 '테러와의 전쟁'을 전면 선포한 미국과 함께, 무슬림 이민자가 상당수 거주하는 유럽 대다수 국가에서도 베일 착용은 국가 안보와 민족 정체성 및 사회 통합 문제와 관련해 중요한 논쟁거리가 되었다. 하지만 베일 착용에 대한 문제 인식은 공통적이라 하더라도, 각 국가가 그 문제를 처리한 방식이나 처리 방식에 영향을 준 요인이 반드시 똑같은 것은 아니다. 예를 들어 베일 착용을 둘러싸고 뜨거운 논쟁이 진행된 국가들 중 프랑스와 독일은 무슬림 여성의 베일 착용을 법적으로 금지한 반면, 영국이나 네덜란드는 법적 금지 조치를 취하지 않았다. 한편 프랑스와 독일은 베일 착용을 금지했지만, 이들 국가가 같은 이유에서 그런 결정을 내린 것은 아니다.[1] 이 때문에 각 국가에서 베일 착용을 둘러싼 논쟁이 어떻게 전개되었고, 그 문제가 어떻게 다루어졌는지 살펴보는 것은 해당 국가의 민족 정체성 문제뿐 아니라 이민자 통합 정책의 특성을 이해하는 데 유용하다.

이 글은 최근 10여 년 동안 호주에서 무슬림 이민자를 둘러싸고 나타난 문화적 인종주의 확산 현상에 주목하면서 그 과정에 등장한 '호주성'과 베일 착용 논란에 대해 살펴보려 한다. 또한 이러한 논란의 핵심에 젠더·인

---

1   박단(2011)에 따르면 프랑스는 국가와 종교의 분리를 엄격히 지키는 라이시테(laïcité) 국가로, 공공 영역에서 어떠한 종교적 의복도 착용할 수 없다는 점을 법적으로 규정했다. 그러나 독일은 국가적으로 공식 종교가 없는 세속화된 국가이지만 기독교에 대해서는 예외성을 인정하는 '반(半)라이시테' 국가로, 기독교 이외에 다른 종교의 의복이나 관행에 대해 법적 제재를 취한다고 설명한다.

종·종교라는 세 가지 개념이 자리한다는 점, 이들 개념을 토대로 전개된 '호주성'과 베일 착용 금지 논란이 결국 동시대 호주 사회에서 무슬림 여성의 사회적 배제를 심화한다는 점도 고찰한다. 궁극적으로 호주에서 전개된 무슬림 이민자에 대한 비무슬림 호주인의 '호주성' 강화 논의는 한편으로 국가 안보와 사회 통합, 여성의 권리 획득이라는 명분하에 진행되었지만, 그 과정에서 '호주성'에 내재된 가부장적 백인 민족주의와 기독교 세속주의가 표출되는 동시에 확대·재생산되었다.

결과적으로 이러한 상황은 일부 비무슬림 호주인의 문화적 인종주의를 기반으로 한 이슬람포비아(islamophobia, 이슬람 공포증)[2] 현상의 일부이며, 그것이 무슬림 여성의 베일(구체적으로 부르카와 니캅) 착용 금지 시위 및 무슬림 여성에 대한 '인종화된' 폭력으로 표출되고 있다. 하지만 연방정부는 종교적 자유를 금지하는 어떠한 법률도 제정할 수 없다는 호주의 헌법 정신과 다문화주의, 여성의 의복 선택권 보호 등을 이유로 무슬림 여성의 베일 착용 전면 금지 법안은 연방의회에서 채택되지 않고 있다. 그러나 호주 사회 내 부르카·니캅 착용 금지를 통한 이슬람포비아 표출 현상은 결과적으로 호주 무슬림 여성의 안전과 권리 및 문화적 다양성을 심각한 수

---

2 '이슬람포비아'라는 용어는 1996년 러니미드 트러스트(Runnymede Trust)와 영국 무슬림·이슬람포비아 위원회가 제출한 보고서에서 사용되었다. 황병하(2010)는 서구 사회에 이슬람포비아가 확산되는 이유에 대해 다음의 일곱 가지 시각을 제시한다. 여기에는 ① 이슬람 문화를 하나로 통일된 불변의 문화로 보는 시각, ② 이슬람 문화를 다른 문화와 완전히 다르게 보는 시각, ③ 이슬람 종교를 다른 종교와 화해할 수 없는 위협으로 바라보는 시각, ④ 무슬림은 이슬람 종교를 주로 정치적 또는 군사적 이득을 얻기 위해서만 사용한다는 시각, ⑤ 서구 문화와 서구 사회에 대한 무슬림의 비난이 즉흥적이며 부당하다고 보는 시각, ⑥ 이슬람에 대한 두려움이 이주와 이민에 따른 인종적 적대감과 뒤섞여 있다고 보는 시각, ⑦ 이슬람포비아가 자연스러운 현상이며 문제될 게 없다는 시각이 포함된다.

준에서 위협한다. 아울러 최근 몇 년 사이에 베일이 일부 남성의 범죄와 신분 가장의 도구로 사용되고 있다는 점을 들어 호주 일부 지역은 특수한 상황에서 무슬림 여성의 베일 탈의를 법적으로 의무화하기 시작했다.

이 글의 전개는 다음과 같다. 먼저 2000년 이후 미국과 유럽을 포함한 전 세계 여러 지역에 확산되기 시작한 무슬림을 둘러싼 문화적 인종주의 현상을 논의한다. 구체적으로, 서구 중심의 백인 우월주의를 피부색이 아닌 문화적 차이로 설명하는 문화적 인종주의는 민족주의의 또 다른 모습이라는 점이 강조된다. 이와 함께 무슬림의 종교적·문화적 정체성이자 서구에 대한 저항의 상징으로 여겨진 무슬림 여성의 베일에 관한 논의도 소개된다. 다음으로 호주의 앵글로 켈틱 백인 중심의 주류 사회 형성과 소수 이민자 집단에 속하는 무슬림 호주인의 인구학적·사회경제적 특성에 대해 살펴본다.

이어 호주 사회에서 무슬림에 대한 문화적 인종주의를 기반으로 한 '타자화' 현상을 가속화시킨 일련의 사건이 논의된다. 마지막으로 그러한 사건들을 거치며 본격적으로 점화된 무슬림 호주 여성의 베일 착용과 금지 논란에 대해 살펴본다. 구체적으로 베일 착용에 대한 '선택'과 '강제' 논쟁, 베일과 호주 사회의 안보·안전 논쟁에 대해 고찰한다. 결과적으로는 베일을 둘러싼 무슬림과 비무슬림 호주인 간 갈등이 지속적으로 확산되고 있다는 점, 이는 호주 사회 내 문화적 인종주의 시각, 즉 이슬람포비아 현상의 심화와 함께 호주 무슬림 여성의 사회적 배제 심화를 의미한다는 점이 강조된다.

2. 문화적 인종주의와 무슬림 여성의 베일

1) 문화적 인종주의

  '문화적 인종주의'는 초기 생물학적 인종주의를 대체한 개념으로서 유럽 중심의 백인 우월주의를 피부색이 아닌 문화적 차이로 설명한다. 이 용어는 1967년에 프란츠 파농(Frantz Fanon)이 처음으로 사용했는데, 실제 그 개념이 확장되어 사용되기 시작한 것은 마틴 바커(Martin Barker)에 의해서라고 전해진다(Barker, 1981). 1970~1980년대 영국적 맥락에서 그는 문화적 차이가 적대적 인간관계를 만들어낸다고 보았고, 따라서 문화적 차이 때문에 민족국가가 폐쇄된 공동체를 형성하는 것은 당연하다고 주장했다. 그는 문화적 인종주의가 하나로 경계 지어진 문화 단일체로서의 민족 건설이라는 개념에 토대를 둔다고 보았다.

  암발라바너 시바난단(Ambalavaner Sivanandan)은 모든 종류의 인종주의가 자본주의 발달 단계와 깊이 연관되어 있다고 설명했다(Sivanandan, 1983: 3). 그에 따르면 영국을 포함한 서유럽 국가는 1960~1970년대에 경제적 필요에 따라 과거 식민지 국가의 유색인종 노동력을 받아들였지만, 그들의 수가 증가하면서 유럽 사회 내 계층적·문화적 갈등의 촉발을 우려하기 시작했다. 그런 점에서 이들 국가는 한편으로 엄격한 이민정책을 통해 유색인종 이민자의 증가를 통제하고, 다른 한편으로는 그들에 대한 사회적·경제적 불평등을 합리화하기 위해 '타자화' 작업을 진행했다. 즉, 유색인종 이민자들을 백인들과는 태생적으로 이질적인 문화를 지닌 '타자'로 정의함으로써 그들에 대한 사회적 배제를 정당화하며, 나아가 그들이 자연스럽게 '모국'인 본국으로 돌아가도록 분위기를 조장했다고 볼 수 있다.

다른 인종주의 담론과 마찬가지로 문화적 인종주의에서도 민족주의 이념이 담론의 핵심에 자리한다(Wren, 2001: 143 ff). 18~19세기에 확산된 유럽의 민족주의 이념은 민족국가를 하나의 문화적 단일체로 바라보는 시각을 담고 있다. 일례로 베네딕트 앤더슨(Benedict Anderson)은『상상의 공동체(Imagined communities)』(1991)에서 민족을 문화적으로 같은 뿌리를 둔 상상된 정치 공동체로 정의하고, 그 공동체의 구성원들은 남남이더라도 서로 공통된 이해관계를 지닌다고 주장한 바 있다. 로버트 마일스(Robert Miles)는 영국을 예로 들어 인종과 민족을 연계했다. 그는 '상상된 공동체'로서 영국을 경계 짓고, 그것을 에워싼 민족주의 이념의 내면에는 인종주의가 자리한다고 주장한 바 있다(Miles, 1987: 38). 즉, '공통의 관심사'를 공유하고 영토적으로 하나로 묶인 공동체로서 영국을 상상하려면 공통된 관심사를 공유하지 않으며 배제의 대상인 '타자들'이 있어야 하는데, 이들이 바로 다른 나라 출신의 이민자들이라는 것이다.

이런 맥락에서 문화적 인종주의는 영토에 따른 문화적 단절 개념에 기초하며, 다른 영토 출신의 이민자는 타자, 즉 외국인(또는 이방인)으로서 국가적 자원, 특히 희소한 자원을 공유할 수 없다는 점을 강조한다(Stolcke, 1995: 58). 더욱이 문화적 인종주의는 인종 공동체의 문화가 영원히 변하지 않고 이미 경계 지어진 것이라는 관점에서 문화 간 교차성과 혼종성의 개념 또한 거부한다. 결론적으로, 문화적으로 동질적인 민족 정체성을 지닌 국가에서 문화적 인종주의가 성장할 수 있는 환경이 만들어지며, 특히 이민은 민족 정체성의 형성을 위협할 수 있다는 시각이 형성되고 있다.

이슬람에 대한 서구인들의 문화적 인종주의는 중세부터 유럽인들이 이슬람에 대해 품어온 이슬람포비아와 맥락을 같이한다. 이에 대해 황병하(2010: 38)는 "8세기 이후부터 근 1000년 동안 유럽인들은 이슬람과의 투쟁을 통해 정체성을 형성해왔으며, 무슬림 신생아들이 서구, 근대, 기독교 세속주의로 대변되는 유럽의 근본적 정체성을 위협하고 있다"고 주장한다. 또한 그는 "서구 사회의 이슬람포비아는 중세의 역사적·문화적 충격에서 시작되었으며, 20세기 초의 경제적 충격, 그리고 21세기의 정치적·인종적 충격으로 오늘날까지 지속되고 있다"(황병하, 2010: 39)고 설명한다. 하지만 최근 서구에서 나타난 이슬람포비아는 아랍·이슬람 역사 전체에 대한 객관적 판단이나 평가에서 비롯된 것이라고 보기 어렵다. 즉, 9·11 테러 이후 심화되고 있는 이슬람포비아의 근원은 무슬림들이 서구 기독교인들을 무력으로 진압한 후 정치적·문화적 차원에서 패권을 장악하는 데 대한 두려움이 아니라는 것이다. 오히려 논쟁의 핵심은 서구 사회의 기독교권이 이슬람 종교와 문화에 대해 어느 정도까지 관용할 수 있을 것인가 하는 문제에 있다. 특히 비무슬림 국가에서 소수의 무슬림 이민자가 종교적 믿음·의무·관행 등을 일상생활에서 실천할 때 이에 대한 비무슬림 인구의 관용 정도는 지속적인 논쟁의 대상이 되고 있다. 서구 국가에서 나타나는 무슬림 여성 이민자의 베일 착용 문제도 이런 맥락에서 발생한다고 볼 수 있다.

2) 무슬림 여성의 베일: 억압, 저항, 정체성의 상징

서구 이민 국가에서 베일은 무슬림 이민자의 문화적(인종적·종교적) 정체성의 '깃발'이자, 공동체 내 젠더 위계 관계를 드러내는 상징체계로 인식된다고 해도 과언이 아니다. 이슬람 국가 간 문화적 차이와 다양성을 가려버린 베일은 이슬람권에서 나타나는 여성에 대한 온갖 억압과 부정적 이미지의 상징이 되었다. 아울러 베일 쓴 여성의 이미지는 서구인의 눈에 '이슬람 문제'를 재현하는 대표적인 방식으로 오랫동안 자리 잡아왔다. 이에 대해 헬렌 왓슨(Helen Watson)은 "히잡, 니캅, 부르카, 차도르를 모두 포괄하는 베일이라는 이름은 '베일 쓰기'와 '베일 벗기' 사이에 존재하는 여성의 행위 주체성(agency), 즉 선택과 강요 사이의 차이를 보이지 않게 한다"고 지적한다(염운옥, 2010에서 Watson, 1994 재인용). 그녀는 이러한 무슬림 여성의 베일을 둘러싼 담론의 기원을 서구의 식민지 경험에서 찾는다.

역사적으로 서구 식민 제국들은 '억압받는 동양의 여성'을 서양이 구제한다는 담론을 확대했다. 구체적으로 서구 제국들은 식민지 남성이 식민지 여성을 폭력적·비합리적·원시적으로 대하고 있기 때문에 식민지 여성을 남성의 억압에서 해방시키는 것이 제국의 임무라는 점을 강조했다. 즉, 자국 여성을 제대로 보호하지 못하는 남성은 국가 운영을 제대로 할 수 없다는 논리였다. 특히 영국과 프랑스 등은 중동 국가를 점령할 때 이슬람 사회가 서구 제국과 다르다는 점, 특히 문명적으로 열등하다는 점을 가장 명확히 보여주는 근거로 무슬림 여성의 베일 착용을 들었다. 그러므로 무슬림 여성의 베일 착용 금지는 식민지인을 문명화·세속화한다는 명목 아래 식민화를 추진한 제국이 우선적으로 해결해야 할 과제가 되기도 했다(Ho, 2007: 294).

서구 담론에서 베일은 '억압받는 여성'과 '저항하는 여성'이라는 이중적 의미를 띠고 있다. 즉, 베일을 쓰고 있다는 것은 '보여지는(seen)' 것을 거부하면서 '보는(seeing)' 시선은 획득할 수 있다는 의미이기도 하다. 그러므로 베일 쓰기는 여성에게 '시선의 역전(gaze reversal)'을 제공한다(염운옥, 2010: 15에서 Frank, 2005 재인용). 여기서 주목할 점은 베일을 쓴 여성의 이런 특징이 식민 지배에 강력히 저항한 무슬림 여성의 저항 도구로 사용되었다는 점이다. 대표적으로, 프랑스의 식민지였던 알제리에서는 여성이 독립 투쟁에 적극 동참하는 가운데 베일을 쓰고 그 속에 비밀 서류나 무기를 운반했다. 이런 점에서 베일을 착용한 여성에게는 전근대적 가부장제 억압의 가엾은 희생자라는 이미지와 식민 지배에 저항하는 투사의 이미지가 겹쳐진다.[3] 실제로 최근 호주 사회에 전개되는 베일 논의에서는 베일을 쓴 여성의 시선 역전이 다른 사람의 안전을 위협하고 사회적 범죄나 테러를 가능하게 할 수 있다는 점이 가장 강력한 베일 금지 논리로 채택되고 있다.

다른 한편으로 1970년대 이후 아랍권에 확산된 이슬람 근본주의 운동에서 베일은 상징적이고 의식적인 정치적 의미로서 착용되었다(조선희, 2009: 223~226). 이집트의 경우 이 시기 신세대 여성들은 부모의 동의 없이도 얼굴을 포함해 머리부터 발끝까지 베일로 가리기 시작했다. 이러한 "이슬람식 의상은 서구식의 세속적인 의상을 대체하면서 이슬람 민중운동의 일부"로 자리 잡은 것이라 해석할 수 있다(조선희, 2009: 225). 주로 고등교육을 받고 직장에 다니는 이들 신세대 여성의 히잡 착용은 이슬람 초기 공동체로 돌아가자는 주장이라기보다는 이슬람 문화에 뿌리를 둔 무슬림 정체성 회복의 상징으로 이해된다. 1970년대 중반 이후 젊은 무슬림 여성들 사이에서 자발적으로 등장한 이슬람 페미니즘은 이슬람 근본주의 운동을 토대로 여성들의 자발적인 베일 착용을 지지하고 유도했는데, 이는 서구 담

3　이러한 이미지는 1999년 아프가니스탄 침략 당시 자르미나(Zarmeena)라는 여성을 처형하는 장면을 담은 비디오가 미국과 영국 등 서구 국가에 유출되면서 강화된 바 있다. 이 비디오는 1999년 '아프가니스탄여성혁명위원회(Revolutionary Assoication of the Women of Afghanistan: RAWA)' 회원이 부르카 밑에 디지털카메라를 몰래 숨겨서 들어가 촬영한 것이었다. 결과적으로 이는 아프가니스탄 탈레반 정권에 의한 여성 억압의 상징적 수사가 된 동시에, '저항하는 여성'에 대한 수사를 확산시키는 데도 기여했다(염운옥, 2010: 8).

론의 영향을 받아 여성을 베일에서 해방시켜야 한다고 주장한 초기 이슬람 페미니즘과 구분된다.

이슬람 관점에서 일반적으로 여성의 베일 착용은 이슬람을 지킨다는 종교적 의미, 무슬림 공동체에 속한다는 정치적 의미, 가족의 요구를 수렴한다는 사회적 의미, 성적으로 자신을 보호한다는 윤리적 의미가 있다(황병하, 2010: 61). 그뿐만 아니라 앞서 설명한 바처럼 서구 식민 경험이 있는 국가에서는 베일 착용이 종교적 정체성 구현의 상징이자 저항의 도구로 사용되기도 했다. 그렇다면 서구 이민 국가에서 무슬림 여성 이민자의 베일 착용은 어떤 의미를 지니는가.

영국의 무슬림 베일 논쟁을 연구한 염운옥(2010: 23)은 영국 내 무슬림 여성 이민자가 안전, 종교적 경건함, 정숙의 표시, 패션 등 다양한 이유로 베일을 착용한다고 전한다. 하지만 최근 영국 사회에 이슬람 혐오 정서가 높아지면서 무슬림 여성이 무슬림 공동체적 정체성에 귀속해 안정감과 안전을 얻으려는 동기가 큰 비중을 차지하고 있다. 이런 맥락에서 염운옥(2010: 24)은 영국 무슬림 여성의 베일 다시 쓰기가 "캡슐화된 종족 정체성(en-capsulized ethnic identity)"의 한 표현이라고 설명한다. 또한 이 경우 무슬림 여성의 베일 쓰기는 "(무슬림 공동체에) 적응하면서 동시에 (주류 사회의 인종적 분리에 대해) 항의하기"로 해석할 수 있다고 제안한다. 호주의 무슬림 공동체에서도 이러한 현상과 유사한 부분들을 찾아볼 수 있는데, 이는 다음 절에서 구체적으로 논의될 것이다. 호주의 무슬림 공동체와 베일 논의에 앞서 무슬림 호주인의 전반적 특성에 대해 먼저 살펴보려 한다.

3. 무슬림 호주인과 비무슬림 호주인 간의 갈등

1) 문화적 인종주의와 '호주성'의 확대

호주는 지리적으로 유럽에 속하지 않고 유럽 국가처럼 이슬람 국가에 대한 식민 지배 경험도 없지만, 최근 호주 사회에는 문화적 인종주의가 확산되고 있다. 역사적으로 호주는 유럽의 역사를 승계했지만 아시아라는 인종적·문화적으로 '적대적인' 이웃을 가진 식민 이민국으로서, 근원적인 정체성의 딜레마를 지닌 '불안한 국가(anxious nation)'로 인식된다(Walker, 1999: 1). 이민자로 구성된 국가인 호주는 현재 전체 인구의 약 2.5%를 차지하는 애버리지니(Aborigine) 원주민을 제외하면 97.5%가 과거 230여 년에 걸쳐 유입된 이민자들이다. 이민 초창기에 절대다수의 이민자가 영국(잉글랜드, 아일랜드, 스코틀랜드 포함)에서 유입되었다. 이는 호주가 영연방 국가의 형태로 독립한 1901년 당시 인구 98%가 영국계였다는 점을 통해서도 알 수 있다(문경희, 2008: 274). 인종적으로 앵글로 켈틱계 백인인 영국계 이민자의 호주 유입은 현재까지도 지속되고 있으며, 이들이 호주의 주류 사회를 형성한다. 즉, 그들의 영국계 인종적·종족적·문화적·종교적 정체성을 중심으로 민족 정체성 형성 작업이 진행되고 주류 가치 체계 및 제도와 규범이 형성되었으며, 이는 현재까지도 유지되는 가운데 확대·재생산되고 있다. 특히 '호주성'을 구성하는 요소 중 인종적 백인성과 종교적 기독교성은 다양한 인종적·종교적 특성을 지닌 이민자가 증가하는데도 크게 변하지 않고 있다.

한편 호주는 공식적 종교가 없는 세속 국가임을 분명히 하고 있다. 종교의 자유에 대해 언급한 호주 헌법 제116조에는 "연방은 종교를 창설하고 종교적 의식을 강제하거나 자유로운 종교 활동을 금지하는 어떠한 법률도 제정해서는 안 된다. 또한 어떠한 종교상의 선서도 연방에서의 직무 또는 공용의 선임에 대한 자격으로 요구해서는 안 된다"라는 내용이 담겨 있다. 즉, 호주에서 정교분리는 헌법에 명시되어 있다. 그러나 기독교를 믿는 대다수 백인 호주인의 일상생활에는 기독교 문화나 관행이 자연스럽게 뿌리내려 있다. 아울러 호주 정부나 정치인들도 예나 지금이나 '유대-기독교(Judaeo-Christianity)'적 전통이 호주 사회의 핵심 가치 또는 핵심 문화라는 점을 명확히 하고 있다.[4]

이에 대해 소피 선덜랜드(Sophie Sunderland)는 호주에서 세속적이라는 것은 공식적 종교가 없다는 의미에 불과하다고 설명한다(Sunderland, 2007: 58). 즉, 호주에서 기독교가 공식적 국교는 아니지만, 기독교 교리가 호주 사회의 체계와 도덕적 기준을 형성하고 있다는 뜻이다. 특히 그녀는 존 하워드 전 총리가 정부를 주도한 시기에 유대-기독교적 가치 체계가 더욱 공공연히 강조되었다는 점에 주목한다. 하워드 전 총리는 임기(1996~2007) 동안 호주 사회의 도덕적 기준은 유대-기독교에 토대를 두고 형성되었으며 이것이 곧 호주 사회의 안정과 연계되어 있음을 지속적으로 강조했다. 다음은 그가 재임 기간에 언급한 연설 중 일부를 인용한 것이다.

호주의 가치는 호주 사회가 세속적이라는 점에 있습니다. 이때 세속적이라는 것은 호주 사회에 공식 종교는 없지만, 유대-기독교의 영향을 받은 우리 문화가 있다는 의미입니다. …… 나는 호주 공동체에 영향을 준 믿음/가치

---

4 '유대-기독교'라는 용어는 존 하워드(John Howard) 총리가 주로 사용한 것으로 기존 호주 사회에서 사용된 기독교라는 용어를 대체했다(Sunderland, 2007: 60).

체계 중에 유대-기독교의 영향력이 가장 막강하고, 오랜 기간 지속될 것이라고 믿습니다. 그러나 나는 호주의 세속적 전통 또한 존중합니다. …… 가족이 핵심이라는 생각, 민간 기업에 대한 강력한 나의 믿음, 이 나라에 유대-기독교가 안정적인 영향력을 행사해야 한다는 나의 강한 믿음. 이러한 믿음은 결코 변하지 않고 있습니다. 총리 임기 동안 매 순간에 그러한 나의 믿음을 여러분에게 재확인시켜주었습니다(Sunderland, 2007: 64).

그가 강조하는 바에 따르면, 호주는 다문화·다종교 사회를 이루지만 유대-기독교 중심으로 구성된 단일한 도덕 체계가 존재하기 때문에 정치사회적 안정을 누릴 수 있다. 이러한 언급은 호주 사회에 유대-기독교적 유산과 가치 체계의 유지가 중요하다는 점을 강조하는 것 외에도 보수연합의 정치 라이벌인 노동당이 국가의 새로운 통치 이념으로 수용한 다문화주의에 반발하는 것이기도 하다. 즉, 그는 유대-기독교적 문화와 가치를 따르지 않는 비서구권 이민자들의 문화를 존중·수용하자는 과거 노동당 정부의 다문화주의가 호주 국민의 결속력과 호주 사회의 안정·화합을 해칠 수 있다고 비판하며, 다문화 사회 통합 정책의 폐기를 주장한 바 있다.

결론적으로 호주 사회에서는 이민자의 증가와 다문화 사회 통합 정책에 따라 다른 문화에 대한 관용 정신의 확대가 요구되는 반면, 다른 한편에서는 무슬림 이민자를 대상으로 한 문화적 인종주의가 퍼지면서 다른 문화에 대한 관용이 호주성을 위협한다는 주장이 확산되고 있다. 그 결과 호주 사회에서 문화적·인종적 다양성에 대한 주류 사회의 관용 정도는 정치적 경합의 대상이며, 이는 비무슬림 호주인과 무슬림 호주인 간의 사회 통합에 장애가 되고 있다.

2) 무슬림 호주인의 특성

호주에 무슬림 이민자가 최초로 유입된 시기는 약 150여 년 전으로 거슬러 올라가지만, 100년이 넘는 기간 동안 그 인구 증가세는 매우 미미했다(Australian Department of Immigration and Citizenship, 2012).[5] 실제 호주 사회에서 무슬림 이민자가 가시적으로 증가하기 시작한 때는 터키와 레바논계 무슬림 이민자가 집중적으로 유입되기 시작한 1970년대로 볼 수 있다. 1986년 인구조사에 따르면 당시 호주 내 무슬림 인구는 10만 9521명 정도였으며, 1991년 인구조사에서는 14만 7487명으로 증가했다(Ho, 2007: 292). 가장 최근의 인구조사인 2006년 자료에 따르면 호주의 총 무슬림 인구는 호주 전체 인구의 약 1.5%에 해당하는 34만 393명으로, 지속적인 증가세를 보여준다(Australian Bureau of Statistics, 2006). 2006년 인구조사 결과를 통해 무슬림 인구의 세대별 출생지를 살펴보면 응답자 중 58.5%에 해당되는 19만 9070명이 해외에서 출생한 1세대 이민자다. 그리고 나머지 37.9%는 호주에서 출생한 2세대 또는 3세대 이상의 무슬림 이민자라고 볼 수 있다. 이들 중 대다수는 1970년대에 유입된 터키와 레바논계 이민자들의 후손이다.

호주이민시민부가 제공한 자료를 바탕으로 해외에서 출생한 이민 1세대의 출생 국가를 비교해보면 레바논계가 8.9%로 가장 많으며, 다음으로 터키 6.8%, 아프가니스탄 4.7% 순으로 이어진다(Australian Department of Immigration and Citizenship, 2012). 제2차 세계대전 직후 대규모 유럽 이

---

5   호주에 도착한 최초의 무슬림은 빅토리아 주 멜버른 시에 정착한 아프가니스탄 낙타몰이 꾼이었다.

민자들이 호주에 유입되었는데, 발칸 국가인 보스니아 출신 무슬림들이 포함되어 있었다. 이후 1970년대에 내전을 피해 레바논과 터키 출신 무슬림들이 난민 자격으로 호주에 유입되기 시작했고, 무슬림 국가의 내전으로 인한 난민 유입은 2012년 현재까지도 이어지고 있다. 이외에도 아시아의 말레이시아·인도네시아·파키스탄·방글라데시 출신 무슬림 이민자의 유입도 꾸준히 증가하고 있다. 무슬림 인구의 지역별 거주지 분포를 살펴보면, 총 무슬림 인구의 과반수에 해당하는 16만 6788명(49.6%)이 시드니가 포함된 뉴사우스웨일스 주에서 거주한다. 다음으로 멜버른이 속한 빅토리아 주(10만 9369명, 32.1%), 퍼스가 주도인 서호주(2만 4187명, 71.%)의 순으로 나타난다. 이는 호주의 무슬림 이민자들이 2~3개의 일부 주에 집중 거주하고 있다는 점을 보여준다.

2006년 인구조사에 따르면 무슬림 응답자 중 약 80% 이상이 영어를 유창하게 사용할 수 있다. 하지만 응답자 중 약 86%는 가족들과 영어가 아닌 다른 언어를 사용하는 것으로 나타났다. 또한 응답자 중 3분의 1 정도는 아랍어를 사용하는 것으로 보아, 호주의 아랍계 무슬림 인구는 10만 명이 조금 넘는다는 사실을 알 수 있다. 호주에는 젊은 무슬림 인구가 많다. 전체 무슬림의 약 40%가 20세 미만이며, 약 30%가 21~39세에 해당한다. 이는 같은 연령대의 비무슬림 호주인 비중(각 27%)보다 높은 것이다. 남녀 성비의 경우 모든 연령대에서 여성보다 남성의 수가 조금 더 많다.

사회경제적 특성을 살펴보면 무슬림 호주인의 사회경제적 지위는 비무슬림 호주인에 비해 상대적으로 낮은 편이다. 그러나 교육 수준은 무슬림 호주인이 비무슬림 호주인과 거의 유사하거나 조금 더 높은 것으로 나타났다. 특히 무슬림 남성의 대학과 대학원 진학률은 비무슬림 남성보다 약 6% 높은 것으로 나타났다(Australian Bureau of Statistics, 2006). 하지만 비

비무슬림 호주인에 비해 무슬림 호주인의 경제적 지위는 상대적으로 낮다. 가구 소득 면에서 무슬림 가구의 소득은 비무슬림 가구의 소득수준보다 낮게 나타난다. 이는 무슬림 호주인이 비무슬림 호주인에 비해 저임금 노동과 서비스 업종에 더 많이 분포하고, 실업률이 높으며, 상용직보다는 시간제에 종사하는 비율이 높게 나타난다는 점을 통해 드러난다. 노동시장에서 무슬림 호주인의 위치가 비무슬림 호주인의 위치보다 취약한 이유는 다양하겠지만, 종합적으로 무슬림이라는 문화적 자원이 호주 노동시장에서 그들의 취업과 고용 유지에 부정적 영향을 주는 것으로 볼 수 있다.

마지막으로, 무슬림 호주인의 정체성 변화를 살펴보면 최근 젊은 호주인, 특히 이민 2, 3세대는 그들의 부모나 조부모와 달리 문화적 다양성을 호주 사회의 주류 가치로 수용한다고 해도 과언이 아니다. 그들 사이에 문화적·종족적 혼종성이 보편화되어간다는 점에서 그들을 단일한 문화적·언어적·종교적 정체성으로 구분하는 것은 불가능하다. 호주 다문화 사회에서 성장한 무슬림들의 정체성을 연구한 리자 홉킨스(Liza Hopkins)와 캐머런 매콜리프(Cameron McAuliffe)는 호주의 2, 3세대 무슬림 이민자들을 '종교적 무슬림'보다 '문화적 무슬림'으로 호명한다(Hopkins and McAuliffe, 2010: 45). 그들이 이슬람적 유산을 자랑스럽게 수용하긴 하지만, 이를 바탕으로 엄격한 종교적인 삶을 살기 위해서가 아니라 느슨한 도덕적·윤리적 가이드라인으로 삼기 위해서라고 설명한다. 세속화된 그들에게 종교는 종족[또는 에스니시티(ethnicity)]과 같은 공동체적 정체성을 구분해주는 표식 체계로 기능한다고 볼 수 있다.

호주 정부가 2007년에 발표한 보고서 「호주 심사숙고: 호주 내 무슬림과 비무슬림(Australia Deliberates: Muslim and Non-Muslims in Australia)」에는 무슬림과 비무슬림 호주인 간에 잘못된 오해와 편견이 확산되는 점

을 우려하는 내용이 포함되었다. 또한 이러한 두 집단의 상호 오해와 편견
은 두 집단이 '타자'에 대한 공포와 상대에 대한 공격적 행동을 강화하는
결과를 초래한다고 지적한다. 다음은 보고서의 핵심 내용 중 일부다.

> 호주에서 출생한 대다수의 무슬림 젊은이는 그들의 호주성을 심각하게 의심
> 받고 있으며, 그로 인해 호주 사회에서 점점 더 주변화되고 있다. 자신들의
> 정체성을 찾기 위해 그들은 유사한 경험을 공유하는 타자들과 어울리게 되
> 고, 결국 그들을 거부하는 것으로 보이는 호주의 주류 문화에서 멀어지게 된
> 다. 이때 위험한 것은 그들이 더욱 급진적인 이슬람 종파에 이끌릴 수 있다
> 는 점이다. 호주뿐 아니라 전 지구적으로 고정관념과 편견에 의해 무슬림과
> 비무슬림 집단 간 격차가 더욱 확대되고 있다(Hassan, 2008: 14에서 재인용).

이러한 내용은 오늘날 호주 사회에서 무슬림 호주인들이 다양성, 즉 종
족적·문화적 배경, 또는 종교적 실천 여부와 상관없이 오직 무슬림이라는
단일한 문화적 정체성 아래 타자로 규정되고 있음을 보여준다. 또한 이 때
문에 무슬림 젊은이 중 상당수가 호주인이라는 자신들의 정체성에 혼란을
겪으며, 자신들을 비무슬림 호주인과 차별화된 타자로 인식하는 경향이
증가하고 있음을 알려준다. 앞의 내용을 종합해보자면, 무슬림 호주인들
은 호주의 소수 이민자라는 취약한 위치에서 비롯된 사회 전반적 불이익
과 함께 최근 호주 사회에서 타자로 가시화된 무슬림이라는 정체성 때문
에 호주인이라는 공동체적 정체성까지 부인당하는 배제의 경험을 하고 있
다. 다음에서는 앞의 내용처럼 무슬림 호주인과 비무슬림 호주인 간 갈등
과 오해를 촉발한 일련의 사건에 대해 살펴보겠다.

4. 무슬림 호주인과 비무슬림 호주인 간 갈등을 촉발·심화한 사건들

1) 2001년 레바논 폭력 조직의 비무슬림 호주 여성 강간 사건

2000년 8~9월 시드니 뱅스타운에 거주하는 레바논계 십 대 소년들이 비무슬림 십 대 소녀 여러 명을 연이어 집단 강간한 사건이 발생했다.[6] '시드니 레바논계 폭력 조직 강간 사건'으로 알려진 이 사건은 당시 방송과 언론이 시드니 올림픽 취재에 집중하면서 거의 주목받지 못했다. 하지만 2001년 6월 무렵부터 집중 조명되기 시작했다. 이는 아프가니스탄과 이라크에서 건너온 상당수의 보트피플이 호주 정부에 입국 허용을 요구하던 때로, 호주 사회의 중동 무슬림 이민자에 대한 경계심이 어느 때보다 높아지기 시작한 시기였다. 당시 언론과 방송은 레바논계 폭력 조직원 19명이 약 70명의 백인 소녀를 강간한 사실을 보도해 호주 사회에 충격을 안겨주었다. 하지만 이후 70명이라는 숫자가 잘못된 정보임이 밝혀졌고, 실제 피해 여성 모두 백인이 아닌 것으로(두 명은 이탈리아계, 한 명은 그리스계, 또 다른 한 명은 호주 원주민계) 드러났으나, 당시 호주의 방송과 언론은 정정 기사를 내보내지 않은 것으로 알려졌다(Warner, 2004: 350).

---

6   사건 일지는 다음과 같다.
- 2000년 8월 10일: 레바논계 폭력 조직원 8명이 17세, 18세 백인 소녀 2명을 집단 강간함.
- 2000년 8월 12일: 17세 소년 모하메드 스캐프(Mohammed Skaf)가 평소에 알던 16세 백인 소녀를 공원으로 유인한 뒤 그의 형 빌랄 스캐프(Bilal Skaf)가 강간함. 12명의 폭력 조직원이 강간을 지켜보았고 피해자 여성에게 총을 겨누며 배를 발로 차는 등 폭력을 행사함.
- 2000년 8월 30일: 뱅스타운 기차역에서 총 14명의 소년이 또 다른 여성을 세 군데로 옮겨가며 25번 강간함.
- 2000년 9월 4일: 3명의 소년이 16세 소녀 두 명을 5시간 동안 반복적으로 강간함.

이러한 일련의 폭력 조직 강간 사건이 호주 사회에서 단순히 여성에 대한 남성의 성폭력이라는 관점보다 백인 여성에 대한 레바논계 남성의 폭력, 즉 인종적 범죄로 규정되어 다루어지기 시작했다. 이 사건들로 백인 호주인과 무슬림 이민자 간 인종적 갈등이 더욱 심화된 데는 강간범들이 사건 현장에서 언급한 인종차별적 발언이 큰 기여를 했다. 한 피해자 소녀의 증언에 따르면 일부 강간범은 그 소녀를 "행실이 좋지 않은 호주 계집애(Aussie Pig)"로 불렀고, "'호주 스타일'이 아닌 '레바논 스타일'로 강간하겠다"라고 말했다(Warner, 2004: 348). 또한 다른 피해자에 따르면 한 강간범은 피해자에게 "너는 호주인이니까 강간당해도 싸다"라고 언급했다. 강간범의 이러한 인종차별적 발언이 언론에 공개되면서 이 사건들은 호주 사회 내 인종 갈등을 촉발하는 계기가 되었다. 더욱이 레바논계 무슬림 십대 남자 청소년들은 자신의 미래 배우자가 될 레바논계 여성의 성적 순결은 지켜줘야 한다고 믿는 반면, (비레바논계) 호주 여성과의 성관계에 대해서는 조심할 필요가 없다고 생각한다는 내용이 언론을 통해 알려지면서 레바논계 남성 청소년들이 보여준 인종에 따른 이중적 성적 행태가 문제로 떠올랐다. 결국 이 사건을 계기로 무슬림 유색인종 남성에 대한 백인 호주인의 인종적·종교적 불만과 분노가 분출되기 시작했고, 무엇보다도 비무슬림 여성에 대한 그들의 폭력이 호주 백인 공동체 전체에 대한 폭력으로 비화되었다. 이 때문에 백인 남성이 무슬림 남성의 폭력 희생자인 '그들'과 '우리'의 여성을 지키는 것이 곧 호주 사회의 안전과 안보를 확립하는 일이라는 담론이 확장되기 시작했다.

예를 들어 당시 급진 우파적 성향의 정치인 '한민족당(One Nation)'의 폴린 L. 핸슨(Pauline L. Hanson)은 레바논계 이민자가 호주 문화를 존중하지 않기 때문에 강간 사건이 벌어졌다며, "강간범들 대다수가 무슬림이며, 그들은 호주의 근원인 기독교적 삶의 방식을 전혀 존중하지 않는다"라고 비난했다(Grewal, 2007: 118). 또한 라디오 시사 프로그램 〈2GB〉의 사회자 앨런 존스(Alan Jones)는 방송에서 "이는 통제 불가능한 레바논계 무슬림 폭력 조직이 평범한 백인 소녀들에게 자행한 인종차별주의적 공격"이라고 언급하기도 했다(Grewal, 2007: 119). 그는 사건에 대해 연이어 "자신들을 환영해준 공동체에 대한 첫 번째 이슬람 증오 범죄"라고 표현했다. 한편 2001년 7월에 주간지 ≪선헤럴드(Sun Herald)≫는 "백인 여성이 그들의 '목표물'이었다"라는 자극적인 제목의 기사를 내보내기도 했다(Warner, 2004: 349 재인용).

다른 한편에서는 이러한 일련의 강간 행위가 인종차별주의적 요인으로 발생한 것인지에 관한 논쟁 또한 치열하게 벌어졌다. 특히 법정에서 1차 재판을 담당한 판사는 이 사건들이 인종적으로 유발되었다는 근거를 찾아보기 어렵다고 진술한 바 있다(Toy and Knowles, 2001: 1). 오히려 그 판사는 레바논계 남성들이 범죄 후 인종차별적 발언을 내세웠지만 실제로는 인종차별주의라기보다 남성 집단 패거리주의와 기회주의에 의한 것이라고 판단했고, 그 결과 1차 재판에서 다소 가벼운 형인 13~14년 감옥형을 언도했다. 하지만 인종차별주의적이고 여성 혐오주의적인 폭력 범죄에 대한 형으로 지나치게 가볍다는 대중·정치·언론의 반발이 거세게 확산되었다. 이 때문에 2차 항소심에서는 55년 감옥형으로 처벌 기간이 대폭 증가했다. 그 후 3차 항소심에서 일부 감형되었지만, 이는 당시 비무슬림 호주인들의 대중적 분노가 얼마만큼 컸는지 보여주는 예라고 할 수 있다.

사건 이후 아랍·무슬림·레바논계 공동체에 대한 비무슬림 공동체의 반발이 거세졌다. 이는 주로 인종화된 성폭력의 형태로 나타났는데, 특히 젊은 무슬림 여성 또는 소녀를 상대로 비무슬림 호주 남성의 성폭력과 언어폭력 등이 증가하기 시작했다. 또한 무슬림 성직자가 길거리에서 신체적 폭행을 당하기도 하고, 무슬림 여성은 공공장소에서 베일이 강제로 벗겨지는 등 수모를 겪었다(Ho, 2007: 293; Warner, 2004: 397). 이러한 무슬림에 대한 타자화 또한 인종화된 여성 폭력은 9·11 테러 사건 이후 더욱 확대되기 시작했다. 미국의 강력한 군사동맹국으로서 미국이 선포한 '테러와의 전쟁'에 참전한 호주에서도 미국과 마찬가지로 무슬림 남성의 폭력성과 여성의 권리가 국가 안보 차원에서 논의되었다. 이러한 논의 과정에서 무슬림 여성 이민자의 베일은 무슬림 남성의 폭력성이 테러리즘과 여성에 대한 억압으로 재현된 것이라 여겨져 깃발처럼 상징화되었다.

2) 9·11 테러와 발리 폭탄 테러 사건 이후 전개된 베일 논쟁

2001년 9·11 테러 사건 이후 미국이 전면 선포한 테러와의 전쟁에 호주가 군사동맹국으로 전격 참전하며 호주에서 국가적·개인적 차원의 안보 이슈가 더욱 민감해졌다. 특히 레바논계 폭력 조직이 비무슬림 호주 여성들을 강간한 사건 때문에 호주 사회에는 무슬림 남성이 폭력적이고 여성 혐오적이라는 시각이 팽배했는데, 9·11 테러 이후 무슬림 호주인에 대한 비무슬림 호주인의 경계 의식이 확대되기 시작했다. 설상가상으로 인도네시아 발리에서 호주 관광객 88명이 이슬람주의 무장 단체 '제마 이슬라미야' 조직원의 폭탄 테러로 사망한 사건이 발생했다. 일명 '발리 폭탄 테러'로 알려진 이 사건은 호주인들이 국내뿐 아니라 국제적으로도 이슬람주의 무장 단체의 폭력에 무방비 상태로 노출되어 있다는 경각심과 경계심을 일깨웠다.

이로 인해 호주 주류 사회에는 자신들의 영토에서 타자인 무슬림 남성에게 억압받는 우리의 여성을 보호해야 한다는 인종화된, 가족주의적 민족주의 의식이 확산되었다. 이러한 배경 아래 당시 보수연합의 존 하워드 총리는 "이슬람 공동체 내부 구성원 중 일부가 여성을 대하는 태도는 호주 주류 사회가 여성을 대하는 태도와 다르다"며 무슬림 이민자 공동체가 여성에 대해 취하는 억압적 자세를 공식적으로 비난했다(Ferguson, 2005: 22; Randall-Moon, 2007: 20). 또한 그는 호주의 핵심 가치에 젠더 평등과 영어 구사력이 포함된다고 강조하며, 그러한 가치를 따르지 않는 무슬림 이민자는 호주 사회에 완전히 통합될 수 없다는 점을 분명히 했다.

이후 2002년 기독교민주당 의원 프레드 나일(Fred Nile)이 연방과 주 선거를 앞두고 무슬림 여성 이민자의 부르카 착용 금지 법안을 제출한 것을 시발점으로, 히잡 또는 부르카 착용 금지에 관한 보수 정치인들의 공식 발언이 이어졌다(Ho, 2007: 293). 그러한 발언에는 무슬림 호주인들이 호주의 주류 문화에 동화되기를 거부하는 것에 대한 우려와 함께, 베일 쓴 여성의 이미지가 호주의 주류 문화와 양립할 수 없다는 인식이 전제되어 있었다. 또한 그들은 이슬람교가 여성의 복장까지 규제한다는 점에서 다른 종교와 다르게 남녀를 분리한다고 주장했다. 하지만 이러한 논리는 그들이 가톨릭 여성 신자가 종교적 이유로 베일을 쓰는 것을 무슬림 여성의 베일에서처럼 종교와 호주의 가치를 연계해 비판하지 않는다는 점에서 모순적이라고 지적받았다(Randall-Moon, 2007: 27). 이러한 모순점은 실제 호주의 보수 정치인들이 언급한 호주의 핵심 가치 또는 주류 문화에 기독교 세속주의가 내포되어 있다는 점에서 호주성의 이중적 모습을 보여준다는 것이다.

호주 안팎에서 발생한 일련의 무슬림 관련 폭력 또는 테러 사건과, 이에 대한 보수 정치인과 언론의 반무슬림 정서는 호주인의 일상생활 영역에도 영향을 주었다. 그 기간에 무슬림과 비무슬림 호주인 간 크고 작은 긴장과 갈등은 끊임없이 나타났지만, 그중 두 집단 간 갈등이 최고조로 달한 사건은 2005년 말 시드니 지역의 크로눌라 해변에서 발생했다.

3) 크로눌라 해변 사건

시드니의 남쪽 외곽에 위치한 크로눌라 해변 지역은 비무슬림계 이민자가 집중 거주하는 곳이다. 2005년 12월 12일 이 해변 근처에서 대규모의 인종 갈등 사건이 발생한다. 사건 발생 며칠 전 해변에서 놀던 레바논계 젊은이 여러 명과 2명의 백인 해상 구조 대원 사이에 일어난 소소한 다툼이 발단이었다. 주모자는 지역 내 비무슬림계 호주인들로, 그들은 다툼이 있기 며칠 전 지역 내 비무슬림계 호주인들에게 다음과 같은 핸드폰 문자를 발송했다.

> 이번 주 일요일에 모든 비무슬림 호주인들은 크로눌라 해변에 집결해 레바논인들과 아랍인들을 공격하는 데 지원해달라고 요청하자. 당신들의 친구들을 데려와 그들에게 크로눌라 해변은 우리 것이며, 그들이 결코 다시는 해변으로 돌아올 수 없다는 것을 가르쳐주자(Ho, 2007: 293).

이 사건의 발단은 사소한 다툼이었지만, 실제로는 몇 년 전 레바논계 폭력 조직의 비무슬림계 여성 강간 사건과 그보다 훨씬 이전부터 지속적으로 축적되어온 무슬림 남성들과 비무슬림 남성들 사이의 불만이 원인으로 작용했다. 이 사건이 백인 대 아랍계 무슬림 간 인종 분쟁 사건으로 확대된 데는 일부 보수 언론과 방송인의 역할이 컸다. 예를 들어 라디오 프로그램 〈2GB〉의 사회자 중 한 명인 앨런 존스는 크로눌라 사건에 대한 논평에서 "아랍인의 침입"에 대해 깊은 우려를 표명했고, 이는 일부 백인의 반아랍인 정서를 자극했다(Marr, 2005: 12 ff). 또한 라디오 프로그램 〈2UE〉의 진행자 스티브 프라이스(Steve Price)는 백인의 힘과 의지를 보여주기 위한 백인의 집결과 거리 행진을 부추겼다. 이후 실제로 수천 명에 달하는 백인들이 거리에 집결해서 반아랍인, 반아랍 문화를 주장하기 위해 호주 국기가 그려진 옷을 입고 호주 국기를 휘날리며 장시간에 걸쳐 거리 행진을 했다.

이 시위가 발생하고 나서 뉴사우스웨일스 주의 정치인 중 일부는 의회 연설에서 아랍계 남성이 크로눌라 해변에서 젊은 여성, 특히 종종 백인 소녀를 성추행한 사건이 목격된 바 있다고 진술하기도 했다(Ho, 2007: 293). 아울러 시드니의 언론 매체들은 아랍계 남성의 여성 혐오증이 호주의 가치에 위배된다는 주장을 경쟁적으로 싣기 시작했다. 더욱이 폴 시핸(Paul Sheehan)은 저서에서 무슬림 호주 남성을 '문화적 시한폭탄'으로 호명하며, 그들이 성폭력적 환경에서 성장했다고 기술해 논란을 일으키기도 했다(Sheehan, 2006: 51). 아랍계 남성에 대한 백인 남성의 분노는 '우리'의 여성을 '우리'의 영토에서 '우리'가 보호해야 한다는 가족주의적 민족주의 정서를 강화하는 계기가 되었다. 그리고 이런 상황 속에서 무슬림 호주 여성은 무슬림 남성에게 성적·종교적으로 억압받는 피해자라는 인식이 확산되었으며, 억압의 상징으로 간주된 베일에 관한 논란이 새롭게 대두되기 시작했다.

5. 베일을 둘러싼 호주인 간의 갈등

1) '선택'과 '강제' 논의와 무슬림 여성의 배제

앞서 살펴본 것처럼 베일은 호주 사회에서 무슬림 호주인과 비무슬림 호주인 간의 갈등이 표면적으로 드러나고 충돌하는 하나의 상징적 표상이자 갈등 지점이다. 문화적 인종주의 시각에서 무슬림 여성의 베일 착용은 모국의 가부장적 문화에 의한 강제이기 때문에 제도화를 통해 강제적으로라도 그것을 벗도록 해야 한다는 의견이 호주 사회에 만연해 있다. 또한 이슬람교를 따르는 국가가 여성의 의복 규정까지 정해 강요한다는 점에서 이는 국가가 여성 억압에 앞장서는 것이자 여성의 의복에 대한 권리침해로 이해되기도 했다. 한편 최근 호주 사회의 베일 반대 논의는 베일이 가부장의 상징이라는 단순한 이유를 넘어 무슬림 여성의 '선택'과 '강제' 담론을 토대로 전개되고 있다(Hussein, 2007: 14).

베일을 무슬림 여성의 '선택'으로 보는 입장은 호주 무슬림 이민자들의 출신 지역이나 국가, 세대와 계층 등이 다양하기에 베일을 착용하거나 착용하지 않는 선택의 배경도 매우 다양하다는 점에 주목한다. 예를 들어 터키계와 이란계 2, 3세대 여성 이민자의 경우 종교보다는 종족 또는 문화 정체성이라는 차원에서 자신들의 무슬림 정체성을 수용하고, 그러한 정체성의 상징으로서 베일을 선택적으로 착용한다(Zevallos, 2007: 5). 산티 로자리오(Santi Rozario)가 멜버른 호주무슬림여성연합회(Australian Muslim Women's Association in Melbourne: AMWA) 회원들을 중심으로 수행한 연구는 상당수의 무슬림 호주 여성이 평상시에 스카프 또는 히잡을 착용한다는 점을 보여준다(Rozario, 1998: 653~655). 그들이 스카프나 히잡을 쓰는 가장 중요한 이유는 종교였다. 일부 면담자 중에는 과거에 쓰지 않던 스카프를 메카 방문 이후부터 쓰기 시작했다고 언급한 경우도 있었다. 메카 방문을 통해 무슬림 여성에게 베일이 얼마나 중요한 의미를 지니는지 깨달았다는 것이다. 그다음으로 언급된 주요 이유는 사업이었다. 응답자 중 주로 호주 무슬림들을 상대로 사업하는 변호사, 의사, 복지사 등은 히잡 착용이 무슬림 손님을 유치하는 데 도움이 된다는 것이다. 이러한 사업 관련 선택 담론은 일부 무슬림 여성의 스카프나 히잡 착용이 강요라기보다는 실용적이고 현실적인 맥락에 의한 선택임을 알려준다.[7]

멜버른 지역의 소말리아 난민 여성들을 심층 면담한 셀리아 맥마이클 (Celia McMichael)의 연구는 무슬림 난민 여성의 선택적 베일 착용이 지닌 또 다른 맥락을 설명해준다(McMichael, 2002: 177~183). 맥마이클의 연구에 따르면 소말리아 난민 여성들은 모국을 떠나 호주에 유입되는 과정에서 정신적·신체적 어려움을 겪었다. 특히 호주 사회에 정착하는 과정에서 모국의 가족·고향·집을 떠난 슬픔을 느끼는 동시에 새로운 호주 문화를 접하며 문화적 충격을 경험한다. 하지만 이런 과정 속에서도 그들은 이슬

---

7   로자리오의 연구는 무슬림 여성이 건강과 일상생활의 영역에서 불편을 경험한다고 지적한다. 면담자들이 지적한 건강 관련 사안으로는 할랄(halal) 음식 부족, 병원 여의사 부족, 휴지보다는 물을 사용할 수 있는 공공 화장실 결여 등을 들 수 있다. 또한 그들은 호주의 방송과 언론이 무슬림에 대한 편견을 조장한다고 비판하며, 대표적인 예로 언론과 방송은 무슬림 여성들이 재산 소유권, 이혼권, 가족 유지권이 없는 것처럼 언급하지만, 이는 일정 부분 사실과 다르다는 것이다. 또한 그녀의 연구는 AMWA가 공식적으로 이슬람 규율을 지지한다고 설명한다. 무슬림 여성은 그 규율을 따른다는 전제하에 남성과 '가부장적 거래 (patriarchal bargain)'를 할 수 있기 때문이다. 그들이 생각하는 가부장적 거래란 이슬람 율법이 지시하는 아내의 역할을 다하면서 남성들에게 율법이 지시하는 남편의 의무, 즉 가족 부양과 가족 유지의 의무를 다하도록 요구하는 것이다. 그들은 이슬람 율법의 엄격함과 무슬림 공동체의 압력 때문에 남성들이 그러한 의무를 어길 수 없다고 장담한다.

람 종교와 무슬림 공동체를 통해 새로운 생활·집·공동체를 형성하고, 모국과 새로운 이민국 사이에 연계 고리를 만들어나간다. 구체적으로 그들은 "이 세상 모든 곳에 알라신이 함께 있다"는 믿음 아래 호주와 그들이 떠나온 모국이 알라신을 통해 연결되어 있다고 믿는다. 이런 맥락에서 그들은 일상생활에서 종교적 관행을 실천하기 위해 노력한다. 예를 들어 이들 여성은 모스크에서 기도하고, 할랄 고기를 먹으며, 베일을 쓰고, 라마단 기간에 금식과 만찬을 즐기며, 아이들을 이슬람 학교에 보내 코란을 학습시킨다. 소말리아 여성은 이슬람 종교적 삶을 다양하게 살아갈 수 있는데, 일부 여성은 베일 사용을 거부하는 반면 일부 여성은 차도르부터 간단히 머리만 감싸는 스카프까지 다양한 베일을 사용한다.

호주에서 제기된 무슬림 여성의 베일 관련 담론을 분석한 샤키라 후세인(Shakira Hussein)의 연구에 따르면, 무슬림 호주 여성 중 과거에는 베일을 쓰지 않다가 호주 사회에 인종과 종교에 따른 분리주의 움직임이 일어나면서 그에 대해 저항과 분노를 표현하는 방식으로 베일을 사용하기 시작한 경우도 있었다(Hussein, 2007: 16). 이는 앞서 영국 사례를 통해 설명한 바 있는 베일의 "캡슐화된 종족 정체성"의 한 표현으로, 비무슬림 사회인 호주에서 소수의 무슬림 여성이 베일 착용을 통해 종교에 대한 확신을 강화하며 동종 여성 간 연대 의식을 고취하고 있다는 점을 보여준다. 또한 이를 통해 무슬림 여성의 베일 착용이 비무슬림 호주 주류 문화에 대한 저항의 의미를 담고 있기도 하다는 점을 알 수 있다. 일부 여성의 경우 베일 착용을 통해 여성의 몸을 성애화·상품화하는 서구 문화로부터 자신의 몸을 보호하며, 이를 통해 자신의 권익이 증진됨을 느낀다고 언급하기도 했다. 결과적으로 이러한 사례들은 무슬림 호주 여성이 베일을 선택하는 맥락은 각양각색이고, 그러한 선택이 무슬림 여성의 자발성에 기인한다는 점을 시사한다.

비무슬림 호주인 중에는 베일 착용이 무슬림 여성의 선택에 따른 것이라면 그 옳고 그름과 상관없이 공립학교에서 착용 금지가 타당하다는 입장이 존재한다(Randall-Moon, 2007: 25). 이러한 주장의 배경에는 여성 억압의 상징으로 여겨지는 베일을 무슬림 여성이 지속적으로 착용하는 것은 결국 호주의 주류 문화를 거스르고자 하는 의지의 표명이라는 인식이 깔려 있다. 그러므로 만약 베일 착용이 무슬림 여성의 선택과 관련된 문제라면 이는 명백히 잘못된 선택이라는 것이다. 베일 금지를 공공연히 외쳐온 시드니 출신의 자유당 의원 브라우닌 비숍(Bronwyn Bishop)이 대표적 인물이다. 그녀는 무슬림 여성의 베일에 대한 논란을 문명의 충돌에 견주어 설명하며, 무슬림 여성의 베일 착용은 호주 문화에 대한 그들의 저항의 상징이라고 지적했다. 또한 그녀는 호주 사회가 대내외적으로 자랑스럽게 생각하는 가치인 공정성(fair go)과 평등을 중요하게 여긴다면 비무슬림 공립학교에서는 무슬림 소녀나 선생님도 베일을 착용하지 않아야 하고, 베일 착용을 원한다면 이슬람 학교를 다니는 것이 마땅하다고 언급했다(AAP, 2005).

다른 일부 여성은 베일이 무슬림 여성과 소녀에게는 선택이라기보다 현실적 생존과 안보의 문제라는 점을 강조한다(Ho, 2007: 295). 호주 사회에서 이들 여성은 베일 때문에 한편으로 인종 편견과 성추행을 겪고, 다른 한편으로는 가족과 공동체의 압력을 받고 있다는 것이다. 이런 점에서 베일 사용은 무슬림 여성의 선택인 동시에 의무이고, 그들의 종교적 믿음과 가족의 기대를 깨지 않기 위해 수용한 자발적 강제를 의미한다(Hussein, 2007: 8 ff). 이에 대해 크리스틴 호(Christine Ho)는 무슬림 여성 이민자가 가부장주의와 인종주의 사이에서 이중으로 고통받는다고 설명한다(Ho,

2007: 296).[8]

베일 착용을 자발적 강제로 보는 이러한 관점은 무슬림 이민자의 베일 착용을 선택과 강요 사이의 절충(negotiation)으로 보는 관점과도 맥락을 같이한다. 후세인의 설명에 따르면 무슬림 여성의 베일 착용이 선택이라는 말의 또 다른 표현은 강제다(Hussein, 2007: 14). 후세인은 무슬림 이민자의 공동체적 특성에 따라 여성의 베일 착용은 자유롭기도 하고 강압적이기도 하다고 지적하며, 일부 여성의 경우 베일을 착용하고 싶어도 호주 사회의 차별이나 폭력이 두려워 선별적인 장소에서만 베일을 착용하는 절충을 선택한다고 설명한다. 이와 상반된 예로 일부 무슬림 여성은 가족과 공동체의 압력에 의해 베일을 착용하지만, 그에 대한 보상으로 가족과 공동체로부터 더 많은 개인적 자율성(교육, 직장, 관계 선택권, 외출 허용 등)을 보장받는다고 설명한다. 이는 결국 베일을 착용하기로 한 절충에 의해 얻어지는 혜택이라는 것이다.

베일을 둘러싼 무슬림 공동체와 가족의 압력에 관한 사례는 시드니의 한 이슬람 종교 지도자 셰이크 타지 엘딘 알 힐라이(Sheikh Taj El-Din Al-Hilali, 이집트 태생, 64세)의 언론 인터뷰를 통해 호주 사회에 널리 알려지기 시작했다. 그는 2006년 이집트의 한 텔레비전 방송에서 베일을 쓰지 않은 여성이 '포장하지 않은 고기(uncovered meat)'와 같다고 표현하며, 그들은

---

8 크리스틴 호의 설명을 인용하면 다음과 같다. "소수 공동체의 여성은 주류 사회의 인종차별주의와 성차별주의에 직면하며, 또한 자신들의 공동체에서 성차별주의와 남성 중심주의에 직면해야 한다. 이런 상황에서 여성이 공동체 내부에서 발생하는 성폭력 같은 억압적 관행에 대해 외부에 이야기하면 자신의 공동체를 배반한 것으로 취급받는다. 이와 함께 자신의 공동체가 억압적이고 낙후된 문화를 지녔다고 생각하는 주류 사회의 부정적 편견을 강화하는 결과를 초래하기도 한다"(Ho, 2007: 296).

성적 충동을 일으킨다고 말했다. 다음은 그가 언급한 내용이다.

> 만약 여러분이 포장하지 않은 고기를 거리나 정원, 공원 등에 내놓는다면 고
> 양이들이 와서 먹을 것이다. …… 이는 누구의 잘못인가? 고양이인가 아니
> 면 포장되지 않은 고기인가? 포장되지 않은 고기가 문제다. 만약에 여성이
> 자기 집이나 방에 있었거나, 히잡을 착용했다면 아무런 문제도 발생하지 않
> 았을 것이다(Kerbaj, 2006).

그는 이어서 여성이 남성을 통제하기 위한 악마의 무기라고 말하기도
했다. 또한 무슬림 여성이 베일을 착용하지 않는 것은 "반이슬람적이며,
반호주적이고, 수용 불가능"하다고 주장해 논란을 일으켰다(BBC News,
2007). 그의 언급이 호주 언론과 방송에 대서특필된 이후 수많은 무슬림
여성이 충격과 불쾌감을 드러냈다. 특히 무슬림 여성의 베일 착용이 성폭
력과 추행을 방지하는 용도로만 언급된 데 대해 반발하는 동시에, 호주의
주요 방송과 언론에서 그의 분별없는 생각이 무슬림 호주인 대다수의 의
견으로 비춰지는 것에 대해 불만과 우려를 토로했다(Stapleton, 2006).

실제로 2000년 초반부터 줄곧 무슬림과 비무슬림 호주인 간 논란의 쟁
점이 되어온 베일 착용에 대해 상당수 무슬림 호주 여성은 자신들에게 가
장 중요한 것은 그것이 선택이냐 강요냐의 문제가 아니라고 강조한다. 그
들이 중요하다고 여기는 것은 선택과 강요의 논의에 앞서 호주 사회에 확
산되는 베일 논쟁으로 자신들에 대한 비무슬림 호주 남성의 성폭력, 추행,
베일 관련 폭력이 더욱 심각해지고 있다는 사실이다. 또한 무슬림 공동체
와 가족 내에서도 베일 착용과 종교적 규제를 따를 것에 대한 압력이 증가
하고 있다. 2011년 발간된 빅토리아 주 '이슬람여성복지위원회'의 보고서

에 따르면 무슬림 호주 여성은 방송이나 언론에서 무슬림 남성의 폭력 또는 테러에 관한 기사가 보도될 때 외출 시 더 많은 불안감을 느끼게 된다 (Islamic Women's Welfare Council Victoria, 2001). 그들을 바라보는 비무슬림 호주인의 시선이 곱지 않기 때문이다. 또한 보고서에는 무슬림 여성이 무슬림 공동체나 가족으로부터 독립성이나 자유를 보장받는 것보다 신체적·정신적 안전을 더욱 중요하게 요구한다는 내용이 포함되어 있다. 이는 지금의 호주 주류 사회가 무슬림 여성의 권리를 보호한다는 차원에서 베일 문제를 제기한 것이 오히려 그들의 안전에 더욱 위협이 되고 있음을 알려준다.

결론적으로 호주에서 무슬림 여성의 베일 착용은 종교적 의미, 무슬림 공동체에 속한다는 정치적 의미, 가족의 요구를 수렴한다는 사회적 의미, 성적으로 자신을 보호한다는 윤리적 의미 등 다양한 맥락에서 해석될 수 있다. 이는 호주 무슬림 인구의 이민 시기, 이민국의 종교와 문화적 특성, 이민 배경, 호주 사회 내 사회적·경제적 배경이 다양한 만큼 베일 착용의 의미 또한 다양하게 나타난다는 점을 알려준다. 하지만 베일 착용을 두고 여성 개인의 자발적 선택이라기보다는 무슬림 공동체의 종교적·사회적 압박에 의한 자발적 강제라는 시각이 부각되고 있다. 이렇듯 베일에 대한 호주 주류 공동체의 부정적 시각은 베일을 착용한 무슬림 여성에 대한 인종적 타자화 현상을 심화시키고 있으며, 그로 인해 무슬림 여성의 안전과 무슬림 정체성에 대한 위협이 호주 사회에서 확산되어간다고 볼 수 있다.

2) 이슬람포비아의 상징으로서 베일: 안보와 부르카 금지 논의와 제도적 변화

2000년대 초반부터 호주 사회 통합의 가장 큰 어려움이 되어온 무슬림과 비무슬림 호주인 간 갈등은 2012년 현재에도 지속되고 있다. 2008년 보수연합의 하워드 정부에서 노동당 정부로 정권이 교체되었지만, 현 노동당 정부의 사회 통합 정책 어디에서도 두 집단 간 인종적·문화적·종교적 갈등을 해소하기 위한 적극적 노력은 찾아보기 힘들다. 이는 과거 노동당 정부가 다문화주의 이념과 정책 형성에 관심을 두고 '다문화 호주'라는 국가적 정체성을 형성하기 위해 제도적으로 노력한 것과 구분된다. 더욱이 현 노동당 정부는 오히려 무슬림이 호주 주류 사회의 가치를 수용함으로써 호주 사회에 포용되어야 한다는 전 보수연합 정부의 담론과 실천을 따르고 있다는 비판에도 직면했다. 이는 무슬림 호주인을 둘러싼 호주 주류 사회의 편견과 고정관념이 현재에도 여전히 지배적으로 남아 있다는 의미다.

지난 10여 년 동안 호주의 공공장소에서 베일 착용이 금지되어야 한다는 법안이 몇 차례 제출된 바 있지만 다양한 이유로 통과되지 못했다. 대표적으로 호주 헌법 제116조, 즉 "연방은 …… 자유로운 종교 활동을 금지하는 어떤 법률도 제정해서는 안 된다"라는 조항은 베일 착용 금지가 오히려 종교의 자유를 해칠 수 있다는 주장에 근거를 제공한다. 이러한 헌법 정신을 이유로 호주 정치인들은 무슬림 여성 베일 착용 금지 법안의 통과를 반대한다. 또한 앞서 소개된 학자들의 주장처럼 호주가 제도적으로 베일 착용을 금지하는 것은 여성의 의복 자기 결정권을 침해하는 행위이고, 이는 결국 베일 착용을 의무화하는 아랍·이슬람 국가와 다를 바 없다는 여론도 베일 금지법 부결에 기여했다. 더욱이 그동안 이민자의 문화적 다양성을 존중하고 기념한 다문화주의를 호주성이라고 주장한 사람들은 베일 착용 금지 법안이 곧 다문화적 호주성을 위협한다며 우려의 목소리를 냈다(Hall, 2010).

2010년 5월 시드니에서 부르카로 위장한 후 선글라스를 착용한 '중동계 외모'의 남성이 범죄를 저지른 사건이 발생했다. 이 사건을 계기로 호주 사회에서 부르카는 여성 억압과 이슬람 문화의 상징으로서만이 아니라 범죄자의 위장술과 연계되어 논의되기 시작했다. 이는 연방정부 내 일부 보수 정당 의원의 부르카 금지 법안 제출로 또다시 이어졌다. 그들은 호주 주요 언론사들의 여론조사를 통해 일반인 대다수가 부르카 금지 법안에 찬성한 다는 점을 강조했다(Bernardi, 2010). 하지만 당시 연방의회에서 통과되지 못했는데, 그러한 법안이 무슬림 호주인 전체에 대한 혐오증을 확산시킬 수 있다는 우려를 내세운 노동당과, 보수정당의 부르카 금지 법안에는 헌법이 금지하는 인종차별주의가 깔려 있다고 비난한 녹색당의 반대에 부딪힌 것이다(AFP, 2010). 그러나 부르카 금지 법안이 의회에서 부결되어 통과되지 않자 시드니와 같은 대도시에서 일부 비무슬림 호주인은 '부르카 금지의 날'을 정하는 등 정기적으로 부르카 반대 시위를 격렬하게 벌이고 있다(Maley, 2010).

그러한 논란에도 불구하고 최근 1~2년 사이에 베일 착용과 관련된 예외적인 두 법안이 뉴사우스웨일스 주에서 통과된 점은 주목할 만하다. 첫 번째 법안은 2011년 12월 주 도로교통법 개정을 통해 이루어졌다. 개정된 법에 따르면 도로 운전자 중 경찰의 신분 확인을 요구받은 운전자가 얼굴을 전면으로 보여주길 거부하면 최고 1년의 징역형이나 5500달러의 벌금형을 받을 수 있다. 이러한 법안이 통과된 배경은 2011년 무슬림 여성 카르니타 매슈스(Carnita Matthews)가 시드니의 캠벨타운 경찰서에 제기한 민원 사건과 관련이 있다(Pavey, 2011). 매슈스는 해당 경찰서 소속 교통경찰이 운전하던 그녀를 세워 신분 확인을 위해 니캅 탈의를 요구했기 때문에 그 경찰이 인종차별주의자라며 고소했다. 그녀의 진술이 허위라고 주장한 경찰은 이 사건으로 법정에 서게 되었고, 1심에서 징역 6개월을 선고받았다. 그러나 2심 재판부는 당시 그녀가 니캅을 쓰고 있었기 때문에 고발한 사람이 그녀인지 확인할 방법이 없다는 이유로 1심을 파기했다. 세간의 주목을 받은 이 사건으로 경찰과 사법부는 모두 혼란을 겪었으며, 앞으로 유사 사건이 재발하지 않으려면 수사 목적에 한해 경찰이 용의자의 얼굴을 확인할 수 있어야 한다며 관련 입법과 개정을 강력히 요구했다. 그 결과 법안이 주의회에서 정식으로 통과된 것이다.

법안이 통과된 이후 호주 사회에서 부르카나 니캅 착용자가 자행한 다양한 범죄(은행 강도, 살인, 폭행, 교통사고 등)가 언론의 집중적인 논의 대상이 되었으며, 결국 베일 착용이 호주의 공공 안전과 질서유지, 건강, 타인의 자유 및 권리를 침해할 소지가 있다는 주장이 호주 사회에서 다시 확산되기 시작했다. 그 결과 2012년 4월 30일 뉴사우스웨일스 주의회에서 '부르카 법안'이 통과되었다(McGuirK, 2012: 175). 이 법안은 부르카나 니캅을 쓴 여성이 법정 증인으로 서명할 때 신분 확인을 위해 베일을 벗고 얼굴을 보여야 한다는 내용을 담고 있다. 특히 변호사나 판사가 의뢰인의 신분을 눈으로 직접 확인하고 이를 입증 서류로 남기도록 의무화하며, 신분을 속이려다 적발되면 220달러의 벌금형에 처한다는 내용을 골자로 한다.

이러한 법안의 도입을 발표한 뉴사우스웨일스 주의 그레그 스미스(Greg Smith) 법무부 장관은 사기(fraud)와의 전쟁을 목적으로 해당 법안을 통과시켰으며 오토바이 헬멧, 마스크, 베일, 스카프, 니캅, 발라클라바(balaclava)와 같은 모든 종류의 얼굴 가리개가 탈의 대상이 된다고 밝혔다. 증인이 법정 진술서에 서명하기 전에 얼굴을 보고 신분을 확인하는 사람은 변호사나 판사와 같은 공인된 검증인(authorized witness)이 될 것이며, 무슬림 여성이 여성 변호사나 판사를 요구할 경우 그 요구에 응해줄 것이라고 설명했다. 이에 대해 무슬림 공동체에서는 이러한 법안이 없어도 무슬림 여성은 안보와 안전상의 이유로 요청된 부르카나 니캅의 탈의에 "긍정적으로 호응하고 있었다"는 의견을 제시하기도 했다(Chopra, 2012). 결과적으로 이러한 뉴사우스웨일스 주의 부르카 법안이 통과된 이후에 무슬림 인구가 집중적으로 분포된 빅토리아 주와 서호주 주에서도 유사한 법안을 통과시키려 하고 있다.

6. 나가며

앞서 설명한 법안의 통과는 호주에서 그동안 여성 베일의 논쟁 지점이 여성의 선택이냐 강요냐, 그리고 종교적 자유를 보호하는 것이냐 침해하는 것이냐 등이었던 것을 벗어나 사회 안전과 질서 확립, 타인의 자유와 권리 문제에 초점을 맞추었기에 가능했다고 볼 수 있다. 이는 베일이 여성의 권리와 정체성의 상징으로서 기능하기보다는 베일 쓰는 사람에게 '시선의 역전'을 제공해 다른 사람의 안전을 위협하거나 사회적 범죄 또는 테러를 자행하는 데 수반되는 도구라는 인식이 호주 사회에 확산되었기 때문이다. 하지만 여기서 주목할 사항은 무슬림과 비무슬림 호주인 간에 지속적으로 전개된 베일 논쟁이나 뉴사우스웨일스 주에서 통과된 두 법안이 과연 여성에 대한 차별적 시각을 제거하고, 실제 여성의 권리를 증진하는 데 도움이 되었는가 하는 점이다. 오히려 장기간 전개된 베일 논쟁과 최근 통과된 법안은 무슬림 여성을 더 소외시키고, 공격적이며 여성 혐오적인 무슬림 남성의 희생자라는 낙인을 더욱 강화한 측면이 있다는 점은 우려스럽다. 더욱이 베일이 호주 사회의 사회질서와 안전을 위협하는 도구라는 인식이 확산되는 가운데, 현재 특수한 상황에서만 합법적으로 요구되는 베일 탈의가 점점 더 보편화될 가능성도 배제할 수 없다. 이는 결국 호주에서 베일 금지 옹호자가 사회질서 유지와 타인의 권리 존중이라는 미명 아래 베일 금지의 명분을 찾아가고 있으며, 이에 무슬림 여성의 베일 착용 맥락과 개인적 권리·안전 문제 등이 주요 논의에서 소외될 소지가 있음을 보여준다.

아울러 무엇보다도 중요하게 지적되어야 할 점은 현재 비무슬림 호주인 중 이슬람포비아에 근거한 극우 반무슬림주의자가 증가하고 있으며, 그들의 이슬람포비아 현상은 호주 정부의 다문화주의 정책에 대한 반대, 자신의 지역에서 이슬람 모스크 설립 반대, 무슬림 여성의 부르카와 니캅 착용에 대한 반대로 표출되고 있다. 예를 들면 비교적 최근인 2012년 4월 시드니에서 백인 호주 남성들이 부르카를 착용한 채 뉴사우스웨일스 주 의사당 앞에서 반부르카 시위를 벌여 무슬림 남성들과 충돌하는 혼란을 빚었다. 7월에는 수도 캔버라의 한 외곽 지역인 건가린(Gungahlin)에서 이슬람 모스크 설립안이 발표되자 지역 주민들이 거세게 반대 의사를 표시했다. '캔버라를 우려하는 시민'이라는 반모스크 설립 조직이 형성되었고, 이들의 반대 논리에는 "부르카를 입은 여성들이 모스크를 드나들며 그 지역 아이들에게 공포감을 조성할 수 있다"라는 내용이 포함되었다(Cox, 2012). 또한 부르카를 입은 여성들이 그 지역 여아나 여성에게 부정적 영향을 미쳐, 결국 그들도 호주 사회에 통합될 기회를 얻지 못할 수 있다고 우려했다.

이렇듯 일부 호주인은 자신의 이슬람포비아를 무슬림 여성의 부르카 착용 반대로 드러내고 있다. 호주 사회 내 이슬람포비아의 확대는 2012년 9월 연방정부가 호주 다문화주의 조사를 위해 일반 호주인을 대상으로 실시한 의견 수렴 결과에서도 드러난다. 총 513건의 의견이 정부에 제출되었는데, 그중 500건 이상이 호주의 다문화주의 실패를 비난하며 이를 무슬림 호주인 탓으로 돌리고 있다(Shepherd, 2012). 또한 일부 호주인은 호주가 '제2의 보스니아'로 전락하거나 '서구의 쓰레기통'으로 변할 것이라며 반무슬림 정서를 유감없이 드러냈다. 이에 대해 호주 정부는 "이슬람포비아가 큰 이슈이긴 하나, 당장 이로 인해 연방정부의 법이 개정되지는 않을 것"이라고 밝혔다. 이는 호주 정부가 현재 호주 사회에 확산된 이슬람포비아를 무슬림에 대한 소수 호주인의 편견이라고 보기 때문이지만, 사실상 이슬람포비아에 동조하는 호주인의 수가 늘어나고 있으며, 무슬림과 비무슬림 호주인의 충돌, 특히 부르카를 계기로 한 충돌이 확산되고 있다는 점에서 우려스러운 일이다.

결론적으로 무슬림 여성의 베일 착용 문제는 호주 사회 내 무슬림과 비무슬림 인구 간 갈등의 핵심에 놓여 있다. 베일을 둘러싼 논쟁에는 무슬림 여성의 권리와 안전과 같은 페미니스트들의 언어가 등장하지만, 실제 두 집단 모두 여성의 권리와 안전 향상에 귀결되는 주장을 제시하고 있지는 않다. 특히 베일 착용 금지와 호주성을 둘러싼 비무슬림 호주인들의 논의는 그들이 세속주의, 반인종주의, 젠더 평등 수호라는 기치 아래 오히려 호주 사회에 깊이 내재된 백인·기독교·남성 중심적 가치를 더욱 확대·재생산하려는 의도가 있음을 보여준다.

더욱이 호주 사회에서 무슬림 남성이 비무슬림 여성에게 저지른 성폭력 범죄와 공동체 간 인종 분쟁 사건, 부르카를 이용한 범죄 등은 무슬림 공동체에 대한 인종적 타자화 현상과 함께 호주의 민족 정체성 유지·강화 현상을 더욱 급속도로 진전시켰다. 결론적으로 이는 베일 논의에 사용된 젠더·인종·종교라는 세 가지 개념의 상호작용이 동시대 호주 사회에서 호주성에 내재된 가부장적 백인 민족주의와 기독교 세속주의를 밖으로 드러내는 동시에, 소수 무슬림 이민자의 사회적 배제를 심화하는 논리로 사용되었다는 점을 알려준다.

마지막으로 현재 호주 사회에서 무슬림 난민 수용과 이민 문제가 쟁점화되고 있으며, 더욱이 그동안 이민과 사회 통합 정책의 근간이었던 다문화주의 정신이 도전받는다는 측면에서 향후 백인 비무슬림 호주인을 중심으로 한 이슬람포비아 현상은 더욱 심화할 것으로 전망된다. 또한 이러한 비무슬림 대 무슬림 호주인 갈등이 젠더화된 양상을 보임에 따라 호주 여성, 특히 베일(부르카 또는 니캅)을 착용한 무슬림 여성을 둘러싼 논쟁이 지속될 것으로 보인다. 베일 논의가 무슬림 여성의 안전과 권리 보호, 그리고 호주 이민자 사회 통합의 중심에 있다는 점을 고려할 때 향후 호주에서 베일 담론과 정책적 논의가 어떤 방향으로 전개될지 주목할 필요가 있다.

참고문헌

문경희. 2008. 「호주 다문화주의의 정치적 동학: 민족 정체성 형성과 인종·문화 갈등」. ≪국제정치논총≫, 48집 1호, 267~291쪽.

박단. 2011. 「무슬림 여성의 베일 착용과 '프랑스적 예외'로서의 라이시테」. ≪대구사학≫, 102집, 157~184쪽.

염운옥. 2010. 「영국의 무슬림 '베일(veil)' 논쟁」. ≪대구사학≫, 101집, 265~292쪽.

조선희. 2009. 『이슬람 여성의 이해: 오해와 편견을 넘어서』. 서울: 세창출판사.

홍태영. 2009. 「세계화와 정체성의 정치」. ≪국제관계연구≫, 14권 1호, 143~169쪽.

황병하. 2010. 「이슬람의 시각으로 본 프랑스 히잡 논쟁」. ≪한국이슬람학회논총≫, 20권 1호, 87~118쪽.

AAP. 2005.8.25. "Bishop backs headscarf ban." *The Age*. http://www.theage.com.au/news/national/liberal-mp-backs-headscarf-ban/2005/08/28/1125167541500.html(검색일: 2011.12.10).

AFP. 2010.5.20. "Australia law makers vote down burqa ban." *Ynetnews.com*. http://www.ynetnews.com/articles/0,7340,L-3891920,00.html(검색일: 2011.12.10).

Anderson, B. 1991. *Imagined Communities: Reflections on the origin and spread of nationalism*. London: Verso.

Australian Bureau of Statistics. 2006. "2006 Census." Special Tabulations.

Australian Department of Immigration and Citizenship. 2012. "Muslim in Australia: a snap shot." http://www.immi.gov.au/media/publications/multicultural/pdf_doc/Muslims_in_Australia_snapshot.pdf(검색일: 2011.12.12).

Australian Human Rights Commission. 2008. "Plan of Action." http://www.hreoc.gov.au/listeningtour/launch/action.html(검색일: 2011.12.12).

Barker, M. 1981. *The New Racism: Conservatives and the Ideology of the Tribe*. London: Junction Books.

Bernardi, C. 2010.5.6. "For Australia's sake, we need to ban the burqa." *Brisbane Time*, http://www.brisbanetimes.com.au/opinion/society-and-culture/for-australias-sakewe-need-to-ban-the-burqa-20100506-ubun.html(검색일: 2011.12.20).

BBC News. 2007.1.12. "Australia Cleric in Convicts Jibe." http://news.bbc.co.uk/go/pr/ fr/-/1/hi/world/asia-pacific/6255287.stm(검색일: 2011.12.20).

Chopra, T. 2012.3.6. "Why we don't need burqa identity laws." *Hearld Sun.* http:// www.heraldsun.com.au/opinion/why-we-dont-need-burqa-identity-laws/story-e6frf hqf-1226289874854l(검색일: 2011.12.15).

Cox, L. 2012.7.10. "Mosque Proposal Divides Residents." *Canberra Times.* http://www. canberratimes.com.au/national/mosque-proposal-divides-residents-20120709-21s1j. html.

Ferguson, M. 2005. "W Stands for Women: Feminism and Security Rhetoric in the Post-9/11 Bush Administration." *Politics and Gende,* 1(1), pp.9~38.

Franks, M. 2005. "Crossing the borders of whiteness? White Muslim women who wear the hijab in Britain today." *Ethnic and Racial Studies,* 23(5), pp.917~929.

Grewal, K. 2007. "The 'Young Muslim Man' in Australian Public Discourse." *Transforming Cultures eJournal,* 2(1), pp.116~134.

Hage, G. 1998. *White Nation: fantasies of white supremacy in a multicultural society.* Sydney: Pluto Press.

Hall, L. 2010.8.24. "NSW cabinet votes against burqa ban." *Sydney Morning Herald.* http://www.smh.com.au/nsw/nsw-cabinet-votes-against-burqa-ban-20100824-3pyy.html(검색일: 2011.12.15).

Hassan, R. 2008. "Social and Economic Conditions of Australian Muslims: Implications for social Inclusion." Paper presented at the NCEIS International Conference: Challenges to Social Inclusion in Australia: The Muslim Experience. Melbourne University.

Ho, C. 2007. "Muslim women's new defenders: Women's rights, nationalism and Islamo-phobia in contemporary Australia." *Women's Studies International Forum,* 30, pp.290~298.

Hopkins, L. and C. McAuliffe. 2010. "Split Allegiances: Cultural Muslims and the Tension Between Religions and National Identity in Multicultural Societies." *Studies in Ethni-city and Nationalism,* 10(1), pp.38~58.

Hussein, S. 2007. "The Limits of Force/Choice Discourses in Discussing Muslim Women's

Dress Codes." *Transforming Cultures eJournal*, 2(1), pp.1~15.

Islamic Women's Welfare Council of Victoria. 2011. "Race, Faith and Gender: Converging Discriminations Against Muslim Women in Victoria." *A Summary Report on Racism on Muslim Women*.

Kerbaj, R. 2006.10.26. "Muslim leader blames women for sex attacks." *The Australian*. http://www.theaustralian.com.au/news/nation/muslim-leader-blames-women-for-s ex-attacks/story-e6frg6nf-1111112419114(검색일: 2012.6.20).

Maley, J. 2010.9.20. "It's un-Australian … rally condemns push to ban burqa." *Sydney Morning Herald*. http://www.smh.com.au/nsw/its-naustralian-rally-condemns-push-to- ban-burqa-20100919-15hy0.html(검색일: 2011.12.30).

Marr, D. 2005.12.13. "Alan Jones: I'm the person that's led this charge." *The Age*. http://www.theage.com.au/news/national/alan-jones-i-led-this-charge/2005/ 12/12/1134236003153.html?page=fullpage#contentSwap1(검색일: 2012.1.20).

McGuirk, R. 2012.5.30. "Australia Muslim Veil Law Requires Women To Remove Face-Covering Niqab In New South Wales." Associated Press(검색일: 2012.8.5).

McMichael, C. 2002. "Everywhere is Allah's Place: Islam and the Everyday Life of Somali Women in Melbourne Australia." *Journal of Refugee Studies*, 15(2), pp.171~188.

Miles, R. 1987. "Recent Marxist theories of nationalism and the issues of racism." *British Journal of Sociology*, 38, pp.24~43.

Pavey, J. 2011.2.14. "The Burqa or the Ban: Which is Worse?" *Right Now-Human Rights in Australia*. http://rightnow.org.au/writing-cat/article/the-burqa-or-the-ban-which- is-worse/(검색일: 2011.12.20).

Randall-Moon, Holly. 2007. "Secularism, Feminism & Race in Representation of Austra- lianness." *Transforming Cultures eJournal*, 2(1), pp.19~34.

Rozario, S. 1998. "On Being Australian and Muslim: Muslim Women as Defenders of Islamic Heritage." *Women's Studies International Forum*, 21(6), pp.649~661.

Shepherd T. 2012.9.18. "Australia: Inquiry into Multiculturalism Swamped with Racist Submissions." *News.com.au*. http://www.news.com.au/national/ inquiry-swamped- with-racist-submissions/story-fndo4eg9-1226476936303(검색일: 2012.10.1).

Sheehan, P. 2006. *Girls Like You: Four Girls, Six Brothers and a Cultural Timebomb*.

Sydney: Pan Macmillan.

Sivanandan, A. 1983. "Challenging Racism: Strategies for the 1980s." *Race and Class*, 25(2), pp.1~11.

Stolcke, V. 1995. "Talking Culture." *Current Anthropology*, 36(1), pp.1~24.

Sunderland, S. 2007. "Post-Secular Nation: or How 'Australian Spirituality' privileges a secular, white, Judaeo-Christian Culture." *Transforming Cultures eJournal*, 2(1), pp.57~77.

Stapleton, T. 2006.10.30. "We're not fresh meat: Muslim women hit back." *News.com. au*. http://www.news.com.au/national-old/were-not-fresh-meat-muslim-women-hit-back/ story-e6frfkwi-1111112437012(검색일: 2011.12.20).

Toy, N. and L. Knowles. 2001.8.24. "Exclusive: Victim tell how rapist taunted her." *The Daily Telegraph*.

Walker, D. 1999. *Anxious Nation: Australia and the Rise of Asia 1850-1939*. St Lucia: University of Queensland Press.

Warner, K. 2004. "Gang Rape in Sydney: Crime, the Media, Politics, Race and Sentencing." *The Australian and New Zealand Journal of Criminology*, 37(1), pp.344~361.

Watson, H. 1994. "Women and the Veil: Personal Responses to Global Process." in Akbar S. Ahmed and Hastings Donnan(eds.). *Islam, Globalization and Postmodernity*. London: Routledge.

Hosking, Wes. 2011.7.14. "Fears for riots in national burqa protest." *Herald Sun*. http:// www.heraldsun.com.au/news/fears-for-riots-in-national-burqa-protest/story-e6frf7jo-1226094150464(검색일: 2012.1.20).

Wren, Karen. 2001. "Cultural Racism: something rotten in the state of Denmark?" *Social & Cultural Geography*, 2(2), pp.141~162.

Zevallos, Z. 2007. "The Hijab as Social Tool for Identity Mobilization, Community Education and Inclusion." http://www.uws.edu.au/equity_diversity/equity_and_ diversity/tools_and_resources/conference_documents/the_hijab_as_social_tool(검색일: 2012.2.1).

제**6**장

영국의
베일 논쟁

최정원

1. 들어가며

영국은 2001년 9·11 테러와 2005년 런던 테러가 일어나기 전만 해도 무슬림 이민자의 정착이 큰 무리 없이 이루어져 이민자 통합이 성공적으로 진행된 나라로 인식되었다. 전통적으로 자유방임적 태도를 견지해온 영국은 그동안 다양성을 존중하는 다문화주의 통합 정책에서 이민자의 만족도가 높은 것으로 나타났기 때문이다.

그러나 최근으로 올수록 반이슬람 정서가 증대되면서 무슬림 이민자의 인종적·문화적·종교적 정체성을 인정해주는 다문화주의 정책이 이들에게 편의만 제공했을 뿐 영국 주류 사회의 가치 체계와 제도, 규범을 구성하는 '영국성(Britishness)'은 형성되지 않았다는 비판이 일고 있다. 영국이

"다문화주의의 소극적 관용을 버리고 능동적이고 강한 자유주의(active muscular liberalism)로 돌아가야" 한다고 주장한 2011년 데이비드 캐머런 (David Cameron) 총리의 취임 연설 역시 같은 맥락으로 이해할 수 있다. 이러한 경향은 그동안 영국이 '국가 다문화주의(state multiculturalism)' 원리 아래 주류 사회와 분리된 무슬림 소수집단의 존재와 문화를 장려해왔고, 그 결과 사회에 소속감을 품지 못하는 무슬림 청년들이 '자생적 테러리스트'가 되도록 방치해왔음을 강조하는 것이기도 하다(염운옥, 2012: 97). 이와 반대로 무슬림 이민자들이 영국 사회에서 불만 세력으로 변해가는 것은 영국의 전통적인 다문화주의와 인종차별 반대 정책이 제대로 실행되지 못했기 때문이라는 주장도 있다(*The Times*, 2005). 20세기 중반부터 유입되기 시작한 무슬림 이민자들은 수적으로 볼 때 영국 사회에 큰 영향을 미칠 만큼 증가해왔는데, 그동안 쌓여온 정치사회적 불만들이 일련의 폭력 사태로 표출되었다는 것이다.

영국의 다문화주의 정책을 긍정적으로 평가하건, 전면적인 수정이 필요하다고 평가하건 간에 영국 사회에서 이민자 정책에 대한 우려가 커진 것은 사실이며, 이를 계기로 영국에 거주하는 무슬림을 재조명하는 다양한 논의가 전개되고 있다. 그리고 이러한 사회적 분위기 속에서 다문화주의에 대한 관심과 함께 젠더 이슈가 격렬한 논란의 대상으로 부각되고 있다.

문제는 젠더 이슈가 순수한 젠더 이슈로서 논의되고 있지 않다는 점이다. 예컨대 무슬림 문화에서 베일 착용을 포함한 젠더 문제는 줄곧 존재해왔고, 젠더 폭력에 대항하는 여성들의 조직화와 여성운동도 지속적으로 전개되어왔다. 그럼에도 그동안 영국 사회의 주된 관심사가 아니었던 무슬림 여성의 젠더 이슈들이 2000년 이후 다문화주의와 맞물려 급속도로 가시화되고 있는 것이다. 강제 결혼, 명예살인, 부르카·니캅·히잡 착용,

여성 성기 절제, 일부다처제와 같은 젠더 이슈들은 이슬람 문화의 여성 억압과 폭력성으로 해석되면서 특정 집단의 '문화'가 주류 사회의 젠더 평등적 가치 및 사회 통합과 갈등하는 양상으로 비춰지고 있다.

이러한 현상은 그간 영국 사회가 지향해온 다문화주의와 동화주의로의 전환, 다문화주의와 페미니즘의 관계 속에서 살펴볼 수 있다. 즉, 영국에서 현재 나타나는 소수 무슬림 집단의 문화와 종교에 대한 공격은 여성의 '몸'을 통해 작동하며, 젠더 이슈 논쟁은 여성의 인권을 위한 젠더 이슈 그 자체가 아닌, 영국 사회에 숨겨진 의도의 방패막이로 이용되는 것이다. 예컨대 무슬림 여성의 베일은 테러 위협, 사회 안전, 이민자 통합, 다문화주의의 성패에 대한 갈등과 불만이 표출되는 통로인 것이다(염운옥, 2010: 3).

이러한 문제 제기하에 이 글에서는 영국의 이민자 통합 정책으로서 다문화주의와 그 속에서 다루어지는 젠더 이슈를 무슬림 여성의 베일 착용을 중심으로 살펴본다.

2. 영국의 이민자 통합 정책

영국으로의 이민자 유입은 1800년대부터 시작되었다. 가장 먼저 산업혁명을 경험하면서 대규모 노동력이 필요했던 영국은 자국민만으로 노동 수요를 감당하지 못하자 노동 이민자를 유입했다. 처음 영국에 들어온 이민자들은 인접 식민지 국가였던 아일랜드인들이 대부분이었는데, 주로 산업도시에 정착한 이들은 영국 노동자의 임금과 생활수준을 떨어뜨리는 존재로 인식되어 적대감과 차별의 대상이 되었다(Castles and Miller, 2003: 59). 이후 19세기에서 20세기 초까지는 동유럽으로부터 이민자들이 대규모로 유입되었다.

영국에서 이민자 유입의 또 다른 계기는 제2차 세계대전이었다. 부족한 노동력을 메우기 위해 1949년 당시 '인구문제왕립위원회(The Royal Commission on Population)'가 고려한 외국인 이민 노동자는 인종적·문화적으로 동질성을 지닌 유럽인들이었는데, 이는 주류 사회와의 원활한 통합을 위해서였다. 따라서 동유럽 이민자를 적극적으로 모집했으며, 폴란드를 비롯해 발트해 연안 국가와 동유럽 국가, 오스트리아, 독일, 이탈리아에서 노동자를 유치하고자 노력했다. 그러나 실제로는 서인도제도와 아프리카, 동남아시아 등지의 영연방 국가로부터 상당수의 이민자가 유입되었다. 1962년 영연방 이민법(Commonwealth Immigration Act)이 제정되기 전까지 영연방 국가들에게 영국의 이민정책은 '대영제국(Great Britain)'이라는 전통적인 통합주의 시각 속에서 거의 자유방임에 가까웠고, 이주민 유입에 대한 특별한 제한이 없었기 때문이다.

영국의 식민지 국가였던 파키스탄, 방글라데시, 인도, 자메이카, 아프리카 등지에서 들어온 다수의 노동자는 전쟁이 끝난 뒤에도 영국에 남아 정착했다. 특히 파키스탄이나 방글라데시 출신의 무슬림 이민자들은 개별 노동자가 영국에 정착한 후 가족과 친척을 초청하는 연쇄적 이민 과정을 통해 친척 공동체 집단을 형성함으로써 수적으로 크게 증가했다(김대성, 2010: 68). 이에 따라 영국은 제2차 세계대전 이후 인종적으로는 흑인과 아시아인, 종교적·문화적으로는 무슬림·힌두교·시크교가 공존하는 다인종·다문화 사회로 변화했고, 피부색과 문화가 다른 이민자들에 대한 사회통합과 정체성 문제에 직면하게 되었다.

1960년대 초까지만 해도 영국은 이민정책으로 '문화적 동화(cultural assimilation)' 정책을 실시해 이민자들을 영국의 주류 문화로 흡수하고, 다인종·다문화 사회의 문제점을 해결하려 했다. 그러나 동화만을 고집해온 프랑스와 달리 영국은 통합 대상의 규모가 적정선을 넘어서면 동화가 현실적으로 어렵다는 판단하에 실용주의 노선을 취했다(Weil and Crowley, 1994: 117). 영국 정부가 그동안 이민정책에서 고려해온 점은 국가 정체성(national identity), 화합(integration), 결속(cohesion)이었는데, 이 중 결속의 문제는 1958년 노팅힐 폭동으로 영국 정부가 인종차별 문제를 인지한 때부터 지속적으로 제기되어왔다(Saggar et al., 2012: 15).

전후 시대에 존재했던 상당한 정도의 인종차별은 결속의 방해 요소로 작용하며 영국 사회 내 소수집단들에 대한 편견을 심어준 반면, 영국이 다양성을 존중하는 다문화주의 통합 정책을 추진하고 차별 금지 법안을 만드는 계기가 되었다. 1960년대 중반부터는 다문화주의 통합 정책이 기저를 이루고 있다. 1966년 노동당 정부의 내무장관 로이 젱킨스(Roy Jenkins)는 "통합이란 동화라는 획일적 균등화의 과정이 아니라 상호 관용의 분위기 속에서 문화적 다양성이 수반되는 동등한 기회"라고 정의함으로써 영국 이민자 통합의 방향을 제시했다(Jenkins, 1967: 267).

영국이 이처럼 이민자 통합 정책으로 다문화주의를 시행할 수 있었던 것은 과거 대영제국 시기에 경험한 간접 통치의 효율성과 영국의 관습법적 전통이 긍정적으로 작용했기 때문이다(Joppke, 1999: 224). 문화적 전통을 유지하고 자치를 인정한 영국의 식민지 통치 경험은 다문화주의적 통합이 수월하게 시행될 수 있도록 했으며, 유연성과 실용성이 큰 관습법과 실용주의 노선의 적용으로 영국 법정은 문화적 다양성과 관련해 다른 나라보다 상대적으로 관용적인 판결을 내렸다. 엘리트 중심의 온정주의적 사고방식 역시 이민자 통합 정책에 반영되었는데, 이민자의 권리를 보호하기 위해 처음 만들어진 '인종관계법(Race Relations Acts)'[*1]은 대표적인 인종차별 금지법이기도 하지만, 1965년 제정 당시 밝힌 법의 취지가 '공공질서 유지'로서 정치 엘리트들의 온정주의 산물이기도 하기 때문이다(정희라, 2007: 8). 규제 영역이 매우 제한적이던 1965년 제정법에 비해 이후 개정 법들은 인종차별에 대한 좀 더 강력한 대처를 포함하고 있어 다문화주의 통합 정책을 보완하지만, 종교적 권리에 관한 조항을 배제해 무슬림들의 종교 문제는 여전히 논쟁의 대상이 되고 있다.

영국의 다문화주의 통합 정책은 2001년 9·11 테러와 2005년 런던 테러 사건을 계기로 변화하고 있다. 2001년 영국 내무성에서 실시한 종교적 차별에 대한 설문 조사에 따르면 무슬림 인구의 37%가 이슬람교에 대한 영국 사회의 적대감이 매우 심각하다고 답했으며, 28%는 신체적 학대가 문제로 존재한다고 답했다(Saggar et al., 2012: 15~16). 이처럼 반이슬람 분위기가 고조되면서 영국의 여론이 탈다문화주의 정책을 지지하는 방향으로 선회하고 있다. 영국의 이민자 정책도 언어능력 시험을 통과하고 역사·문화에 대한 교육과정을 이수한 사람들에게만 장기 체류 허용 자격을 부여하기로 결정함으로써 '영국성'을 강조하는 동화주의에 초점이 맞춰진 통합 정책으로 움직이고 있다.

3. 영국의 인구구성과 무슬림 집단

인구조사를 중심으로 영국의 인구 현황을 종교별로 살펴보면 〈표 6-1〉

---

1   영국의 인종관계법은 1965년에 처음 제정되어 1968년, 1976년, 2000년에 수정·보완되었다.

<표 6-1> 영국인의 종교별 인구수와 비율

종교	2001년		2011년	
	인구 규모(명)	비율(%)	인구 규모(명)	비율(%)
기독교	37,338,000	71.7	33,243,000	59.3
이슬람교	1,547,000	3.0	2,706,000	4.8
힌두교	552,000	1.0	817,000	1.5
시크교	329,000	0.6	423,000	0.8
유대교	260,000	0.5	263,000	0.5
불교	144,000	0.3	248,000	0.4
기타	151,000	0.3	241,000	0.4

자료: Office of National Statistics(2011).

과 같다. 2001년 영국의 무슬림 인구는 약 154만 7000명으로 전체 인구의 약 3%를 차지해 이슬람교가 제2의 종교로 나타났다. 이 시기의 기독교인 인구는 3733만 8000명으로 전체 인구의 71.7%를 차지하고 있어 무슬림 인구에 비해 압도적으로 많다. 그러나 2011년 인구조사 결과를 보면 기독교인 인구는 전체 인구의 59.3%로 무려 12.4%p나 감소한 반면, 무슬림 인구는 전체 인구의 3.0%에서 4.8%로 증가해 10년간 60%의 증가율을 보이고 있다. 힌두교인, 시크교인, 불교인의 비중 또한 증가해 최근으로 올수록 영국 사회의 종교적 다양성은 커지고 있다.

영국의 인구 현황을 인종별로 살펴보면 2011년 현재 전체 인구 중 백인이 86%, 인도, 파키스탄, 방글라데시, 중국 등을 포함한 아시아인이 7.5%, 흑인은 3.4%, 혼혈은 2.2%를 기록하고 있다(Office of National Statistics, 2011). 그중 무슬림 인구만을 인종별로 살펴보면 <표 6-2>에서 볼 수 있듯이 아시아인은 2001년 기준 73.6%로 다른 인종에 비해 절대적으로 큰 비중을 차지한다.

〈표 6-2〉 영국의 인종별 무슬림 인구(2001년)   (단위: 명, %)

무슬림 인종	백인	혼혈	흑인	아시아인	중국인 등	합계
인구수	180,000	64,000	106,000	1,139,000	57,000	1,547,000
비율	11.7	4.1	6.9	73.6	3.7	100

자료: http://www.statistics.gov.uk/census2001/

이들은 주로 런던, 버밍엄, 브래드포드-리즈(Bradford-Leeds) 등과 같은
일부 대도시 지역에 편중되어 출신 지역별 또는 친족별로 집단을 이루어
생활한다.[2] 예컨대 방글라데시 출신 무슬림들은 절반이 넘는 53%가 런던
에 거주하고, 그중에서도 43%가 런던의 32개 자치구 중 하나인 타워 햄리
츠(Tower Hamlets)에 집중되어 있다(Ratchliffe, 1996: 123; 정희라, 2008: 164
에서 재인용). 이러한 현상은 무슬림이 직업을 찾기 쉬운 대도시와 그 주변
지역에 거주하는 것을 선호하는 동시에, 1세대 무슬림의 집단 거주 지역에
연쇄 이민을 통한 후속 세대 무슬림들이 유입되는 경향이 강한 데서 비롯
된다(김대성, 2010: 70). 즉, 기존 무슬림들의 집단 거주지는 후속 무슬림
이주민들이 사회적·문화적 정체성을 유지하는 데 편리성을 제공하는 반
면, 무슬림의 분리 거주 현상을 강화하고 있다(김대성, 2010: 70). 이와 같
은 게토화 현상은 무슬림 이민자들과 주류 사회의 소통을 차단하는 결과
를 낳았고, 고립화와 주변화로 무슬림 이민자들의 영국 주류 사회 진입이
어려워짐을 의미한다.

한편 무슬림들의 사회적·경제적 상황은 다른 소수민족이나 종교 집단

---

2 영국 내 전체 무슬림의 39%인 60만 7000명은 런던에, 12%인 19만 2000명은 버밍엄에,
   10%인 15만 명은 웨스트요크셔의 브래드포드-리즈에, 8%인 12만 5000명은 맨체스터에
   거주한다(Peach, 2005: 28).

<표 6-3> 영국의 종교별 실업인구와 비율(2011년)   (단위: 명, %)

구분	전체	기독교	무슬림	유대교	힌두교	불교
경제활동인구	25,022,204	17,789,648	487,792	120,903	285,124	78,545
실업인구	1,261,343	772,438	71,415	4,623	15,491	6,236
실업 비율	5	4.3	14.6	3.8	5.4	7.9

자료: http://www.statistics.gov.uk/census/2011census

에 비해 열악한 것으로 나타났다. 〈표 6-3〉을 보면 2011년 무슬림의 실업률은 14.6%로 기독교인의 실업률 4.3%, 유대인의 실업률 3.8%와 비교할 때 매우 높게 나타나고 있다. 또한 비경제활동인구는 기독교인 남성에서 16%로 나타난 반면, 무슬림 남성의 경우 30%로 나타났다. 저임금 직업군에 속한 정도 역시 기독교인은 남성의 17%와 여성의 20%가 저임금 직업군인 반면, 무슬림의 경우 남성의 40%와 여성의 25% 이상이 저임금 직업군에 속해 있다(Mirza, Senthilkumaran and Ja'far, 2007: 68). 사회경제적 배경과 교육 성취 정도가 고용에서 가장 중요한 영향 요인임을 감안할 때, 무슬림 집단의 경제적 상황이 상대적으로 열악한 이유는 교육 수준과 언어 구사력의 미달, 분리 거주로 인한 사회적 네트워크 부재 등을 들 수 있을 것이다(김종원, 2008: 311).

영국 무슬림 이민자 집단의 또 다른 인구학적 특징은 전체 무슬림 인구에서 젊은 층의 비율이 매우 높다는 점이다. 영국 전체 무슬림 인구 중 큰 비중을 차지하는 파키스탄과 방글라데시 무슬림 집단에서 16세 미만 인구 비율은 백인 집단에 비해 두 배 이상 높은 것으로 나타났다(Lewis, 1994: 15). 게다가 영국의 한 설문 조사에 따르면 무슬림 2세대와 3세대는 부모 세대보다 더 통합되기 어려운 경향이 있다. 예컨대 55세 이상 무슬림의 71%는 비무슬림과 공통점이 많다고 느끼지만, 16~24세의 무슬림에서는 이 수치가 62%로 떨어지기 때문이다(Mirza, Senthilkumaran and Ja'far, 2007: 39). 또한 무슬림 여성의 베일 착용에 대해 55세 이상의 무슬림은 불과 28%가 여성의 히잡 착용을 선호한다고 답한 반면, 16~24세의 무슬림은 무려 74%가 선호한다고 답했다. 이는 단지 부모 세대의 종교적 전통을 따르는 것이 아니라 히잡 착용을 통해 자신의 종교적 정체성을 드러내고 정치적으로 이슈화하려는 강한 경향성을 보여주는 것이다(Mirza, Senthilkumaran and Ja'far, 2007: 41). 이러한 특징들은 앞으로도 영국 사회에서 무슬림 인구의 증가, 무슬림 집단 내 세대 차이, 무슬림 집단의 배타성 등 무슬림 집단의 이슈들이 사회문제로 지속될 것임을 예측하게 한다.

영국 사회 무슬림 집단의 가장 큰 불만은 인종차별을 다루는 인종관계법이 그들의 차별 문제를 보호해주지 못한다는 것이다. 현재 영국의 이민자 집단은 다양한 문화·종교·민족·인종에 기초하고 있음에도 인종관계법은 피부색에 따른 인종만을 기준으로 삼는다. 예컨대 피부색을 문제 삼아 흑인을 차별하면 법적으로 처벌받지만, 종교적 이유로 무슬림을 차별하는 것에 대해서는 법적 처벌 기준이 마련되지 않았다(정희라, 2007: 19). 게다가 무슬림과 같이 종교적 성향으로 구분되는 이민자 집단들은 인종관계법의 보호를 받지 못한 반면, 시크교도와 유대인은 인종으로 구분되었다. 그 결과 유대인 남성의 모자와 시크교도의 터번은 종교적 상징이 아니라 인종적 정체성의 상징으로 인정된 반면, 이슬람 여성의 베일은 순수하게 종교성을 나타내는 것으로 간주되었다(염운옥, 2010: 16; Abbas, 2005: 52).

이렇게 볼 때 영국은 다른 유럽 국가들에 비해 차별 금지법으로 인종관계법을 가장 먼저 제도화했지만, 이민자 집단 중 규모가 가장 크고 종교적·문화적 정체성이 가장 뚜렷한 무슬림 이민자를 보호하지 못했다. 특히 인종주의가 분명히 존재하는데도 이민자 통합 정책을 개인 또는 지역 차원에서만 다루고 반인종주의를 전면에 내세움으로써 그동안 인종 문제가 정치화되는 것을 회피해왔다고 할 수 있다(Weil and Crowley, 1994: 122).

4. 영국에서 다문화주의와 페미니즘의 대립

다문화 사회란 인종적·언어적·역사적·문화적 동질성에 근거한 다수의 문화 집단이 한 사회에 동시적으로 존재하는 현상을 말한다. 따라서 다문화주의는 "서로 다르지만 함께 조화로운 생활을 영위하는 것"부터 "차별없는 진정한 화합"의 의미까지 다양하게 나타날 수 있으며, 하나의 형태만 있는 것이 아니라 다양한 방식으로 통합에 접근할 수 있기 때문에 정의하기 어렵다(Modood, 2011: 3). 또한 서로 간 다름은 '나를 어떻게 정의하는가', '상대를 어떻게 정의하는가', 그리고 '상대에 의해 내가 어떻게 정의되는가'와 같이 나와 타자 간 관계 속에서 위치 지어지며, 여기에는 인종, 민족, 종교, 문화, 국적 등 다양한 요인이 영향을 준다(Modood, 2011: 4).

그런데 실제로 다문화 사회 안에 공존하는 문화 집단들은 기존의 다수 문화 집단과 유입된 소수 문화 집단으로 나뉘어 위계질서를 형성한다(김남국, 2009: 270). 따라서 최근 유럽 사회에서 볼 수 있듯이 인종적 소수자의 급속한 증가에 따른 다인종·다문화 사회에서 어떻게 다수와 소수가 공존할 수 있고 문화적 차이에 따른 갈등을 해소할 수 있는가는 다문화주의의 주된 쟁점이다(김남국, 2009: 274). 그런데 문화 간 다양성을 강조하는 다문화주의는 상대적으로 각각의 문화 내부에 존재하는 다양성을 간과하는 경향이 있다. 예를 들어 영국의 경우 '인종 집단(ethnicity)'과 '민족문화(ethnic culture)'를 지원하는 다문화주의 정책에서 각각의 소수집단 공동체는 단일한 문화의 동질적 집단으로 취급되었고, 문화 간 차이가 강조되면서 소수문화 집단 내부의 역동성은 무시되는 경향이 발생했다(Malik, 2011). 그러나 집단은 그 운명을 결정할 권리가 구성원 개개인에게 있으며, 현재 상태로 고정불변이 아니라 역사와 상황에 의해 규정되는 개인들의 선택에 따라 끊임없이 변하기 때문에 현재 상태가 최종적 권위를 갖는다고 볼 수 없다(김남국, 2009: 282). 또한 가부장적인 소수 문화에 속해 있는 여성의 경우, 반드시 자신이 속한 소수 문화 집단의 존속과 이해관계를 같이한다고 보기 어렵다(염운옥, 2012: 103). 그런데도 젠더, 계급, 카스트 등 여러 요인에 따른 소수집단 내부의 차이는 동질적 집단 문화라는 이름 아래 묻히게 되었고, 이러한 점은 페미니즘과의 갈등을 대두시켰다.

1990년대 말, 수전 몰러 오킨(Susan Moller Okin)은 소수 이민자 집단의 문화적 다양성을 보호하기 위한 다문화주의 정책이 집단 내부의 차이를 고려하지 않음으로써 여성의 권리와 이익을 훼손할 수 있다는 주장을 제기했다(Okin, 1999). 그녀에 따르면 다문화주의 정책이 소수집단의 문화적·종교적 차이를 수용하는 과정에서 집단 내 사적 영역의 젠더화된 위계 관계가 그대로 유지되거나 오히려 강화되는 경향이 있기 때문에 소수집단 여성의 인권을 침해할 소지가 있다. 즉, 문화적 다양성을 이유로 여성이 일상적 억압을 당하거나 권리가 유보되어서는 안 된다는 것이다. 그녀는 다문화주의가 젠더와 문화 간 갈등을 적절히 드러내 설명하지 못한다고 지적하며, 자유주의에 근거해 소수집단의 권리를 옹호하기 위해서는 사적 영역에서 일어나는 여성 차별과 같은 집단 내부의 불평등에 주의를 기울여야 한다고 주장한다(염운옥, 2012: 103).

레티 볼프(Leti Volpp)는 페미니즘과 다문화주의를 대립항으로 파악하

면 소수집단의 여성을 해당 문화의 '희생자'로만 보게 될 뿐 '행위 주체'로
서 여성을 보지 못한다고 지적하며, 페미니즘과 다문화주의는 상호 보완
적이어야 하고 양자 간 건설적 대화가 필요하다고 제안한다(Volpp, 2001).
서구 대 비서구, 현대 대 전통이라는 이분법적 대립 구조 속에서 제3세계
의 소수 문화가 여성 억압적이며 열등하다는 시각이 다문화주의와 페미니
즘 간 갈등을 강화한다는 주장도 있다. 이러한 시각에 따르면 무슬림 여성
의 베일이 서구 사회에서 이슬람 문화의 후진성의 상징으로 작동함으로써
가부장제에서 벗어나 '자신들의 힘 갖추기'를 지향하는 여성의 주체적 존
재와 활동을 평가절하하게 된다. 따라서 젠더, 인종, 계급 등 사회적 다양
성이 복합적으로 고려되는 문화적 맥락 속에서 여성의 위치와 활동을 파
악해야 할 것이다.

1990년대 후반부터 소수민족 공동체의 여성 문제에 대한 관심이 높아
지는 가운데 영국에서는 강제 결혼, 명예 관련 범죄, 여성 성기 절제, 질밥
(jilbab)과 니캅 등의 베일 착용 같은 젠더 이슈가 공론화되고 있다. 그런데
이 젠더 이슈들은 공론화되기 훨씬 전부터 소수민족 공동체 여성들이 대
책을 요구하며 캠페인을 벌여온 젠더 이슈들이다. 프라그나 파텔(Pragna
Patel)은 영국이 표방해온 다문화주의적 통합 정책이 사실상 여성의 권리
를 침해해왔다고 지적하며, 그동안 강제 결혼의 위험에 처한 여성이 보호
를 요청해도 영국 법정은 소수자 집단의 '문화'에 개입할 수 없다는 태도를
지속해왔다고 주장한다(Patel, 2008: 22). 젠더 이슈에서 또 다른 흥미로운
점은 왜 유독 강제 결혼, 명예 관련 범죄, 여성 성기 절제, 베일 착용의 이
슈가 이 시기에 관심의 대상이 되었는가 하는 점이다. 이외에도 전쟁, 강
간, 난민 여성의 억류와 인권침해 등 소수민족 여성에게 가해지는 폭력은
다양하지만 모든 여성 이슈가 주목을 받지는 않기 때문이다.

실제로 여성 억압적 관행들은 주류 문화와 갈등하는 소수 문화의 문제가 아니라 가부장제에 의한 '젠더 폭력' 문제다. 그럼에도 불구하고 현재 다문화주의의 위기 속에 젠더 이슈가 소수 문화와 종교에 대한 비판의 형태로 제기되면서 여성의 인권이 그에 대한 명분으로 이용되고 있다. 여성 억압적 젠더 이슈들이 소수 문화의 본질적 특징이라고 가정하는 것은 경제적·사회적·문화적·젠더적 불평등이 교차·중첩된 현실을 지나치게 단순화함으로써 주류 문화와 마찬가지로 소수 문화도 내적 다양성과 변화 가능성을 지닌다는 사실을 부정하는 것이다. 모든 문화에는 문화 간, 그리고 문화 내 다양성과 변화 가능성이 존재한다는 사실을 다문화주의적 시각이 인정할 때 페미니즘과 상호 보완될 수 있을 것이다.

5. 영국의 베일 논쟁 사례들

무슬림 여성의 베일[3] 착용은 현재 영국뿐 아니라 유럽 국가들, 터키와 미국에서도 격렬한 논쟁의 대상이 되고 있는 젠더 이슈이며, 히잡은 '포스트 9·11'의 상징으로 부상했다. 2004년 프랑스에서 '히잡금지법'이 도입될 때만 해도, 법적 규제가 없는 영국 사회에서 히잡을 쓴 여성들의 모습은 다문화 사회로서 영국의 관용과 자유를 보여주었다. 그러나 반이슬람

---

3 히잡, 니캅, 차도르, 부르카, 질밥 등을 '베일(veil)'로 통칭해 부르는 것은 여성이 서로 다른 형태의 베일을 쓰는 이유, 환경과 상황, 자발성과 타율성 사이의 차이를 무시해버릴 위험성이 있으나, 여기서는 여러 종류의 베일이 사례로 언급되고 있으므로 개별 이름과 통칭으로서 베일을 함께 사용하기로 한다.

주의 분위기는 영국에도 이미 형성되고 있었으며, 2005년 7월 런던 테러에 이어 2006년 노동당 의원 잭 스트로(Jack Straw)의 니캅 발언은 베일 논쟁의 결정적 분기점이 되었다. 여기에서는 베일과 관련된 사례들을 중심으로 영국 내 베일 논쟁의 흐름을 시기적으로 살펴보려 한다.

1) 맨들라 대 다월 리 소송(1983년)

프랑스와 비교해볼 때 영국에서는 그동안 문화적·종교적 차이로 발생한 문제들에 대해 훨씬 포용적이고 관용적인 판결들이 이루어졌다. 1983년 맨들라(Mandla) 대 다월 리(Dowell Lee) 소송은 학교에서 터번을 쓰겠다고 주장한 시크교도 학생의 입학을 학교장이 거부한 것에 대해 영국의 최고 법정이 패소 판결을 내린 것이다. 이는 인종 또는 민족에 따라 차별받지 않는다는 내용의 인종관계법에 근거해 시크교도를 소수민족 집단으로 간주함으로써 이루어졌다(New Law Journal, 2008).

이 판결을 계기로 정교분리의 원칙 속에서 여성의 히잡 착용이 큰 논란을 일으킨 프랑스와 달리 영국에서는 소수민족 학생의 터번 또는 히잡 착용이 더 이상 법적 문제가 되지 않았다. 따라서 무슬림 여학생이 베일을 쓰고 등교하는 관행은 영국의 다문화주의 정책 아래 한동안 큰 저항 없이 유지되었다(Joppke, 1999: 235).

2) 알비 자매의 히잡 금지 사건(1988년)

여학생의 교내 히잡 착용을 둘러싼 공방이 1988~1990년에 걸쳐 2년 동안 영국에서 일어났다. 1988년 맨체스터 근처 알트링엄 그래머(Altrincham

Grammar) 여학교의 교장은 파키스탄계 무슬림 여학생 파티마 알비(Fatima Alvi)와 아예샤 알비(Ayesha Alvi) 자매에게 히잡 착용을 금지했다. '헤드스카프'가 학교의 교복 정책을 위반할 뿐 아니라 교복에 대한 색상 규정(전통적으로 짙은 남색)을 침해하고, 과학 실험과 체육 활동 등을 방해한다는 것이 그 이유였다(염운옥, 2010: 10). 히잡 착용 문제는 학교의 입장에서는 상식상의 '헤드스카프' 착용 문제였으나, 알비 자매에게는 종교적 신념이 달린 '히잡' 착용 문제였다. 학교 당국과 무슬림 학부모 간 편지 공방이 지속되었으나 학교는 히잡 착용 금지를 고집했다. 1989년 12월 21일 알비 자매가 전통적인 흰색 히잡을 쓰고 등교했을 때 학교는 히잡을 벗든지, 아니면 집으로 돌아가라고 지시했으며 알비 자매는 집으로 돌아왔다(AlSayyad and Castells, 2002: 12).

이러한 상황은 한 달간 지속되며 매일 논란을 일으켰다. 알비 자매의 히잡 사건은 재판까지는 가지 않았으나 종교적 자유에 대한 개인의 권리, 종교적 신념의 표현 범위, 히잡이 종교적 신념과 여성의 정숙함(female modesty)의 상징인지 여부 등에 관한 논쟁을 불러일으켰다(염운옥, 2010: 10). 교장의 결정을 철회하라는 압력 속에서 1990년 1월 23일 교육 당국은 히잡 착용 금지가 불필요한 종교적 긴장을 불러올 수 있음을 이해하고, 학교 색상인 짙은 남색의 히잡 착용을 허용하는 절충안을 결정했다.

이후 영국 사립학교에서 여학생의 히잡 착용을 둘러싼 논란은 크게 부각되지 않았다. 여기에는 관용적인 영국의 자유방임적 다문화주의의 역할이 컸다고 볼 수 있으며, 반이슬람 분위기가 고조된 2005년까지 영국 사회에서 베일 착용은 혐오감의 대상이 되지 않았다.

3) 자르미나 공개 처형 영상(1999년)

1999년 아프가니스탄 탈레반 정권이 부르카 차림의 자르미나(Zarmeena)라는 여성을 공개 처형하는 영상은 영국 언론이 무슬림 여성의 희생자 담론을 만드는 데 결정적으로 작용했다. 그런데 이 처형 장면은 '아프가니스탄여성혁명위원회(Revolutionary Association of the Women of Afghanistan: RAWA)' 소속의 여성이 카메라를 부르카 속에 몰래 숨겨 촬영한 것이었다. 그 결과 베일을 쓴 여성에게는 전근대적·가부장적 억압의 희생자라는 이미지 위에 식민 지배에 저항하는 투사 이미지가 겹쳐졌는데, 그럼으로써 무슬림 여성의 베일은 무슬림 사회 속 '여성 억압'을 의미하는 동시에 '저항하는 여성'이라는 이중적 상징성을 갖게 되었다(염운옥, 2010: 16). 그 후 루슈디 사건[4], 걸프전, 9·11 사태, 런던 폭파 사건 등이 이어지면서 고립된 무슬림 여성이라는 이미지와, 안전을 위협하는 무슬림 테러리스트라는 이미지로 반복 재생산되고 있다(Macdonald, 2006: 10).

---

4   루슈디 사건은 인도 출신의 영국 작가 살만 루슈디(Sir Ahmed Salman Rushdie)가 쓴 소설『악마의 시(The Satanic Verses)』가 이슬람에 대한 신성모독 내용을 다룬다는 이유로 이슬람 세계의 많은 비난을 불러일으키며, 영국을 비롯한 서구 국가와 이란 등 이슬람 국가 간의 종교적·외교적 갈등으로 확산된 사건을 말한다. 이 서적이 출판되고 나서 영국의 무슬림들은 정부에 출판 금지를 요청했지만 받아들여지지 않자 격렬한 시위를 벌였으며, 1989년 1월에는 서적을 소각하는 사건과 폭력 투쟁이 발생했다. 또한 1989년 2월 14일 이란의 루홀라 호메이니(Ruhollah Khomeini)가 이 서적을 "이슬람에 불손한" 것으로 규정하며 사형선고인 파트와(fatwa)를 선언하자 영국의 여론은 악화되었다. 영국 사회의 분위기는 급격히 양극화되어 무슬림 집단과 주류 사회의 충돌이 점증했고, 영국 사회는 무슬림들의 출판 금지 요구가 표현과 자유에 대한 도전이자 영국 문화를 무시하는 것이라며 신랄하게 비판했다. 루슈디 사건은 영국인들의 무슬림 소외와 배제로 이어지기도 했으나, 한편으로는 종교 간 소통과 화합의 필요성을 재인식하는 계기가 되기도 했다.

이는 영국인에게 위기감과 이슬람 혐오주의를 확산시켰고, 무슬림 이민자들이 이슬람 정체성을 더욱 확고히 하는 계기가 되었다. 그동안 히잡 착용도 거부하고 루슈디를 지지하기도 했지만, 일련의 사태 속에서 자신의 정체성을 무슬림으로 나타내게 되었다는 한 무슬림 여성의 말처럼, 최근 들어 많은 무슬림 청소년이 자신의 정체성을 파키스탄인이나 영국인이 아닌 무슬림으로 나타내길 원했다(정희라, 2008: 174). 히잡 착용 역시 단순한 몸치장이 아니라 자신의 선택을 인정받기 위한 정치적 행위로 간주되면서 오히려 영국의 십 대 무슬림 소녀들의 문화가 되었다(Jacobson, 1997: 245).

4) 잭 스트로[5]의 니캅 발언(2006년)

2006년 10월 노동당 정부의 스트로는 ≪랭커셔 텔레그래프(The Lancashire Telegraph)≫에 기고한 칼럼에서 얼굴 전체를 가리는 니캅을 쓴 무슬림 여성은 아무리 영어를 잘해도 베일이 편안한 대화를 가로막는다고 불만을 제기했다. 아울러 스트로는 니캅을 쓴 여성이 영국 사회에서 통합을 저해하며, 베일은 백인과 무슬림 공동체 간 "분리와 차이의 가시적 표현(a visible statement of separation and of difference)"이라고 언급했다(The Lancashire Telegraph, 2006). 여기에 고든 브라운(Gordon Brown) 재무장관과 토니 블레어(Tony Blair) 총리까지 "베일은 분리의 표시"이고, "법률로 강제할 일은 아니지만 토론이 필요한 문제"라며 스트로를 지지하고 나서자 히잡 착

---

5   잭 스트로는 유권자의 4분의 1이 무슬림 이민자로 구성된 블랙번(Blackburn)에서 1979년에 당선된 이래 노동당 정부에서 내무장관(Home Secretary, 1997~2001)과 외무장관(Foreign Secretary, 2001~2006)을 역임했으며, 이후 노동당의 원내 총무(Leader of the House of Commons)를 맡은 영향력 있는 정치인이다.

용에 대한 찬반 논쟁이 뜨거워졌다(*The Times*, 2006b).

　스트로의 발언이 더욱 문제가 된 것은 그동안의 베일 논쟁과 달리 집권당의 중진 정치인이 문제를 제기하면서 정치적 이슈로 불거졌기 때문이다. 종교적 신념과 결부된 문제는 그간 정치 영역에서 회피되어왔음에도 스트로는 "어디 살지를 강제할 수는 없지만, 분리가 지닌 의미에 대해 걱정할 수는 있는 일"이라며 얼굴을 가리는 복장이 영국 사회에 문화적으로 분리된 공동체를 만들 수 있다는 주장을 굽히지 않았다.

　그러나 이러한 논리는 다문화주의의 실패 원인과 책임을 다른 곳에 전가하는 것이다. 스트로의 말은 반이슬람 정서에 편승해서 통합주의 방향으로 여론을 몰고 가기 위해 계산된 의도적인 발언이라 할 수 있다(염운옥, 2010: 9). 단순히 소수집단의 수적 증가만으로 다문화주의를 둘러싼 갈등이 증폭되지는 않는다. 스트로를 비롯한 정치인들의 니캅 발언에서 볼 수 있듯이, 이러한 갈등들은 문화적 차이를 적극적으로 활용하는 집단에 의해 비로소 사회문제화되는데, 특히 경기후퇴기에 이들의 선동은 사회적 소수를 둘러싼 갈등을 증폭시키고, 모든 비난을 쏟아부을 희생양으로 이주민을 선택해 공격하도록 유도한다(김남국, 2009: 286). 이 과정에서 '소수자 중의 소수자'인 니캅 쓴 여성은 잠재적 테러리스트로 의심받고 다문화주의 실패의 책임을 떠맡는 '희생양'이 되는 것이다(염운옥, 2010: 9). 니캅 착용에 대한 스트로의 강경 발언과 이에 대한 다수 언론의 지지가 있었지만 영국에서는 아직 법적 금지 조치가 이루어지지 않고 있다.

5) 사비나 베굼(Shabina Begum)의 질밥 착용 소송 사건(2006년)

　베굼은 영국 베드퍼드셔(Bedfordshire) 루턴 지방의 덴비(Denbigh) 고등

학교에 재학 중인 여학생이었는데, 얼굴을 제외하고 머리와 몸을 모두 감싸는 질밥(jilbab)이라는 이슬람 고유의 전통 복장을 했다는 이유로 등교를 제지당했다. 베굼은 학교를 상대로 소송을 제기해 1심에서는 패소했지만, 2심 재판부가 "학교가 등교를 금지한 것은 불법이며, 종교적 신념을 표현할 권리와 교육받을 권리를 박탈했다"고 판결하면서 승소했다(BBC News, 2005). 그러나 2심 판결에 불복한 학교 측은 상원 법률위원회에 다시 청원했고, 2006년 3월 22일 상원 법률위원회가 베굼에게 패소 판결을 내렸다. 상원에서의 쟁점은 학교 당국이 학생의 교육받을 권리를 물리적으로 거부했는가에 있었는데, 상원 법률위원회는 베굼의 학습권이 침해받았다고 볼 수 없다는 판결을 내린 것이다(BBC News, 2006a).

베굼의 법정 싸움은 그 목적이 교내 질밥 착용에만 있지 않았다. 학교의 정책이 그녀의 종교적 정체성을 무시하는 행위였음을 알리고 그녀의 인권을 보장받기 위한 것이었다. 상원에서 패소 판결을 받았음에도 베굼의 사례는 사회적으로 이슈화되었고, 그녀의 요구는 법적·정치적으로 어느 정도 정당성이 있음을 인정받았다(Mirza, Senthilkumaran and Ja'far, 2007: 43).

6) 아이샤 아즈미(Aishah Azmi)의 니캅 착용 소송 사건(2006년)

영국 웨스트요크셔(West Yorkshire) 듀스베리(Dewsbury)에 위치한 헤드필드 성공회중학교(Headfield CE Junior School)에 이중 언어 보조교사로 채용된 아즈미는 수업 중 눈만 내놓고 얼굴을 가린 니캅을 썼다는 이유로 무슬림 학생이 92%인 학교로부터 정직 처분을 당했다. 얼굴 전체를 가린 교사의 베일이 학생들과의 의사소통에 지장을 준다는 것이 그 이유였다. 이에 대해 아즈미는 "학생들과는 아무런 문제가 없었다"며 "베일을 선택하는 모든 이슬람 여성에게 베일의 존재는 매우 중요하다"고 강조했다. 그러나 학교 측은 교사, 특히 언어를 가르치는 교사의 경우 발음할 때 입 모양을 보이는 것이 학생들과의 의사소통에서 중요하다는 주장을 굽히지 않았다(Taher, 2006). 또한 아즈미의 정직 처분은 "종교와는 아무런 상관이 없고" 학생과 교사 사이의 이해에 대한 현실적 문제일 뿐임을 강조했다. 아즈미는 학교가 종교적 신념에 반하도록 하고 니캅 착용 금지로 불이익을 초래한 점, 법적 조치를 지연시키고 적절한 처리 절차를 진행하지 않은 점 등을 들어 차별(direct and indirect discrimination), 괴롭힘(harassment), 희생자화(victimization)를 이유로 고용 법정에 제소했다(*The Guardian*, 2006).

2006년 10월 19일 법원은 학생들 앞에서 니캅을 벗어야 한다는 학교의 요구가 종교적 차별이나 괴롭힘의 사유가 되지 않는다는 판결을 내렸다(Joppke, 2009: 100~104). 또한 제소 이유 중 차별과 괴롭힘에 대한 손해배상 청구는 기각했으나, '희생자화'의 경우 학교 측에 의해 고통받은 점을 부분적으로 인정해 학교가 1000파운드의 정신적 피해 보상금을 지급하도록 했다(BBC News, 2006b).[6]

배굼 소송 사건과 아즈미 소송 사례는 '베일'을 둘러싼 정치인들의 공개적인 문제 제기를 비롯해 뜨거운 논란을 불러일으켰으며, 질밥이나 니캅을 전면적 금지는 아니더라도 특정한 상황에서는 제한할 수 있다는 판례를 남겼다. 특히 아동·학교·가족부(The Department for Children, Schools, and Families)는 교복에 대한 가이드라인을 마련해 발표했는데, 종교와 신념의 자유를 갖는 것은 개인이 언제 어디서나 어떤 방식으로든 이를 표명할

---

6 아즈미 소송 내용은 *Azmi v. Kirklees Metropolitan Borough Council [2007] I.C.R. 1154* 를 참조할 것(http://www.bailii.org/uk/cases/UKEAT/2007/0009_07_3003.html).

권리가 있다는 의미가 아님을 분명히 했다(Kilic, 2008: 445; 염운옥, 2010: 12).

　베일에 대한 영국의 입장이 시기에 따라 변화한 것은 '다문화주의' 정책에서 '통합주의' 정책으로 영국의 이민자 정책이 변화한 것과 맥을 같이한다고 볼 수 있다. 2000년대 들어 영국 사회의 다문화주의적 관용에 균열이 생기기 시작했으며, 영국의 다문화주의가 도전과 재조정의 국면을 맞이하고 있음을 이 사례들을 통해 알 수 있기 때문이다.

　현재 영국은 베일에 대한 법적 규제를 실시하고 있지 않다. 노동당 의원이자 교육 장관이었던 에드워드 마이클 볼스(Edward Michael Balls)의 "길거리에서 무슨 복장을 할 것인지에 대해 간섭하는 일은 영국적 정서에 맞지 않는다"라는 언급이 아직은 지배적인 생각으로 보인다(BBC News, 2010). 그러나 영국 독립당 당수 나이절 폴 패라지(Nigel Paul Farage)는 베일 착용 금지를 공식 요청했으며, 공공장소에서 얼굴을 가리는 베일 착용을 규제해야 한다는 의견이 무슬림 공동체 내부에서 나오고 있기도 하다(BBC News, 2010).

　또한 보수당의 필립 홀로본(Philip Hollobone) 의원은 2010년 7월과 2013년 9월에 의원 개인 법안으로 부르카 금지 법안을 발의하며 지속적으로 베일 착용 규제를 주장하고 있다(Claystone, 2014: 3, 25~26). 그런데 사실 영국에서 베일에 대한 법적 규제를 할 것인지 여부는 핵심 사안이 아닐 수 있다. 오히려 보다 근본적인 문제는 베일 논쟁이 그동안 영국이 공식적으로 표방해온 다문화주의 정책을 전면적으로 재검토하라는 여론을 조성하는 데 기여한다는 사실이다. 즉, 베일 논쟁이 순수한 젠더 이슈로 논의되는 것이 아니라, 사회 통합 정책으로의 여론 조성이라는 다문화 이슈의 방패로 이용되고 있는 것이다.

6. 나가며

영국 사회는 이제 이민자 없이 움직일 수 없을 정도로 이들에 대한 의존도가 높아진 상황이다. 영국인과 이민자 사이의 불안감과 불만이 확대되는 현시점에서 영국은 이민자 통합 정책과 그와 연계된 젠더 이슈 논쟁에 대해 신중히 제고할 필요가 있다.

그동안 진행된 영국의 다문화주의를 보면 민족적·문화적 다양성(ethno-cultural diversity)에 대한 배려가 1960년대 이래로 일관되게 나타나고 있다. 그러나 이는 사회 내 소수집단을 아우르는 보다 큰 공동체를 구성하기 위한 고민에서 출발한 것이 아니었으며, 행정적인 사회정책으로 이민자 통합 정책이 한정되어온 경향이 있다(Brighton, 2007: 6~12). 마찬가지로 영국 다문화의 특수성은 개별 소수집단의 고유성에서 출발한 것이 아니라, 정부가 해석·조정하는 범위 내의 특수성이었다는 점도 아울러 지적할 수 있다(황영주, 2013: 181). 이러한 점은 소수집단 여성에 대한 정책 접근에서도 동일한 형태로 나타난다. 즉, 해당 여성들이 지닌 특수성보다는 이민정책 등 국가의 이해와 법률적 접근이 우선되며, 소수집단 여성이 무엇을 원하는지에 대한 관심보다는 오히려 국가의 필요성에 초점이 맞추어진 것이다(황영주, 2013: 181). 그리고 그 속에서 여성들은 자신의 의사와 상관없이 위치 지어졌다(situated). 결국 영국의 다문화 정책은 여성의 이중적 위치(소수집단과 여성), 즉 소수라는 점과 여성이라는 점을 파악하기보다는 국가의 시각과 입장에 따라 이들을 다루고 있었던 것이다.

젠더 이슈인 베일 논쟁은 과연 영국에서 여성에 대한 차별적 시각을 제거하고, 실제로 여성의 권리를 증진하기 위한 것인가? 영국적 특징으로 보였던 다문화주의적 이민자 통합 정책이 실패했다는 위기의식과, 베일이 영국의 사회질서와 안전을 위협하는 도구라는 인식의 확산 속에서 베일 논쟁은 정책 실패의 책임을 니캅 쓴 여성에게 전가해버림으로써 이들을 더욱 고립시키고 있다. 이는 영국에서 베일 논쟁이 사회질서 유지와 타인의 권리 존중이라는 명분으로만 이루어지고 있을 뿐, 무슬림 여성의 베일 착용 맥락과 인권·안전 문제 등 젠더 이슈로서의 쟁점은 소외되고 있음을 보여준다. 결국 영국의 베일 논쟁은 '영국성'으로 불리던 영국 다문화주의의 흔들림을 보여주는 동시에, 소수 무슬림 이민자의 사회적 배제를 심화하는 논리로 사용되는 것이다.

여성은 직접 히잡 착용을 선택할 권리가 있으며, 그 선택이 교육권과 같은 다른 권리를 실행하는 데 어떤 영향도 끼쳐서는 안 된다는 점, 즉 머리카락을 가리는 것은 문화적·종교적 자유이고, 이러한 자유에 사회가 어떤 차별이나 위협을 가하면 안 된다는 젠더 평등(여성의 인권·평등)이 전제될 때 젠더 이슈는 문화적 다양성의 존중이라는 다문화주의와 비로소 동등한 공존 관계를 형성할 수 있을 것이다.

참고문헌

김남국. 2009. 「한국에서 다문화주의 논의의 전개와 수용」. 이정희·최연식 엮음. 『현대정치사상과 한국적 수용』. 서울: 법문사.

김대성. 2010. 「영국과 독일의 무슬림 인구의 현황과 이주민 정책」. ≪한국이슬람학회논총≫, 20권 2호, 63~93쪽.

김종원. 2008. 「유럽연합과 유럽의 무슬림: 독일, 영국, 프랑스를 중심으로」. ≪영국연구≫, 20호, 299~323쪽.

문경희. 2011. 「명예살인을 둘러싼 스웨덴의 논쟁과 정책적 대응」. ≪국제정치논총≫, 51집 2호, 135~159쪽.

염운옥. 2010. 「영국의 무슬림 '베일(veil)' 논쟁」. ≪대구사학≫, 101집, 265~292쪽.

_____. 2012. 「다문화주의와 여성주의의 갈등?: 영국의 '강제결혼'논쟁」. ≪서양사론≫, 112호, 97~125쪽.

정희라. 2007. 「영국의 자유방임식 다문화주의: 영국적 전통과 이민자 통합」. ≪이화사학연구≫, 35집, 1~27쪽.

_____. 2008. 「영국의 '문화전쟁': 무슬림 이민자와의 갈등과 원인」. ≪영국연구≫, 19호, 159~185쪽.

황영주. 2013. 「페미니즘과 다문화주의의 (불편한) 만남?: 영국에서의 강제결혼」. ≪국제지역연구≫, 17권 1호, 163~184쪽.

≪한겨레 21≫. 2010.9.3. "히잡 논란 뒤에 감춰진 진실".

Abbas, T. 2005. *Muslim Britain: Communities under Pressure*. London: Zed Books.

AlSayyad, Nezar and Manuel Castells(eds.). 2002. *Muslim Europe or Euro-Islam: Politics, Culture, and Citizenship in the Age of Globalization*. Plymouth: Lexington Books.

Anitha, Sundari and Aisha K. Gill. 2011. "The Social Construction of Forced Marriage and Its 'Victim' in Media Coverage and Crime Policy Discourses." in Aisha K. Gill and Sundari Anitha(eds.). *Forced Marriage: Introducing a Social Justice and Human Rights Perspective*. London and New York.

Banton, M. 1985. *Promoting Racial Harmony*. Cambridge: Cambridge University Press.

BBC News. 2005.3.2. "Schoolgirl wins Muslim gown case."

_____. 2006a.3.22. "School wins Muslim dress appeal."

_____. 2006b.10.19. "The woman at centre of veil case."

_____. 2010.1.27. "Should the UK ban the Muslim face veil?"

Brighton, Shane. 2007. "British Muslims, Multiculturalism and UK Foreign Policy: 'Integration' and 'Cohesion' in and beyond the State." *International Affairs*, 83(1), pp.1~17.

Castles, Stephen and Mark J. Miller. 2003. *The Age of Migration: International Population Movements in the Modern World*. New York & London: The Guilford Press.

Claystone. 2014(February). "The Right to Choose: Things You Should Know About The Face-Veil Debate." www.claystone.org.uk(검색일: 2016.5.17).

Jacobson, J. 1997. "Religion and Ethnicity: Dual and Alternative Sources of Identity among Young British Pakistanis." *Ethnic and Racial Studies*, 20, pp.238~256.

Jenkins, Roy. 1967. "Racial Equality in Britain." in A. Lester(ed.). *Essays and Speeches*. London: Collins.

Joppke, Christian. 1999. *Immigration and the Nation-State: The United States, Germany, and Great Britain*. Oxford: Oxford University Press.

_____. 2009. *Veil: Mirror of Identity*. Cambridge: Polity Press.

Kilic, Sergi. 2008. "The British Veil Wars." *Oxford Journals*, winter.

Lewis, P. 1994. *Islamic Britain: Religion, Politics and Identity among British Muslim*. London: Hurst & Co.

Macdonald, Myra. 2006. "Muslim Women and the Veil." *Feminist Media Studies*, 6(1), pp.7~23.

Malik, Kenan. 2011.7.7. "How Multiculturalism Failed." *International Herald Tribune*.

Mirza, Munira, Abi Senthilkumaran and Zein Ja'far. 2007. *Living apart together: British Muslims and the paradox of multiculturalism*. London: Policy Exchange.

Modood, Tariq. 2011. *Accept Pluralism-Multiculturalism and Integration: Struggling with Confusions*. European University Institute.

New Law Journal. 2008.4.24. "The right to wear a turban."

Office of National Statistics. 2011. *2011 Census*. https://www.ons.gov.uk/census/2011 (검색일: 2016.6.20).

Okin, Susan Moller. 1999. *Is Multiculturalism Bad for Women?* Princeton, NJ: Princeton University Press.

Patel, Pragna. 2008. "Faith in the State: Asian Women's Struggles for Human Rights in the U.K." *Feminist Legal Studies*, 16(1), pp.9~36.

Peach, Ceri. 2005. "Muslims in the UK." in Tahir Abbas(ed.). *Muslim Britain: Communities under Pressure*. London & New York: Zed Books.

Ratchliffe, P.(ed.) 1996. "Social Geography and Ethnicity in Britain: Geographical Spread, Spatial Concentration and Internal Migration." *Ethnicity in the 1991 Census*, Vol.3. London: HMSO.

Saggar, Shamit, Will Somerville, Rob Ford and Maria Sobolewska. 2012. *The Impacts of Migration on Social Cohesion and Integration*. Final report to the Migration Advisory Committee.

Straw, Jack. 2006.10.6. "I want to unveil my views on an important issue." *The Lancashire Telegraph*.

Taher, Abul. 2006.10.29. "Veil teacher was obeying a fatwa." *The Sunday Times*.

Tarlo, Emma. 2007. "Hijab in London: Metamorphosis, Resonance and Effects." *Journal of Material Culture*, 12(2), pp.131~156.

The Guardian. 2006.10.20. "Tribunal dismisses case of Muslim woman ordered not to teach in veil."

The Lancashire Telegraph. 2006.10.6. "Straw in plea to Muslim women: Take off your veils."

The Times. 2005.11.10. "Multiculturalism under fire."

_____. 2006a.10.7. "I would prefer women not to wear the veil at all, says Straw."

_____. 2006b.10.10. "Blair backs Straw in veil debate."

_____. 2006c.10.20. "I won't be treated as an outcast, says Muslim teacher in veil row."

Volpp, Leti. 2001. "Feminism vs. Multiculturalism." *Columbia Law Review*, 101(5), pp. 1181~1218.

Weil, P. and J. Crowley. 1994. "Integration in Theory and Practice: A Comparison of France and Britain." *West European Politics*, 17, pp.110~126.

제**7**장

유럽연합의
헤드스카프 논쟁

박채복

1. 들어가며

이주의 여성화(feminization of migration)는 유럽연합(European Union: EU)이 직면한 작금의 정체성 위기와 새로운 다문화 정책의 함의를 상징적으로 보여준다. 국제 이주가 증가하면서 여성 이민자의 인권과 사회적 지위에 대한 문제의식이 유럽연합 내 정치사회적 주요 이슈로 발전했다. 1980년대까지만 해도 이주 문제에서 여성은 크게 주목받지 못했다. 그러나 국제 이주 현상은 글로벌 차원의 인적 이동 증가라는 단면적 현상뿐 아니라 관련 국가와 지역사회의 정치적·경제적 상황 변화 및 이에 따른 젠더 관계의 변화를 야기하며 다면적이고 복잡하게 진행되고 있다. 이에 이주 문제를 젠더적 관점에서 고찰하려는 이론적·경험적 연구는 국제 이주의 원인과 결과를 이해하는 데 있어 젠더 관계를 주요 요소로 본다(Park, 2008; Piper, 2008; Arya and Roy, 2006; Oishi, 2005).

여성들이 경제적 이유에서뿐 아니라 좀 더 나은 삶을 위해 유럽으로 이주해오면서 유럽이라는 지역적 특수성이 부각되는 가운데 이주의 여성화 현상이 진행되고 있다. 여성 이민의 형태 중 가장 많은 비중을 차지하는 가족 결합의 경우 여성 이민자를 독립된 주체로 인식하기보다는 남성 이민자의 동반자 또는 가족의 구성원 등으로 보고 있으며, 그 안에서 형성된 가부장적 젠더 관계가 존속되는 경우가 많다. 따라서 이주의 여성화는 이주의 젠더화와 성차별적 상황의 확대 과정으로 이해할 수 있으며, 이주로 인해 유럽에서 다문화 사회의 형성이 불가피해진 가운데 문화적 차이에 따른 갈등 조정 과정에서 젠더 문제는 매우 중요한 화두가 되고 있다.

유럽 내 다양한 문화가 공존하는 가운데 주요 논쟁점은 소수 문화 집단의 권리를 주장하는 다문화주의의 요구와 문화적 이질성·다양성에서 비롯되는 서로 다른 정체성과 가치의 문제로, 국가 혹은 국가 간 문화적 차이에 대한 집단적 다양성의 문제다. 유럽 내 존재하는 다양한 소수 문화 집단의 다양성에 대한 인정과 차별 철폐에 대한 요구는 유럽연합에서도 문화적 충돌·갈등을 제도화하는 과정에서 지속적으로 논의되고 있다. 특히 무슬림 여성을 둘러싼 관행, 문화적 관습이라는 이름하에 여성에게 가해지는 명예와 관련된 폭력 문제는 단순히 유럽 문화와 이민자 문화의 충돌에 그치지 않고 유럽 문화 내에서, 또는 유럽적 가치를 둘러싸고 충돌을 가져오기도 한다. 그리고 그 중심에 다문화주의와 페미니즘의 충돌과 갈등에 대한 논쟁이 위치한다.

많은 여성 이민자들은 유럽 사회 문화와 이민자 사회 문화의 영향을 동시에 받으며 문화적 갈등뿐 아니라 다중적인 어려움을 겪는다. 이 과정에서 유럽 주류 사회와 이민자 집단 사이의 문화적 위계질서와 젠더적 위계 질서라는 권력관계에서 약자의 위치에 처한 여성 이민자들은 문화적 다양성과 젠더 평등 사이에서 가치의 충돌과 갈등을 경험한다. 다시 말해 다문화주의가 내포하는 문화의 다양성에 대한 인정과, 페미니즘이 표방하는 남녀 간 젠더 불평등 극복이라는 두 가치가 충돌하며 갈등을 일으키고 있다.

소수 문화 집단의 권리를 주장하는 다문화주의의 요구에는 여성 억압적인 관습과 법을 사회적으로 승인하는 사례가 포함되어 있다. 예를 들면 여성 성기 절제, 일부다처제, 강제 결혼, 강간에 의한 결혼, 명예살인과 같은 심각한 가부장적 관습들은 단순한 문화적 차이로 치부하기에는 너무 많은 논쟁을 유발한다. 이는 무엇이 정당한 차이이고 무엇이 부당한 차이인지 구별하기 어려운 상황에서 균형 잡힌 공동의 이해를 도출하기가 어렵기 때문이다.

따라서 소수집단의 정체성과 그 집단에 부여되는 문화적 권리를 인정하는 과정에서 소수집단의 권리 보장이 집단 내 여성을 억압하게 되는 경우에도 이들 소수집단의 문화적 권리가 보장되어야 하는지의 문제는 쉽게 답을 구하기 어렵다. 다문화주의와 페미니즘의 갈등 상황이 계속되는 한, 다시 말해 한 집단의 문화적 정체성을 유지하는 조건과 집단 정체성에의 귀속 자체를 둘러싸고 구성원 개인이 선택의 딜레마에 직면할 경우 유럽 다문화주의는 계속 도전받을 것이다.

이 글은 소수집단이 용인하고 수용하는 문화적 관습 중 여성의 보편적 인권과 충돌하는 부분에 대해 유럽연합과 회원국들이 정책적으로 어떻게 대응하는지 알아보고자 한다. 이를 위해 무엇보다 여성의 보편적 권리와 다문화주의가 충돌하는 다양한 영역 중 종교·문화·젠더가 교차하는 헤드스카프 논쟁을 통해 유럽의 다양한 사회적 논의와 정책을 검토해보려 한다.

2. 젠더, 문화, 평등: 페미니즘과 다문화주의의 갈등?

인권, 젠더 평등, 민주주의는 가장 근본적인 유럽적 가치다. 주지하다시피 유럽연합은 국제사회에서 민주주의 발전과 인권 증진을 위한 적극적 참여와 국제 협력을 제도화하는 일련의 행동을 통해 규범적 권력(normative power)으로서 자신의 정체성을 확보하려 한다. 높은 수준의 인권 보호와 젠더 평등을 실천하는 국제적 행위자인 유럽연합은 기회균등과 젠더 평등에 관련된 다양한 지침과 공동체의 결정을 통해 성 주류화 정책, 가족 정책, 여성의 정치 참여와 대표성 확대, 그리고 여성에 대한 폭력 금지와 같은 젠더 정책을 주도적으로 수행하고 있다.

유럽 통합을 성공적으로 수행하는 과정에서 젠더 정책은 경제적 차원의 남녀 고용 평등만을 실현하려는 것이 아니다. 젠더 정책은 여성의 경제활동 참여를 증대하고 공동체 내에서 양성평등 원칙을 적극적으로 추진해 고용 시장에서 여성과 남성이 동등하게 대표될 수 있도록 다양한 법적·제도적 장치를 마련하는 것만을 의미하지 않기 때문이다. 젠더 문제는 유럽 통합 과정에서 유럽연합이 직면한 민주주의 결여 문제와 그 극복의 어려움에 관한 논의이며, 유럽적 가치와 정체성의 확립, 민주적 원칙과 소수의 권리 존중이라는 절차가 작동하는 과정에서 유럽적 연대와 충성심을 창출하는 데 가장 근본이 되는 논의이기도 하다. 그러나 이와 같은 유럽연합의 젠더 평등 문제가 여성 이민자에게도 적용될 수 있을지는 논란의 여지가 많이 남아 있다.

유럽연합은 동등한 경제적 자립, 일과 가족의 양립 정책, 동일노동 동일임금 원칙, 정책 결정 과정에서 여성의 참여 증진, 젠더를 기반으로 한 폭력과 인신매매 근절, 유럽연합을 넘어 글로벌 차원의 성 평등 정책 추진

등 여섯 과제를 중심으로 공동체 차원의 젠더 정책을 추진하고 있다. 유럽 집행위원회가 제시한 남녀평등을 위한 전략 중 젠더를 기반으로 한 폭력 문제는 유럽연합이 추구하는 젠더 평등 정책에서 여러 다양한 젠더 이슈 중 지속적으로 정치적 논란이 되는 민감한 이슈다.

특히 인권의 발전과 제도화 수준이 높은 유럽에서도 다문화주의와 페미니즘의 긴장·갈등 관계 아래 소수자로서 여성 이민자의 권리가 제약되거나 무시되는 모순적 상황이 발견된다. 따라서 보편적인 젠더 평등과 여성 이민자의 개인적 권리를 보장하는 문제가 매우 중요한 이슈로 등장하고 있다. 또한 유럽 사회 내 소수 이민자 집단과 주류 사회 간 사회적 갈등을 어떻게 조정하느냐의 문제에서 젠더 평등 문제는, 다수가 소수를 표용해 사회적 연대를 증진하고 대표성 문제를 공정하게 해소해 민주주의를 발전시켜 나가느냐의 문제와 연계되어 있다.

여성 이민자의 개인적 권리를 보장하는 문제와 관련해, 이주자 공동체 내에서 집단으로서의 정체성과 개인의 권리가 충돌하는 과정에서 유럽연합의 가치에 부합하지 않는 사례들이 증가했다. 이에 따라 명예를 기반으로 한 폭력과 젠더를 기반으로 한 폭력을 공동체 차원에서 젠더 평등 문제의 하나로 다루어야 한다는 유럽 주류 사회의 요구가 거세졌고, 유럽연합은 공동 대응의 필요성을 인식하기 시작했다.

1990년대 이전까지만 해도 문화와 폭력, 그리고 여성 이민자의 권리 문제는 유럽 사회의 젠더 이슈에서 우선순위를 차지하지 못했다. 1980년대 말 이후 유럽으로의 이주가 급증하면서 과거와 달리 이주의 형태와 원인역시 복잡하고 다양해졌다. 냉전 종식 이후 정치적·종교적·문화적 이유로 망명하는 망명자와 난민의 유입도 급속하게 증가했다. 이 과정에서 여성 이민의 수가 남성 이민의 수를 능가하는 이주의 여성화가 진행되었다.

아울러 이민자의 출신 지역도 다양해져 문화적·인종적 다양성을 수반하게 되었고, 서로 다른 문화의 공존 문제와 함께 유럽 각지에서 문화적 차이·다양성, 그리고 정체성 문제를 둘러싼 긴장과 갈등이 증가하고 있다.

헤드스카프 착용, 여성 성기 절제, 일부다처제, 강제 결혼, 명예살인 등은 유럽 다문화 사회에서 젠더 평등을 둘러싼 가장 감정적이고 상반된 논쟁에서 자주 거론되는 사례들이다. 특히 9·11 사태 이후 테러에 대한 공포가 확산되면서 유럽인의 무슬림 남성에 대한 공포는 그들의 폭력적인 문화와 종교에 대한 비판으로 이어졌다. 이는 주로 무슬림 남성에게 폭력 피해를 당하는 무슬림 여성의 몸과 권리에 대한 것이 주를 이루었으며, 헤드스카프 착용, 여성 성기 절제, 강제 결혼, 명예살인과 같은 여성에 대한 폭력은 주류 사회의 젠더 평등 문화에 위배된다는 것이 논의의 초점이었다(문경희, 2011: 144).

유럽에서 소수 이민자 집단의 문화적 권리를 보호하기 위한 다문화주의 정책이 여성의 권리와 충돌하는 문제를 본격적으로 논의하기 시작한 것은 1990년대 후반부터라 할 수 있다. 대표적으로 수전 몰러 오킨(Susan Moller Okin)은 「다문화주의는 여성에게 해로운가?(Is Multiculturalism bad for Women?)」라는 글에서 소수 문화 집단을 보호하는 다문화주의 정책이 과연 공동체 일원인 여성의 이익과 반드시 일치하는가라는 질문을 통해 다문화주의와 페미니즘이 갈등 관계에 놓일 수 있다는 문제를 제기했다. 자유주의적 국가가 소수집단의 고유한 문화적·종교적 차이를 수용하고 관용하는 과정에서 젠더화된 위계 관계를 유지하거나 강화하는 경향을 보이기 때문에 다문화주의 정책이 소수집단 여성의 인권을 침해할 여지가 있다는 지적이다(Okin, 1999: 12).

오킨이 제기한 다문화주의에 대한 비판은 다문화주의가 소수집단을 하나의 독립적이고 단일한 단위로 간주함으로써 이들 집단 내부에 존재하는 차이, 특히 남녀의 권력 차이를 보지 못하며, 이로 인해 성차 문제, 성별에 따라 권력과 이익이 불평등하게 배분되고 있음을 간과한다고 지적한다. 집단의 권리를 옹호하는 다문화주의는 개인의 자유가 해당 집단의 고유한 문화를 통해 실현된다고 주장한다. 그러나 문화가 전수되고 실행되는 공간인 사적 영역을 무시한다면 과연 어떠한 결과가 초래될 것인가. 이 점에 대해 오킨은 1980년대 프랑스가 일부다처제를 행하는 국가의 남성 이민자들을 받아들이면서 아내들도 함께 받아들였고, 이에 파리의 20만 가구가 일부다처제를 행하고 있다는 점을 지적한다(Okin, 1999: 9).

그 밖에도 무슬림 여성의 헤드스카프가 여성을 억압하는 기제로 작용함에도 이를 문화적 권리로 인정할 것인지, 또는 유럽에 거주하는 이슬람 가정 안에서 전통과 문화적 관습이라는 명목 아래 이루어지는 여아 성기 절제, 강제 결혼, 명예살인 등을 어떻게 받아들일 것인지와 같은 문제에서 집단의 권리(group rights)에 대한 주장은 젠더 문제, 특히 여성 개인의 자기 결정권과 갈등을 빚는다.

문화의 가부장적 요소는 가족과 종교 같은 사적 영역에 집중되어 있으므로 여성은 소수 문화 안의 소수자들 문제를 드러내는 갈등의 영역으로서 가장 문제시된다. 따라서 다문화주의는 결국 일정 정도 페미니즘과 긴장 관계에 놓인다. 또한 대부분의 소수 문화는 성차별적이고 가부장적이기 때문에 실제로는 개인의 선택이 가능하지 않다. 이 점에서 오킨의 다문화 논의는 개인의 자율성을 우선시하는 자유주의의 전통에서 집단 내의 젠더 불평등 문제에 주목한다(Okin, 1999: 23).

따라서 문화적 관습이라고 하는 것들이 통상 여성의 삶에 많은 영향을 미치고, 문화적 관습으로 행해지는 다양한 형태의 폭력이 여성에 대한 억압이며 여성에 대한 남성의 통제를 실현하는 기능을 수행한다는 점에서 문화적 관습의 이름으로 정당화되는 여성에 대한 폭력은 많은 문제점을 안고 있다는 것이다(Okin, 1999: 16). 특히 소수 문화가 젠더 평등 규범과 충돌할 때 문화 집단 내 젠더 불평등보다 문화 집단 간 차이의 인정에 더 중점을 두어 여성에게 차별적 역할을 부여하고 있음을 간과했기 때문에 젠더를 기반으로 한 폭력이 발생한다는 점에서 보면 의미하는 바가 크다 (Okin, 1999; Nussbaum, 1999).

이처럼 젠더 문제를 둘러싸고 남성 우월적 가부장제하에서 문화적으로 정당화된 폭력에 대한 인식과 관점의 차이 문제는 이슬람 가치의 후진성과 서구 가치의 근대성을 이야기하기도 하는 이분법적 논의로 발전해 문화적 차이에 관한 논쟁으로 이어졌다. 이와 같은 유럽적 가치와 이슬람 가치 간의 갈등은 또한 문화적 정체성 문제를 넘어 유럽적 가치, 유럽적 젠더 평등이란 무엇인가에 대한 논쟁을 불러일으켰다(Al-Habri, 1999; Honig, 1999). 한편으로는 다문화주의의 입장에서 문화적 다양성을 존중하며 여성 각 개인의 인권과 선택의 권리를 어떻게 보장할 것인가의 문제의식으로 발전되었으며, 다른 한편으로는 페미니즘적 입장에서 페미니즘과 젠더 평등의 원칙을 유럽 사회의 일원으로서 여성 이민자에게도 연계시킬 것인가 하는 문제로 발전되었다. 다문화주의와 페미니즘이 충돌할 경우 유럽연합은 어떠한 선택을 할 수 있는지의 문제가 중심에 놓이게 되었다.

3. 헤드스카프를 둘러싼 유럽연합 내 다양한 논쟁

종교적 다양성의 상징으로 여겨지는 헤드스카프가 유럽 국가 내에서는 문화적 다양성의 시험대로서 논란의 대상이 되고 있다. 단순한 종교적 의복이 논의의 중심이 아니라 젠더 평등, 다문화주의, 종교, 인권 등 다양한 개념이 교차되어 매우 복잡한 양상을 띠고 있는 헤드스카프 논쟁은 유럽적 가치 및 정체성 문제와 연계되어 유럽 사회에서 문화적 특수성과 차이에 대한 인식 문제로서 매우 다양한 논쟁을 불러일으키고 있기 때문이다 (Berghahn and Rostock, 2009).

헤드스카프 논쟁은 여성 이민자의 젠더 문제에 관한 유럽 내 문화적 갈등 관계를 분명히 한다. 특히 헤드스카프 논의에는 다문화 사회를 이루고 있는 유럽 내 이슬람과의 문화적 충돌에 관련된 다양한 국제적 사건의 여파와 이에 대한 국내적 동원 전략 속에서 서로 다른 정치적 의미가 부여되었다. 이는 유럽적 혹은 비유럽적으로 구분된 문화적 차이에서 발생할 수 있는 유럽 사회의 이질화·분리·차별·배제·불평등 문제에 대한 정치적 논의라 할 수 있다.

1990년대 말 아프가니스탄의 탈레반 정부는 부르카 착용을 의무화한 것은 물론 여성의 사회 활동을 전면 금지하고, 심지어 여성이 혼자 또는 여성끼리 집 밖에 외출하는 것도 막는 조치를 취했는데, 이에 따라 유럽에서 헤드스카프 문제는 무슬림 여성의 인권 문제와 신체를 가리는 문제를 중심으로 논쟁이 진행되어왔다. 그러나 무슬림 여성의 헤드스카프 문제가 유럽 내에서 미디어 이슈로 떠오르며 논쟁이 된 것은 9·11 테러 이후라 할 수 있다. 특히 런던과 마드리드 테러 이후 과격한 이슬람 근본주의자에 대한 두려움과 연결되어 긴장이 고조되면서부터다.

최근 무슬림 여성의 헤드스카프를 둘러싼 논쟁에서도 잘 알 수 있듯, 프랑스, 덴마크, 네덜란드, 독일, 영국 등 유럽의 주요 국가에서 이민자 사회와의 갈등이 표출되는 가운데 무슬림 여성의 헤드스카프 문제는 가장 격렬한 논쟁 주제가 되고 있으며, 유럽의 가치·정체성 문제와 유럽 사회에 거주하는 무슬림의 통합 문제가 전면에 부각되고 있다. 이 과정에서 헤드스카프를 집단의 문화적 권리로 인정할 것인지, 아니면 집단보다 여성 개인의 자유와 선택, 보편적인 여성의 권리를 선택할 것인지의 논쟁은 유럽 사회에서 복잡한 양상을 띠며 전개되고 있다.

이러한 헤드스카프 논쟁은 많은 유럽 국가에서 자신의 고유한 가치와 사회의 지향성을 둘러싸고 벌어지는 사회적 논쟁으로 이해할 수 있다. 헤드스카프 논쟁은 무슬림을 타자로 규정짓는 사회적 논쟁의 연장선에서 이해되기도 하지만, 이에 대한 유럽 국가 내 논쟁의 강도와 그 여파는 상이하게 나타났다. 또한 헤드스카프 논쟁의 결과로 각국의 법적·정치적 규정성 또한 상이하게 발전했다.

궁극적으로 무슬림과의 차별성에 관한 논의의 상이성이 유럽 각국의 헤드스카프 논쟁이 지닌 특성을 규정짓는다. 여성이 베일을 착용하지 않으면 명예살인을 당하는 등의 악습과 더불어 남성과 여성의 성별화된 구조, 남녀 구성원에게 각각 다르게 부여되는 사적 영역 때문에 발생하는 여성의 인권침해적 요소가 부각되었다. 동시에 이로 인한 긴장과 갈등을 해소하고 문화적 다양성과 특수성을 인정하는 과정에서 여성의 인권 실현을 내세우는 페미니즘과 소수 문화의 문화적 다양성을 인정하는 다문화주의가 대립되는 이슈라 할 수 있다(오은경, 2009).

헤드스카프를 둘러싸고 유럽연합에 양립하기 힘들어 보이는 입장 차이가 존재한다는 점은 페미니즘과 다문화주의의 갈등 관계에서도 확인할 수 있다. 젠더를 기반으로 한 폭력의 한 예로서 무슬림 여성의 헤드스카프 문제는 근본적인 삶의 원칙에서 유럽 주류 사회와 충돌하는 경우다. 각종 문화적 관습 가운데 무슬림 여성의 헤드스카프 문제는 유럽 사회의 원칙·가치와 병립하기 힘든 이민자 집단의 문화적 정체성과 유럽 주류 사회의 문화적 정체성이 충돌하는 경우라 할 수 있다.

이 과정에서 젠더 평등이 유럽 주류 사회와 이민자 집단 간 문화적 차이를 드러나게 함에 따라 많은 페미니스트들은 여성의 권리를 보호하기 위해 유럽적 규범이 여성 이민자에게도 당연히 적용되어야 한다고 주장했다. 고유한 문화적 전통이라 해도 여성을 억압하는 폭력과 관습, 문화적 관행은 보편주의적 가치인 인간의 존엄성을 침해하므로 관용될 수 없다는 입장이다(Ahmed, 1992; Bennett, 1992; Odeh, 1993). 페미니스트 입장에서 무슬림 여성의 헤드스카프는 여성을 억압하고 사회로부터 격리시키는 기제이며, 이슬람 문화의 후진성의 상징으로 작용해 계몽화된 민주주의 정신에 어긋난다고 강조한다.

이슬람이 폭력적·억압적 이데올로기로서 여성 차별을 정당화해왔다는 비판은 무슬림 여성의 헤드스카프 착용이 지닌 의미가 정치적 기제에서 종교적 상징으로 전환되면서 이슬람과 무슬림 여성에 대한 부정적 이미지를 양산하는 데 기여한다. 다시 말해, 억압받는 여성과 이슬람이 결합되어 "무시받고, 가난하며, 교육 수준이 낮고, 전통적이며, 종교적이고, 가족 중심의 희생적인" 여성의 이미지가 재생산된다(Ahmed, 1992).

무슬림 여성의 헤드스카프를 억압의 기제로 보고 이를 없애려 하는 페미니스트의 입장은, 유럽적 시각과 가치에서 보면 헤드스카프를 두른 무슬림 여성이 억압받는 타자이기에 정당한 것으로 보인다. 이들은 무슬림 여성의 헤드스카프를 둘러싼 폭력적이고 야만적인 문화적 억압과 관습에서 여성을 해방시키고 여성의 자율적 결정권을 존중하는 젠더 평등과 보편적인 인권 존중이 본질적으로 자유민주주의와 연계되어 있다는 점을 분명히 한다. 이는 결과적으로 젠더 평등과 여성의 권리를 중요시하는 유럽의 민주주의적 가치가 여성을 억압하는 이슬람 가치보다 우월하다는 입장으로 비춰질 수 있다.

이때 무슬림 여성의 헤드스카프 문제는 이슬람 문화에 의해 강제된 것이며 여성의 권리를 억압하는 것으로, 유럽적 규범을 제도화해 이를 규제해나가야 한다는 점에서 볼 때 젠더 평등 문제라 할 수 있다. 그러나 무슬림 여성의 헤드스카프는 종교적 상징이므로 유럽 문화에 동화되기를 거부하는 문화적 저항과 무슬림 정체성의 적극적 표출이라는 면에서 유럽적 가치와 양립할 수 없다는 논의와 연결될 경우 더욱 복잡한 양상을 보인다.

이러한 입장이 소수집단의 문화가 역사적·민족적·지역적으로 다양하고 사회적 맥락에 따라 다르다는 점을 무시한 채 보편적 가치만을 기준으로 놓는 유럽 중심적 입장이라는 비판도 존재한다(Hirschman, 1998). 최근 들어 헤드스카프를 착용한 무슬림 여성을 둘러싼 억압과 차별에 관한 주장들이 여성이라는 개념을 하나의 통일된 개념으로서 무비판적으로 사용하는 것은 사회적·문화적 이해를 결여한 채 지나치게 일반화되거나 과장되었다는 비판도 제기된다(Guindi, 1999; Marcotte, 2005; Wing and Smith, 2006).

일부 여성은 헤드스카프를 거부하지만, 일부는 히잡부터 부르카까지 다양한 베일을 사용한다. 일부 여성은 저항과 분노의 표현, 종교에 대한 확신, 무슬림 여성 간 연대, 그리고 자신의 몸을 보호하고 여성 권익 증진의 상징으로 베일을 사용하기도 한다. 이러한 헤드스카프 착용이 여성의 선택이라는 점에서 여성이 겪는 억압과 폭력을 이해하려면 해당 여성의 여성으로서 정체성과 지위뿐 아니라 인종, 종교, 민족 등 다양한 요소가 함께 검토되어야 한다. 특히 인종, 성, 계급, 국가 등 여러 범주에 따른 여성들 간 차이에서도 종교·문화·젠더가 교차된다는 점에서 교차성(intersectionality)이 중요한 관점으로 부각되고 있다(Hadj-Abdau, 2008; Berghahn and Rostock, 2009).

4. 문화적 다양성과 전통: 헤드스카프에 대한 유럽 국가들의 정책

대부분의 유럽 국가는 국적을 취득하지 않더라도 유럽 영토에 장기적으로 거주하는 이민자와 제3국인에게 유럽인과 유사한 권리를 보장한다. 유럽연합의 조약과 「기본권 헌장(Charter of Fundamental Rights)」을 근간으로 국적, 성별, 인종, 종교, 연령, 신체적 장애 및 성적 취향 등에 대한 유럽연합의 반차별 규정이 국가 차원에서 수용·적용되고 있다. 그러나 유럽연합 차원에서 헤드스카프와 관련된 법적 규정은 아직 나오지 않은 상태이며, 각 정부의 입장과 이 문제를 다루는 재판소 및 일반 시민의 입장·시각은 각국의 사회마다 차이가 있으며, 그에 따라 정책적 대응도 다르게 나타난다.

그럼에도 종교적 동기로 육체를 가리는 행위(베일) 전반에 대한 규정과 관련해 유럽 국가들의 정책적 대응은 일반적으로 세 관점에서 나타난다. 첫 번째 관점은 무슬림 여성의 베일을 이슬람의 문화 또는 종교와 연관시켜 문화적 권리로 인정하는 것이다. 두 번째 관점은 베일을 여성에 대한 보편적인 인권침해 문제로 보고 이를 국가 차원에서 법적으로 금지하는 것이다. 세 번째 관점은 부분적 제한으로, 베일에 대한 강력한 법적 규제는 없지만 사회경제적·문화적·인구통계적 조건 등 다양한 조건과 관련해 다차원적으로 접근한다.

반면 헤드스카프에 대해서는 두 가지 규정 모델이 있다. 우선 프랑스나 터키처럼 헤드스카프 착용을 법적으로 금지하는 경우가 있다. 금지하지 않은 경우는 종교적으로 중립적인 국가 혹은 종교 친화적 국가인 네덜란드나 오스트리아, 국교가 있는 영국·덴마크·그리스를 들 수 있는데, 이들 국가 모두 무슬림 여성의 헤드스카프를 인정한다. 다만 독일은 종교적으로 중립적인 국가의 틀에서 교육자들에게만 예외적으로 금지 규정이 있다. 이와 같은 구분은 다시금 유럽 국가들의 이민정책과 시민권 정책, 국가 차원의 통합 정책, 국가와 교회의 관계, 젠더 레짐(gender regime), 차별 금지 조치, 그리고 헤드스카프가 논의되는 프레이밍(framing)에 따라 매우 상이하게 전개된다.[1]

먼저 프랑스에는 무슬림 여성의 헤드스카프 착용을 금지하는 조항이 있고, 이에 따르면 공공장소에서 신체를 가리는 무슬림의 모든 형태의 행위가 금지된다. 프랑스에서는 헌법 규정에 따라 종교와 국가가 분리되어 있으며, 사적 영역에 속하는 종교는 공공의 장소에서 금지되어 종교적 또는 세속적 의미에서의 개인적 진술은 공공장소에서 거부된다. 프랑스에서는 베르나르 스타지(Bernard Stasi)가 이끄는 위원회를 통해 2004년에 새로운 법률이 공포되었는데, 이에 따르면 모든 학생은 학교에서 어떠한 종류의 종교적 복장이나 상징을 착용하는 것도 착용도 금지된다. 또한 공공 분야 종사자나 교사는 헌법의 탈속 규정에 따라 종교적 표징을 착용하지 못하게 되어 있다. 다만 대학에서 여대생은 원칙적으로 무슬림의 헤드스카프

---

1 대표적인 예가 유럽연합의 베일(Veil) 프로젝트로, 유럽 8개국 연구를 통해 헤드스카프에 대한 규정을 국가 간에 차별적으로 살펴보고, 각 나라의 국적취득 레짐, 통합 정책, 교회와 국가의 관계, 젠더 레짐, 반차별 조치, 논쟁의 틀을 중심으로 국가 간 유사성과 차이성을 분석해 헤드스카프와 관련된 유럽연합의 입장을 구체적으로 설명한다.

착용이 허용된다(Sintomer, 2009).

종교적으로 중립적인 국가뿐 아니라 국교가 있는 국가 중 무슬림 여성의 헤드스카프를 금지하지 않은 곳은 종교에 대한 관용성에서부터 특별한 협력적 정책이 있다. 시민들의 종교적 입장 표명이 부분적으로 인정되고, 종교적 신념이 공공 영역으로 침투하는 것도 지지받는다. 이는 대부분 기독교적인 다수 종교에 국한되기는 하지만, 모든 여학생이나 여대생, 그리고 모든 공공 분야 종사자와 사기업 종사자의 헤드스카프 착용이 허용된다. 그렇다고 이러한 나라에 무슬림의 헤드스카프를 둘러싼 논쟁이나 갈등이 존재하지 않는 것은 아니다.

네덜란드에서는 2005년 대중 선동적 우파 정치인 헤이르트 빌더스(Geert Wilders)의 주창으로 공공장소에서의 부르카 착용 금지가 논의되었고, 의회에서는 초반에 찬성하는 분위기까지 있었다. 그러나 전문가 집단들의 논의 이후 부르카 금지법이 헌법에 위반된다는 이유로 폐기되었다. 2007년 집권 연합 정부는 얼굴을 가리는 권리를 제한하려고 시도했으나, 당시는 부르카 착용을 법으로 금지하지는 못했다. 그러나 교육기관이나 치안이 확보되어야 할 공간에서는 얼굴을 가리는 것을 금지해, 여성 판사나 여성 경찰은 법적으로 헤드스카프 착용이 금지되었다.

이러한 선택적 금지를 제외하고 네덜란드에서는 헤드스카프가 허용된다. 이는 기독교적 신념과 세속적 논의를 기반으로 하는 네덜란드의 전통과 일치한다고 할 수 있다. 그러나 진보적인 영화감독 테오 반 고흐(Theo van Gogh) 암살 이후 공공 영역에서 부르카 착용을 금지해야 한다는 논의가 더욱 활발해지고 있으며, 2010년 초부터 부르카를 비롯해 몸 전체를 가리는 베일의 착용을 금지하는 법안이 여러 차례 준비되기도 했다. 그 결과 네덜란드에서도 부르카 금지법이 통과되어 무슬림 여성들은 학교, 병원

등 공공장소에서 얼굴을 모두 가리는 부르카를 착용할 수 없게 되었다. 다문화·다종교 사회로서 경험이 있는 네덜란드의 경우 관용이 더 이상 이전 논의를 바탕으로 당연시되지 않는 상황이다. 그와 동시에 평등위원회처럼 이미 언급한 수많은 갈등 해결 메커니즘이 존재한다는 점에서 네덜란드의 특수성이 인정된다(Saharso and Lettinga, 2008).

오스트리아는 종교적으로 중립적인 국가다. 전통적으로 종교와 신념에 대해 개방된 입장을 인정하는 국가이며, 이슬람을 종교로 인정하고 20세기 초반부터 이슬람에 동등한 지위를 부여하고 있다. 오스트리아의 경우 그리스와 어느 정도 유사성을 지니는데, 무슬림 소수자에 대해 역사적으로 국제법상 의무 조항이 있다. 이러한 법적 테두리의 존재는 오스트리아에서 이슬람을 종교로 인정하는 데 도움을 주었으며, 우파 대중정당의 선동에도 불구하고 헤드스카프와 관련된 논쟁은 없었다. 무슬림 여성의 헤드스카프는 개인의 종교적 자유에 대한 표현의 일환으로 규정되어 여학생과 여교사는 이를 착용할 권리가 있다. 대학이나 다른 공공 영역에서도 헤드스카프 착용이 허용된다.

공동체에 존재하는 영국의 다문화주의 모델은 헤드스카프와 관련해 어떠한 법적 제재 조치도 두지 않는다. 영국은 이민 국가로서 다문화주의를 표방하며, 오랫동안 인종이나 젠더와 관련해 제도화된 차별 금지 메커니즘이 존재하는 국가다. 영국은 국교가 있으며, 동시에 유럽 내 세속 국가로 여겨진다. 영국식 자유민주주의의 기본 원칙으로 종교의 자유가 보장되어 있다. 따라서 학생이나 교사는 공공장소에서 기본적으로 헤드스카프 착용이 허용되며, 학교 유니폼도 다양한 종교적 요구에 입각해 다양성이 보장된다. 교사는 학생 교복의 예외성과 변형에 대해 결정하도록 되어 있다. 변호사는 법정에서 헤드스카프를 벗어야 한다. 반면 여성 판사가 머리에 쓰는 것에 대한 금지와 허가 문제는 논쟁이 되지 않고 있는데, 전통적으로 가발을 쓰기 때문이다. 그러나 2006년 사비나 베굼(Shabina Begum)의 경우[2] 이렇듯 일반적이고 자유로운 분위기에서도 갈등이 나타날 수 있다는 것을 보여준다. 헤드스카프 착용 여부가 기본권에 속한다는 점에 대해서는 누구도 이의를 제기하지 않는다. 그러나 영국에서도 2006년부터 니캅과 부르카 착용에 대한 논쟁이 시작되었으며, 대부분의 사람은 그것을 여성 차별의 상징이자 통합의 장애물로서 거부하고 있다.

영국과 마찬가지로 덴마크도 국교가 있는 나라다. 1982~2002년에 가장 자유로운 이민정책을 둔 국가에서 가장 제한적인 이민정책을 둔 국가로 변모한 덴마크의 경우, 무슬림의 헤드스카프를 법적으로 금지하는 조치가 의회에서 반려된 상태에 있다. TV 사회자가 헤드스카프를 하고 나온 것에 대해 사회적으로 논란이 있었으며, 수많은 반(反)이슬람 페미니스트 운동이 전개되었다. 법정까지 가는 갈등의 요소 중 사적 영역에 관한 것은 소수에 불과하다. 이에 관여하는 노동 법정은 사건별로 일치되지 않은 판결을 내리고 있어 통일된 입장이 부재한 실정이다. 시민단체들은 종교와 성에 근거한 차별에 정부가 민감하게 대응하지 않는 점을 비판했다. 아직까지는 덴마크에 무슬림 여성 판사나 여성 판사의 종교적 의복과 관련된 논쟁이 없었지만, 여성 판사의 종교적 의복과 상징을 법적으로 금지하는 것에 대해 논쟁 중이다.

그리스도 국교가 있는 국가로, 그리스정교는 그 영향력이 매우 크고 독점적이며 수많은 특권을 향유한다. 법적으로 그리스정교의 독점이 보장되

---

2 http://de.qantara.de/webcom/show_article.php/_c-548/_nr-33/_p-1/i.html(검색일: 2012.8.13).

고, 예를 들면 결혼 제도에서 종교와 법체계는 상호 밀접하게 연결되어 있다. 그리스는 다른 종교에 대한 종교의 자유를 침해한다는 것 때문에 유럽 인권재판소에 여러 차례 제소되었는데, 이에 따라 종교정치적 관점에서 그리스는 결코 진보적 국가로 여겨지지 않는다. 그럼에도 무슬림 여성의 헤드스카프 문제에 대해서는 매우 관대한 편이다. 헤드스카프 착용 문제가 한편으로는 자신들의 가부장적 기독교 전통에 근거하기도 하고, 다른 한편으로는 1923년 로잔조약에 근거해 서부 트라키아(West Thrakien) 지방의 이슬람 소수민족들이 공식적 종교의 소수자로서 법적 보호를 받고 있기 때문이다. 헤드스카프와 다른 무슬림 의복과 관련해 그리스 내부에서는 큰 논란이 없으며, 이를 따로 언급하지 않는 상황이다. 다만 미디어가 터키, 독일, 프랑스 같은 외국의 논쟁거리로서 이 문제를 다루고 있다. 무슬림 헤드스카프와 관련된 심각한 갈등 상황은 아직까지 발생하지 않았으며, 단지 몇몇 기독교 카페 주인이 몸을 가린 무슬림 여성의 출입을 거부하는 사태가 있는 정도다.

독일은 종교적으로 중립적인 국가로서 헤드스카프를 인정하고 있으나, 몸 전체나 얼굴을 완전히 가리는 것은 금지한다. 특히 몇몇 주정부는 여교사의 헤드스카프 문제에 관용적이지 못하다. 여교사의 헤드스카프 문제에 대한 독일 내 논쟁과 몇몇 지방정부에서의 논쟁과 규정은 독일의 전통적인 중립적·협력주의적 레짐이 지닌 관용적 부분과 일치하지 않는 경향이 있다.

독일의 경우 8개 주정부에서 여교사의 헤드스카프 착용 금지를 법적으로 규정하고, 그중 5개 주정부는 다른 종교의 종교적 동기에 근거한 복장 착용, 구체적으로 수녀복과 유대교의 키파(Kippa)는 허용한다. 상징과 복장에 대한 차별은 처음부터 의도적으로 기독교에 너그러운데, 이는 다수 종교에 대한 지배권이 선점되는 국교적 모습을 연상시킨다. 특히 8개 주정부 중 3개 주정부는 어떠한 종교적 입장 표명과 교사의 종교적 입장 표명도 거부하며 프랑스의 경우와 거의 일치하는 모습을 보이고 있다. 그리하여 독일은 개방적인 국가 중립성 전통과 협의제적 민주주의 전통에도 불구하고, 헤드스카프와 관련해서는 고유한 전통에 어긋나는 다문화 정책을 표출해내기도 한다는 점에서 매우 예외적이다.

5. 나가며

무슬림 여성의 헤드스카프와 관련해 이를 개방된 중립성으로 보느냐, 제한된 영역의 분리로 보느냐, 아니면 법적 금지로 보느냐의 핵심적 문제에서 유럽 국가는 저마다 다른 정책적 입장에 있다. 그러나 전체적으로 유럽은 헤드스카프와 관련해 매우 실용적인 입장을 취한다. 이민 사회와의 관계에서 문화적 권리에 대한 요구로 헤드스카프를 인정하고 이를 전면적으로 거부하지는 않지만, 무슬림 여성의 헤드스카프 논쟁에서 가장 두드러지는 문제점은 다음과 같다.

먼저, 유럽의 헤드스카프 논쟁에서 각 국가의 귀속성을 규정하기 위해 특수한 가치와 규정이 도구화된다는 점이다. 대부분의 나라가 젠더 평등, 세속주의, 통합 같은 가치 개념들에 의존해 무슬림 여성의 헤드스카프 착용 금지를 정당화하려 할 뿐 아니라 헤드스카프 착용에 대한 권리를 무력화하려 한다. 규정과 가치는 각 나라의 민족적 개념들에 따라 서로 다르게 적용된다. 나아가 엄격한 세속화와 국가적 중립성이라는 유럽인들의 잣대가 이슬람 문화와 인종적·종교적 현실을 인정하지 않으려는 알리바이로 사용되고 있다.

다음으로, 유럽인들은 무슬림 여성의 헤드스카프에 관용적인 반면, 얼굴과 전신을 다 가리는 부르카 같은 베일에 대해서는 유럽 사회에 대한 도전으로 인식해 공공 영역에서 부르카 착용 금지가 옳다고 생각하는 경향이 있다. 유럽인들에게 부르카는 여성 억압과 극단적 근본주의의 상징으로 세속주의(정교분리)와 성 평등 원칙에 위배되기 때문에 유럽 사회 전체가 거부해야 하는 대상으로 여겨진다(Saharso and Lettinga, 2008).

프랑스와 터키를 제외한 대부분의 유럽 국가에는 헤드스카프와 관련된 법적 규정이 없지만, 무슬림 여성의 머리나 전신을 가리는 헤드스카프 문제는 유럽 사회 내 다문화주의 토대에 근거해 각 국가의 종교와 젠더 평등 정책을 가늠하는 바로미터로 작용한다. 그러나 최근 덴마크와 네덜란드의 집권당 등이 기존의 관대한 규정을 없애는 행위나, 헤드스카프 금지를 위한 정당들의 상징적 시도들은 이슬람 소수집단을 같은 눈높이의 시민으로 인정하려는 정당한 정책이라고 이해되기 어렵다. 기독교나 유대교의 복장과 관습은 서구의 보편적인 유럽적 가치로 당연시하면서, 무슬림의 가치들은 그 인종성·문화성·종교성의 실제를 인정하지 않으려 세속주의와 중립주의를 주장하는 것은 아닌지 의심되는 부분이다.

참고문헌

문경희. 2011. 「명예살인을 둘러싼 스웨덴의 논쟁과 정책적 대응」. ≪국제정치논총≫, 51 집 2호, 135~159쪽.

오은경. 2009. 「이슬람 여성과 다문화주의: 테일러, 오킨, 지젝의 통찰을 중심으로」. ≪페미니즘연구≫, 9권 1호, 1~29쪽.

Ahmed, L. 1992. *Women and gender in Islam*. New Haven: Yale University Press.

Al-Habri, A. Y. 1999. "Is western patriarchal feminism good for third world/minority women?" in J. Cohen, M. Howard and M. C. Nussbaum(eds.). *Is multuculturalism bad for women*. Princeton, NJ: Princeton University Press.

Arya, S. and A. Roy. 2006. *Poverty, gender and migration*. London: Sage Publisher.

Bennett, C. 1992. *The Victorian images of islam*. London: Grey Seal.

Berghahn, S. 2008. "Regelungsregime zum islamischen Kopftuch in Europa: Standard und Abweichung." *Öesterreiche Zeitschaft fuer Politikwissenschaft*, 37, pp.435~450.

Berghahn, S. and P. Rostock(eds.). 2009. *Der Stoff, aus dem Konflikt sind: Debatten um das Kopftuch in Deutschland*. Bielefled: Transcript Verlag.

Elman, R. A.(ed.). 1996. *Sexual politics and the European Union: The new feminist challenge*. Providence and Oxford: Berghahn Books.

Gresch, N. and P. Rostock. 2009. "Democratic paradoves: Rights and values in European headscarf debates." Paper presented to the First European Conference in Politics and Gender at Belfast. http://www.essex.ac.uk/ecpr/standinggroups/documents/ Gresch_Rostock.pdf(검색일: 2012.8.13).

Guindi, F. E. 1999. *Veil: modesty, privacy and resistance*. Oxford: Berg.

Hadj-Abdau, L. 2008. "Das muslimische Kopftuch und die Geschlechtergleichheit: eine Frage der Kultur oder Religion?" *Femina Politica*, 12, pp.68~80.

Hantrais, L. 2000. *Gendered policies in Europe*. London: Macmillan.

Hirschmann, Nancy. 1998. "Western Feminism, Eastern Veiling and the Question of Free Agency." *Constellation*, 5, pp.345~368.

Honig, B. 1999. "My culture made me do it." in J. Cohen, M. Howard and M. C. Nussbaum (eds.). *Is multuculturalism bad for women*. Princeton, NJ: Princeton University Press.

Hoskyns, C. 2008. Governing the EU: gender and macroeconomics. in S. Rai and G. Waylen(eds.). *Global governance: Feminist perspectives*. Basingstoke: Palgrave Macmillan.

Krizsan, A., J. Squires and H. Skjeie. 2012. *Institutionalizing intersectionality: The changing nature of European equality regimes*. Palgrave Macmillan.

Marcotte, R. 2005. "Identity, power and the Islamist discourse on women." in N. Lahoud and A. Johns(ed.). *Islam in world politics*. Oxford: Routledge.

Meenan, H. ed. 2007. *Equality law in an enlarged European Union: Understanding the article 13 directives*. Cambridge: Cambridge University Press.

Nussbaum, M. C. 1999. *Sex and social justice*. Oxford: Oxford University Press.

Odeh, L. A. 1993. "Postcolonial feminism and the veil: Thinking the difference." *Feminist Review*, 43, pp.26~37.

Oishi, N. 2005. *Women in motion: Globalization, state policies, and labor migration in Asia*. Stanford, California: Stanford University Press.

Okin, S. M. 1999. "Is multuculturalism bad for women." in J. Cohen, M. Howard and M. C. Nussbaum(eds.). *Is multuculturalism bad for women*. Princeton, NJ: Princeton University Press.

Piper, N. 2008. *New perspectives on gender and migration: Livelihood, rights and entitlements*. New York: Routledge.

Park, C. B. 2008. "Women and international migration: Background of the feminization of migration and its implications." *Asian Women*, 24(2), pp.1~16.

Pruegl, Elisabeth. 2008. "Gender and the making of global markets: An exploration of the agricultural sector." in S. Rai and G. Waylen(eds.). *Global Governance: Feminist Perspectives*. Basingstoke: Palgrave Macmillan.

Saharso, S. and D. Lettinga. 2008. "Contentious citizenship: Policies and debates on the veil in the Netherlands." *Social Politics*, 4, pp.455~480.

Sintomer, Y. 2009. "Kopftuch und 〉foulard〈: Ein vergleicher Bild aus Frankreich auf die deutsche Debatte." in S. Berghahn and P. Rostock(eds.). *Der Stoff, aus dem Konflickte sind: Debatten um das Kopftuch in Deutschland.* Bielefled: Transcript Verlag.

Triandafyllidou, A. 2011. *European multiculturalisms: Cultural, religious and ethnic challenges.* Edinburgh Univ Press.

Van der Vleuten, A. 2007. *The price of gender equality: Member states and governance in the European Union.* Aldershot: Ashgate.

Wing, A. and M. Smith. 2006. "Critical race feminism lifts the veil?: Muslim women, France, and the headscarf ban." *University of California Davis Law Review*, 39(3), pp.743~785.

제**8**장

동유럽 로마 공동체의
가부장제도와 여성

김경미

1. 들어가며

1989년의 현실사회주의 붕괴, 그리고 2004년과 2007년의 유럽연합(EU) 확대는 양적인 면에서나 내용적인 면에서 유럽 내 이주의 중요한 분수령을 이룬다. 현실사회주의의 몰락과 함께 동서유럽 간 이주를 차단한 철의 장벽이 무너지고 지역 내 이주(intra-regional migration)가 매우 활발해졌는데, 특히 동유럽[1]에서 서유럽으로의 이주가 양적으로 크게 증가했다. 1990

---

1 현실사회주의의 몰락 이후 체제 전환과 함께 동유럽 지역을 지리정치학적으로 점차 중유럽(Central Europe)과 동유럽(Eastern Europe)으로 분화해서 보는 추세다. 현재 여러 국제 문헌에서 중유럽은 대체로 헝가리, 폴란드, 체코, 슬로바키아를, 동유럽은 기타 구소련

년 동유럽과 구소련 지역에서 약 200만 명이 서유럽으로 이주했으며, 구 유고슬라비아의 해체와 더불어 발생한 전쟁으로 이 지역에 살던 100만 명 이상의 주민이 헝가리와 오스트리아, 독일 등지로 이주했다. 다른 한편에 서는 유럽연합의 동방 확대로 신규 회원국들(EU-10 + EU-2)[2]에서 기존 회 원국들(EU-15)로 대규모의 노동력 이동이 나타났다. 일례로 2003년 유럽 연합의 기존 회원국에 거주하는 EU-8(EU-10에서 몰타와 키프로스 제외)과 EU-2 출신 거주민은 160만 명이었던 반면, 2009년에는 그 수가 480만 명 으로 300만 명 이상 증가했다(Hanewinkel, 2013: 1).

1989년 이후 유럽 지역 이주가 보여주는 또 다른 특징은 내용적인 면에 서 민족과 인종에 따른 이주가 활발했다는 점이다. 동유럽과 구소련 지역 에 거주하던 독일인은 통일 독일로, 루마니아 거주 헝가리인은 헝가리로, 불가리아 거주 터키인은 터키로, 몰도바 거주 루마니아인은 루마니아로, 소련 거주 유대인은 이스라엘과 미국으로 이주하는 현상을 보였다. 전통 적으로 유랑하는 이민자인 로마(Roma), 이른바 집시들은 현실사회주의 체 제하에서 이동과 유랑의 기회를 박탈당하고 산업사회의 정주 생활에 적응 하도록 강제되었는데, 현실사회주의의 몰락과 더불어 유랑 문화의 전통을 재개하는 기회를 맞이했다. 그들은 빈곤과 차별이 심한 동유럽 지역에서

의 영향 아래 있던 동구권 국가들과 구소련에서 독립한 신생국들을 지칭하는 경향이 있 다. 이 글에서는 동유럽을 한국에서의 일반적 인식에 따라 구 동구권 지역의 국가들을 총 칭하는 용어로 사용한다.

2 유럽연합의 신규 회원국 EU-10은 2004년 유럽연합 제5차 확대 때 가입한 헝가리, 폴란드, 체코, 슬로베니아, 에스토니아, 키프로스, 라트비아, 리투아니아, 몰타, 슬로바키아 등 주 로 동유럽 국가들이다. EU-2는 2007년에 가입한 루마니아와 불가리아를 지칭한다. 기존 회원 15개국, 즉 EU-15는 벨기에, 프랑스, 독일, 이탈리아, 룩셈부르크, 네덜란드, 덴마 크, 아일랜드, 영국, 그리스, 스페인, 포르투갈, 오스트리아, 핀란드, 스웨덴이다.

벗어나 좀 더 풍요로운 지역인 서유럽으로 이주했다.

'로마'는 1971년 제1차 세계로마니총회(World Romani[3] Congress)에서 채택된 용어다. 유럽 도처에서 로마를 지칭하는 일반적인 용어로 집시(Gypsy), 치고이너(Zigeuner), 징가리(Zingari) 등이 있으나 이 용어들은 부정적 또는 경멸적 의미를 내포하기에 국제로마협회는 그러한 용어들 대신 '로마'라는 표현을 사용해줄 것을 요구했고, 현재 대부분의 유럽 국가가 '로마'라는 용어를 사용한다. 유럽평의회(Council of Europe)의 정의에 따르면 "로마는 유럽에서 스스로를 로마, 신티(Sinti), 마누쉐(Manouches), 칼레(Kale), 지탕(Gitans) 및 유랑민(Travellers), 그리고 돔(Dom)과 롬(Lom)을 포함해 동유럽에 있는 집단들을 포함한 관련 친족 집단을 언급하는 용어"다(Council of Europe, 2012: 4). 동시에 유럽평의회는 이 용어를 사용함으로써 여러 다른 로마 집단의 다양성을 경시하거나 정형화된 틀을 유발하려는 의도가 결코 없음을 명시하고 있다.

실로 로마에는 많은 다양한 집단이 존재하며 생활 방식과 언어, 역사 등에서 큰 차이가 있다. 로마는 본래 남유럽과 남동유럽의 집시들로, 19세기 후반과 20세기에 남동유럽에서 중유럽으로 이동한 집시들도 로마이며, 유럽 집시의 상당수가 로마다. 주로 독일과 이탈리아, 오스트리아, 체코, 슬로베니아에 거주하는 로마로 신티 또는 마누쉐가 있는데, 신티는 유럽 내 전체 로마 인구의 2~3% 정도로 추산된다(Baumgartner, 2004: 1). 지탕 또

---

3 로마니(Romani)어에서 'Rom'은 남성명사로 로마 인종 남자 또는 남편을 뜻하며, 복수는 'Roma'다. 'Rom'의 여성형은 'Romni'이나, 영어에서 'Rom'은 여성과 남성 모두에게 사용된다. 영어에서 'Roma'와 'Romani'는 둘 다 형용사로 사용되나[a Roma(ni) woman, Roma(ni) communities 등], 'Romani'는 언어와 문화에서만 한정적으로 사용하도록 권고된다(Council of Europe, 2012: 6).

는 스페인 집시로 불리는 칼레는 유럽 내 전체 로마 인구의 10%를 차지하는 것으로 추측된다. 주로 잉글랜드와 남웨일스에 거주하는 로마니찰스(Romanichals)도 있으며, 그 밖에 특정 직업에서 유래한 다수의 종족 이름이 있다.

로마는 유럽에서 가장 큰 소수민족 집단임에도 유럽에 거주하는 로마 주민의 수에 대해서는 정확한 공식 통계가 없다. 로마는 인구센서스가 그들을 박해하는 데 악용될 수 있다는 두려움으로 인구조사에 깊은 혐오감이 있어 조사에 협조하지 않을 뿐 아니라, 각국 정부 또한 로마를 인구센서스의 정당한 범주로 인정하기를 꺼리기 때문이다(European Commission, 2004: 9). 유럽평의회는 유럽 내 로마 인구를 1000~1200만 명으로 보고 있으며(Council of Europe, n.d.: 3), 독일의 베를린인구발전연구소는 약 900만 명 정도로 추산한다(Grienig, 2010: 2). 루마니아(195만 명), 불가리아(75만 명), 슬로바키아(50만 명), 마케도니아(18만 5000명)는 로마가 전체 인구의 9% 이상을 차지하며, 헝가리(60만 명)와 세르비아(50만 명)는 전체 인구의 5~9%가 로마다. 서유럽의 경우 스페인과 그리스를 제외하고 총인구에서 로마가 차지하는 비율은 1% 미만이다. 요컨대 로마는 전 유럽에 거주하지만 특히 동유럽에 다수가 집중되어 살고 있다.

로마에 대한 유럽 각국의 정책은 역사적으로 추방, 강제적 동화, 사회적 배제로 요약된다. 특히 현실사회주의가 몰락한 1989년 이후 유럽에서는 로마를 공격 목표로 삼는 인종주의 운동과 반(反)로마 감정이 강도 깊게 나타났으며, 2000년대 중·후반 이후에야 비로소 로마에 대한 사회적 포용 정책이 추진되기 시작했다. 동유럽 일부 국가에서는 로마에 대한 폭력이 매우 위험한 수위까지 이르렀는데, 해당 정부는 오히려 로마가 집단적으로 공공질서를 파괴하거나 파괴할 잠재적 위험성이 있다고 주장하며 로마에 대한 인종차별주의적 박해를 묵인하거나 늑장으로 대처했다(European Commission, 2004: 9). 서유럽에서 반로마 감정은 동유럽 국가들의 유럽연합 가입과 더불어 동유럽에 거주하던 다수의 로마가 서유럽으로 이주하면서 이른바 '집시의 침략'이라는 선동적 용어와 함께 확산되었다. 서유럽 정부들은 '집시의 침략'에 대해 종종 집단적 추방을 포함한 인종차별 정책을 시행했다.

그러한 상황에서 마침내 '열린사회협회(Open Society Institute: OSI)', 세계은행(WB), 유엔개발계획(UNDP)이 로마의 상황을 개선하고 로마에 대한 망명과 추방의 남용을 방지할 뿐 아니라 유럽연합 차원에서 로마의 사회 통합을 추진하기 위해 2003년에 「로마 포용 10개년(the Decade of Roma Inclusion)」을 발의했고, 이를 유럽연합 회원국 정부들이 2005년부터 시행하면서 공식화되었다. 여기에 참여한 국가들은 「10개년 행동계획(Decade Action Plans)」을 통해 로마의 사회경제적 지위와 사회적 포용을 개선하려는 정치적 공약을 실천했음을 입증해야 하며, 이를 위해 교육, 고용, 건강, 주택 등 4개의 우선적 영역에서 목표와 지표를 구체화하고 있다(Cukrowska and Kóczé, 2013: 7).

로마의 사회적 포용을 위한 그러한 정책들이 과연 로마 여성의 사회경제적 지위를 향상시키고 로마 공동체 내에서 젠더 평등에 기여하는가에 대해서는 많은 회의와 의문이 제기되고 있다. 이른바 다문화주의와 페미니즘 사이의 갈등이 여기에서 비롯된다. 페미니스트들은 다문화주의가 소수 인종·민족 집단 내 전통적인 강력한 가부장적 구조와 여성의 종속, 그리고 여성의 기본 인권을 유린하는 관행을 관용함으로써 소수집단 내 젠더화된 권력관계를 유지·강화한다고 주장한다. 따라서 소수집단 내에서 여성의 권리가 보장될 수 있도록 이들 집단에 대한 국가의 간섭을 요구하며, 이러한 요구를 로마 공동체에 대해서도 적용하고 있다.

그러한 주장에 근거해 이 글의 목적은 다문화 사회 내 소수민족 또는 소수 인종 공동체 속에서 여성이 처한 이중·삼중의 부담과 차별을 로마 공동체를 통해 분석하는 데 있다. 이를 위해 우선 '교차성(intersectionality)' 개념을 중심으로 다문화주의와 페미니즘 사이의 갈등에 대한 이론적 논의를 살펴볼 것이다. 그리고 로마 공동체에서 여성에 대한 전통적 인식과 지위를 고찰하고, 로마 여성을 둘러싼 다문화주의와 페미니즘의 갈등을 로마에 대한 유럽연합과 동유럽 국가들의 정책을 통해 분석한다. 물론 이와 유사한 연구가 '로마 포용 10개년' 사업을 기점으로 유럽에서는 다각적으로 수행되었지만, 국내에는 그러한 연구가 거의 전무한 실정이다.

2. 다문화주의와 페미니즘의 갈등에 대한 이론적 논의

다문화주의는 20세기 중·후반 국제 이주의 급증과 함께 정치계와 학계의 담론에서 주요 주제가 되었다. 그러나 다문화주의와 다문화 사회에 대한 개념은 여전히 다양한 방식으로 사용되고 있으며, 명확한 정의를 내리기도 쉽지 않은 상태다. 프리드리히 헤크만(Friedrich Heckmann)은 다문화주의 또는 다문화 사회라는 용어가 최소한 일곱 가지의 서로 다른 방식으로 사용된다고 지적한다(Heckmann, 1993: 245).

첫째, 다문화주의와 다문화 사회는 국가 내 주민의 인종적·민족적 조합이 점차 다양해지는 것을 의미하는 묘사적 범주로서, 인종 조합에 따른 사회 변화의 지표로 사용된다. 둘째, 규범적·인지적 사용으로서, 예컨대 다음과 같은 경우다. "우리는 우리나라가 이민 국가가 되어가고 있으며, 또

우리 사회는 현재 그리고 미래에도 이민자를 필요로 하기 때문에 그에 따른 사회적·문화적 결과들을 받아들여야 하고, 그러한 사실을 인지해야만 한다"(Heckmann, 1993: 245). 셋째, 다문화주의는 태도와 규범을 묘사하는데, 타자에 대한 관용, 이민자를 지지하는 친절한 태도, 민족주의적·국수주의적·인종주의적 비관용을 거부하는 자유주의적이고 민주주의적인 태도를 가리킬 때 사용된다. 넷째, 문화의 개념을 해석하는 하나의 방법으로 다문화주의라는 용어가 사용된다. 어떤 문화든 다른 문화의 영향을 전혀 받지 않은 독창적이고 순수한 경우는 없으며, 문화는 서로 간 상호작용을 통해 다른 문화의 요소들을 받아들인다. 이런 의미에서 다문화 사회는 이민 수용국의 문화를 풍요롭게 하는 기회로 여겨진다. 다섯째, 다문화주의는 그저 이민자의 문화(풍속, 음식 등)에 대한 우호적이고 감상적인 태도를 뜻한다. 여섯째, 다문화주의는 정치제도의 원칙으로 사용되는데, 인종적·민족적 다원주의, 인종·민족 공동체의 자율성 강화, 동화와 단일의 국가 공용어에 대한 반대 등으로 나타난다. 마지막으로, 다문화주의는 비판적 의미에서 사용되는데, 즉 사회와 국가의 통합과 안정성을 위해 공통의 문화·언어·정체성이 필수 불가결하다는 인식을 흐리게 하는 실체 없는 개념으로 여겨진다.

　요컨대 다문화주의는 다양한 인종·민족 집단이나 종교 집단의 관습 또는 가치, 사유 방식, 언어 등으로 표현되는 문화들의 상호 공존을 의미한다. 따라서 "그러한 문화들이 거주국의 주류 문화가 지닌 인간의 존엄성 및 개인적 권리에 대한 기본 개념과 배치되더라도 이를 수용하거나 최소한 관용할 의무를 내포"(Kymlicka, 1998: 8)한다. 특히 여기서 주요 대상이 되는 인종·민족 집단은 역사적 사건에 의해서든[4] 이주 때문이든 주류 인종·민족이 존재하는 국가에 거주하는 소수집단인 경우가 대부분이다.

주류 사회와는 상이한 관행과 가치를 지닌 인종적·민족적·종교적 또는 문화적 소수집단들이 자신들의 생활 방식과 문화를 유지할 권리를 인정받아야 한다는 다문화주의적 사고와 실천은, 그러한 집단들이 강력한 가부장적 구조와 관습을 지닌 경우 페미니즘적 사고와 커다란 긴장 관계에 놓인다. 소수집단에서 자행되는 여성의 기본 인권에 대한 유린이나 여성의 종속을 심화하는 관습을 다문화주의라는 이름 아래 관용해야 할 것인가라는 문제가 제기된다. 수전 몰러 오킨(Susan Moller Okin)은 소수집단의 문화적 권리, 이른바 '집단의 권리(group rights)'를 옹호하는 다문화주의자들이 두 가지 오류를 범한다고 주장한다(Okin, 1999: 12). 첫째, 그들은 문화적 집단들을 하나의 단일한 구성체로 취급해 집단 간 차이에만 주목할 뿐 각 집단 내 차이를 무시하는 경향이 있다. 문화적 소수집단들이 내부적으로는 권력과 특권에서 여성과 남성 사이에 실체적 차별을 두어 젠더 불평등을 체화한다는 사실을 다문화주의자들은 거의 인지하지 못하고 있다.

둘째, 다문화주의자들은 문화에 대한 집단의 권리를 주장하면서도 실로 문화의 상당 부분이 실행·보존되고 후세대에 전수되는 장(場)으로서 가정이라는 사적 영역에 대해서는 거의 또는 아무런 주의를 기울이고 있지 않다(Okin, 1999: 13). 문화라고 일컬어지는 많은 관습이 여성을 통제하고,

---

4 일례로 제1차 세계대전을 마감하는 베르사유 조약의 하나인 트리아농 조약(1920)은 거주지의 인종적 구성을 무시하고 철저히 승전국의 이익과 전략에 따라 국경을 결정했기 때문에 중부·남부·동부 유럽의 국가들은 다민족국가가 되었다. 예를 들어 헝가리는 트리아농 조약으로 영토의 3분의 2와 주민의 절반을 상실했는데, 트리아농 조약에 따라 루마니아 영토가 된 헝가리의 잃어버린 영토에 거주하는 헝가리인은 졸지에 루마니아의 헝가리 소수 인종·민족 집단이 되었다.

여성이 성적 또는 재생산적으로 남성의 욕구와 이해에 봉사하도록 강제하고 있음에도, 다문화주의자들은 문화와 젠더의 갈등을 올바르게 다루지 않는다. 특히 문제가 되는 것은 문화에 대한 집단의 권리를 주장하는 대다수의 소수집단이 주류 문화보다 더 심한 가부장적 구조를 지니고 있다는 점이다(Okin, 1999: 17).

다문화주의가 집단 내 차이를 무시하고 집단을 하나의 단일한 구성체로 취급한다는 비판은 현대 페미니즘에도 적용된다. 현대 페미니즘은 각 여성이 속한 인종이나 계급, 문화 등을 무시한 채 서구 문화의 중산층 백인 여성의 경험에서 나온 통찰을 전 세계 모든 여성에게 일반화하는 오류를 범했다는 비판을 받는다. 예컨대 페미니스트들은 경제활동에서 여성을 배제하는 것이 가부장적 구조의 하나라고 비판한다. 그러나 이러한 비판이 하층(노동)계급의 백인 여성이나 미국의 유색인 여성에게는 해당되지 않는데, 이들은 생존을 위해 항상 경제활동을 해왔기 때문이다. 결국 주류 페미니즘은 여성을 하나의 단일 집단으로 보고 정체성의 정치(identity politics)를 요구함으로써 종종 여성 내 차이들을 합체시키거나 도외시했다. 다문화주의가 젠더를 배제하고 인종이라는 집단의 권리에 집중한다면, 현대 페미니즘은 인종이나 계급에 따라 상이한 경험을 하는 여성들을 추상화해 젠더의 권리만을 주장한다고 볼 수 있다.

이러한 비판적 시각에서 킴벌리 크렌쇼(Kimberlé Crenshaw)는 1989년에 발표한 논문에서 '교차성'이라는 용어를 사용해, 미국 흑인 여성이 경험하는 다층적 차별이 형성되는 데 인종과 젠더가 상호작용하는 여러 방식을 묘사했다. 크렌쇼에 따르면 현대 페미니즘과 반인종주의 담론은 첫째, 여성 문제 또는 인종 문제에 대한 일대일 대응, 즉 여성 또는 인종이라는 단일 축을 중심으로 분석(the single-axis analysis)한다. 둘째, 페미니즘은 백인 여성의 경험을, 그리고 반인종주의는 가장 특권화된 흑인 남성의 경험을 기반으로 한다(Crenshaw, 1989: 67). 따라서 인종과 젠더를 배타적인 분석 범주로 취급하는 두 담론은 여성이자 유색인인 흑인 여성의 교차적 정체성(intersectional identities)을 인식하는 데 실패했고, 그 결과 흑인 여성은 두 담론 모두에서 주변화되었다(Crenshaw, 1989: 57). 크렌쇼는 교차성, 또는 여기서 발산되는 역동성을 고려하지 않은 분석이 흑인 여성의 종속적 상황과 종속 방식을 충분히 설명할 수 없다고 보았다(Crenshaw, 1991: 1251).

크렌쇼의 교차성 개념은 다층적 차별의 핵심인 차별의 중복 또는 덧붙임의 논리를 넘어 상호작용의 논리를 도입한다는 데 그 독창성이 있다. 즉, 교차성은 여러 차원을 지닌 차별의 상호작용과 그러한 교차 속에서 경험하게 되는 독특한 차별, 다각적이고 복잡한 불평등, 개인의 경험에 미치는 다중적 정체성과 차별 및 불평등의 효과를 인지하려는 개념이라고 할 수 있다. 페미니스트 교차 이론(intersectional theory)은 인종-계급-젠더의 삼각형에서 이러한 범주들이 서로 교차하며 중층적으로 영향을 미치고 서로를 강화한다는 전제에서 출발한다(Kócze, 2009: 17). 젠더·인종·계급이 함께 그리고 동시적으로 어떻게 작동하는지, 권력관계가 어떻게 차이를 만들며 억압의 다층적 형태들이 어떻게 상이한 유형의 다양성과 영향을 주고받는지 이해하려는 것이 페미니스트 교차 이론의 핵심이다.

크렌쇼의 교차성 개념은 모호성·복잡성과 방법론 결여 등을 이유로 비판받기도 했지만, 다수의 페미니스트에게 열광적으로 받아들여져 페미니즘 내에서 여성들 간 차이와 다양성을 연구하는 주요 분석 도구가 되었다(Davis, 2008: 70). 또한 교차성은 2001년 남아프리카공화국 더반에서 개최된 유엔의 '인종주의, 인종차별, 외국인 혐오 및 그와 관련한 편협함에 반대하는 세계 회의(UN World Conference Against Racism, Racial Discrimin-
ation, Xenophobia and Related Intolerance)'에서 수용되어 유엔 차원에서
쓰이는 용어가 되었다. 이는 인종차별을 받는 사람은 인종 이외에 성, 언
어, 종교, 정치적 이념, 사회적 출신, 재산 등 그와 관련된 여러 다른 측면
에서 동시적으로 다중적 또는 가중된 형태의 차별을 겪는다는 인식에 의
거한다.

유럽연합에서는 교차적 차별보다는 다층적 차별(multiple discrimination)
이라는 용어가 사용되고 있다. 2011년 유럽연합 집행위원회의 발의로 발
전된 「국가로마통합전략 2012-2020(National Roma Integration Strategies
2012-2020)」의 틀 속에서 동유럽 각국은 교육, 건강 의료, 고용 같은 기본
적인 서비스에 대한 접근에서 로마 여성이 로마 남성보다 불리한 상황에
있음을 인지하며, 로마 여성이 다층적 차별을 받고 있음을 인정했다. 불가
리아의 「국가로마통합전략」은 다층적 차별을 "인종 이외에 젠더와 나이
등 차별의 다양한 요소의 동시적 효과"(Government of Bulgaria, 2012: 8)로
정의한다. 헝가리의 「국가사회통합전략(National Social Inclusion Strategy)」
은 로마 여성을 사회문화적 이유에서 다층적 차별을 받는 사회집단으로
볼 것을 주장한다(Government of Hungary, 2011: 30). 동유럽 국가들은 로
마 여성이 인종이라는 단일한 차원에서뿐 아니라 젠더 차원에서도 차별받
고 있음을 인지하며 다층적이라는 용어를 사용해 차별이 동시적으로 이루
어지는 점을 강조하고는 있다. 그러나 다층적 차별의 개념에서는 교차성
이 지닌 상호 영향의 측면이 부각되지 못하는 단점이 있다.

로마 여성의 경우 인종주의와 성차별주의, 빈곤이라는 삼중의 주변화의
교차로에서 중층적 상호작용의 차별을 받고 있다. 그러나 로마 여성의 그
러한 교차적 차별은 반인종주의와 반성차별주의라는 각각 분리된 운동 속

에서 오히려 비가시적으로 되었고, 그로 인해 로마 여성을 위한 정책은 우선순위에서 밀렸다. 동유럽의 로마 여성이 경험하는 사회적 교차로를 보면, 한편으로 그들은 로마 공동체의 구성원으로서 정주국 내 자신을 대변해줄 기관이 거의 없으며 인종주의적 적대감의 목표물이 되고 있다(UNDPI, 2001). 다른 한편으로 그들은 로마 공동체 내에서 소수자의 지위 때문에, 가족 내에서는 젠더에 근거해 주변화되고 있다. 요컨대 로마 여성과 로마 남성 사이의, 그리고 로마 여성과 비로마 주류 여성 사이의 사회적 격차를 최소화하는 것이 필요하며, 내적으로 로마 공동체의 가부장적 억압과 외적으로 비로마니 사회구조들 속에서 경험되는 정치적·사회적·경제적 배제 등 두 측면 모두에 관한 교차성에 입각한 고려가 필요하다.

3. 로마 공동체에서 여성에 대한 인식과 여성의 지위

로마 공동체는 정도의 차이가 있지만 공동체에 대한 강한 연대감과 함께 가까운 친족 집단을 중심으로 한 강력한 가부장적 구조의 대가족제도를 유지하고 있다. 대가족제도 내에서 가족은 구성원 개개인에게 안전과 보호를 제공하고 경제활동과 교육의 토대가 되며, 구성원들은 긴밀한 관계 속에서 같은 집에 거주하는 경우가 많다. 여성은 결혼하면 남편 측 가족의 일부가 되어 으레 시부모와 같이 살고, 며느리로서 시어머니의 감시와 통제하에 청소와 요리 등 가사노동을 담당하며, 시부모를 부양하고 돌보는 것이 당연하게 여겨진다. 결혼한 아들의 가정에 다수의 자녀가 있는 경우 분가할 수 있지만 본가 근처에 살아야만 한다. 여성은 가정주부로서 자녀와 가족을 돌보고 가사를 책임진다. 그러한 대가족제도 속에서 남성은 생계 부양자로서 가족의 통솔자, 즉 가장이며 가족 내 권력은 기본적으로 남성의 수중에 집중된다. 과거에 비해 가족 생계에 대한 여성의 기여가 점차 늘어나는 추세임에도 경제권은 남성에게 있다(Asylum Aid, 2002: 36~38).

로마 공동체마다 차이가 있지만 대부분의 공동체에서 여성은 대략 14세 정도에, 남성은 이보다 몇 년 더 늦게 결혼한다. 전통성이 강한 로마 공동체일수록 조혼이 심해 여성의 평균 결혼연령은 12~14세, 남성의 경우 14~16세 정도이며, 좀 더 현대화된 로마 공동체에서는 18~20세에 결혼이 이루어진다(Voicu and Popescu, n.d.: 8). 그럼에도 로마 여성의 결혼연령은 동유럽 국가의 주류 여성보다 낮다. 로마 공동체의 조혼 풍습은 젊어서 결혼해야 건강한 아이를 많이 낳을 수 있다는 사고에 근거한다. 또한 며느리가 젊을수록 경험이 적어 시부모가 쉽게 며느리를 다룰 수 있기 때문이다. 특히 여성의 경우 자의든 타의든 혼전에 처녀성을 잃는 것을 막으려는 데 조혼의 또 다른 중요한 이유가 있다.

로마 공동체에서 결혼은 주로 부모에 의한 중매결혼이다. 대부분의 경우 남자 측 가족이 적절한 신붓감을 물색하는 것에서 시작되며, 신붓감이 발견되면 남자의 아버지는 신부에게 줄 선물에 대해 여자 측 아버지와 협상한다. 선물의 규모는 신부 가족의 지위, 신부의 성격에 따라 결정되는데, 특히 중요한 것이 신부의 순결이다. 따라서 로마 소녀는 혼전 순결을 유지하도록 가족의 엄격한 교육과 감시를 받는다.[5] 신부의 순결은 신부의 가족과 남편에게 명예를 의미하므로, 만약 신부가 처녀가 아니라는 것이 밝혀

---

5 반면 로마 소년은 혼전에 비로마 여성과 성적 경험을 갖는 것이 관용된다.

지면 결혼이 파기되고 그 여성은 다시 남편감을 구하기가 극히 어렵다.

여성은 첫아이를 출산하면서 권위가 상승하고 남편에게 진정한 아내로 대우받게 된다. 2007년 루마니아에서 수행된 전국 표본조사 연구에 따르면 로마 여성의 약 55%가 미성년 시기에 첫 출산을 경험하며(루마니아 여성의 경우 14%), 전체적으로 로마 여성의 첫 출산 연령은 루마니아 주류 여성보다 3년 정도 어리다(Fleck and Rughiniş, 2008: 91). 아이들은 후에 부모를 봉양하는 자산으로 여겨지기 때문에 다산은 훌륭한 여성의 특성으로 장려된다. 따라서 로마 여성은 가능한 한 아이를 많이 낳으려 한다. 반면 불임은 여성과 가족에게 커다란 수치로, 일반적으로 결혼 후 일 년 이내에 임신을 해야 하고, 그렇지 않으면 남편은 그녀와 이혼할 권리가 생긴다.

로마 여성은 가족계획에 접근할 기회가 적기 때문에 피임 기구의 사용이 상대적으로 적은 반면 낙태율은 높다. 실로 다산 능력이 남성과 여성 모두에게 건강한 성적 능력으로 칭송되는 문화적 관습이 있기 때문에 피임을 통한 불임보다 차라리 임신과 낙태를 택하는 경향도 강하다. 그 결과 많은 출산과 낙태로 인해 로마 여성의 건강 상태는 전반적으로 위험에 크게 노출되어 있다(Cukrowska and Kóczé, 2013: 51).

로마 공동체의 조혼 풍습은 로마 소녀가 학교생활을 조기에 중단하게 만드는 주요 원인이다. 2003년 UNDP 조사에 따르면 루마니아에 거주하는 로마 소년의 6%, 로마 소녀의 11%가 결혼 때문에 학교에 출석하지 못했다(Bitu and Morteanu, 2010: 22). 로마 공동체에서 여성의 이상적 지향은 모성이므로 여성에 대한 교육의 목적은 어머니로서의 역할을 익히는 데 있다. 소녀들은 어릴 때부터 어머니를 도와 매일매일 집안일(요리, 청소, 빨래)을 하고 동생들을 돌봄으로써 앞으로 수행하게 될 아내와 어머니 역할에 필요한 기술을 배운다. 소녀들은 부모와 미래의 남편과 시가족 등에 대한 복종, 근면, 특히 처녀로서 순결 유지 등의 가치를 주입받으며 소년들보다 훨씬 엄격하게 관리된다. 반면 소년들은 가족의 자랑으로서 소녀들보다 훨씬 더 많은 자유를 누리며, 미래에 가족을 책임질 수 있도록 가족의 전통 기술을 배울 뿐 절대로 가사노동을 해서는 안 된다.

무엇보다 로마들은 가족에 대한 강한 연대감 때문에 가족에 대한 의무가 학교 출석보다 우선한다고 생각한다. 따라서 나이 많은 형제자매가 집에서 부모를 돕기 위해, 또는 어린 동생들을 돌보느라 결석하는 것을 당연하게 여긴다.[6] 특히 소녀들은 집안일 때문에 소년들보다 학교 결석 비율이 높으며, 그 결과 로마 소녀와 여성의 문맹률은 매우 높다. 2003년 UNDP 조사에 따르면 루마니아의 경우 집안일로 결석하는 비율이 로마 소년의 경우 8.1%였던 반면, 로마 소녀의 비율은 17.6%로 두 배에 달했다(Bitu and Morteanu, 2010: 22).

루마니아에서 로마 여성과 주류 사회 여성의 교육 수준을 비교한 연구에 따르면 로마 여성들 중 무학자(無學者)의 비율은 23.1%로 매우 높은 반면, 고등학교 교육을 받은 여성은 3.7%, 그 이상의 교육을 받은 여성은 3.9%에 불과했다. 루마니아 여성의 경우 무학자가 3.9%였고, 고등학교 이상의 교육을 받은 비율은 31.7%에 달했다(Surdu and Surdu, 2006: 45). 로마 여성의 낮은 교육 수준은 여성의 가정 밖 노동 참여가 여성의 신분에 어긋난다고 생각하는 사고와 더불어 로마 여성이 공적 노동시장에 참여하는 것

---

6 1960년대 불가리아에서 의무교육이 도입되었을 때 로마들은 학교교육이 주류 사회에 로마를 동화시키려는 수단이라고 보았다. 그러한 경향은 현재 많이 약화되어 다수의 로마 가정이 자녀들을 학교에 보내지만, 여전히 학교교육에 큰 중요성을 부여하지는 않는다. 따라서 로마 어린이는 결석 비율이 높으며, 특별활동이나 야외 학습에 잘 참여하지 않는다.

을 어렵게 한다. 로마 여성이 외부 노동을 하는 경우는 주로 복지 수당을 위한 공공 근로이거나 미숙련노동, 또는 계절노동의 단기 임시직이다(Voicu and Popescu, n.d.: 32).

거의 모든 전통적 가부장사회에 나타나는 여성에 대한 차별적 인식, 곧 여성은 남성보다 본래적으로 열등한 존재라는 여성관이 로마 공동체에도 지배적인 사회적 가치관으로 자리 잡고 있다. 이러한 가치관은 한편에 '순결'이나 '명예', '깨끗함'을, 다른 한편에 '불결' 또는 '수치', '더러움' 등을 놓는 이분법에 근거한 도덕 개념, 그리고 이를 기반으로 한 일군의 엄격한 규칙에서 나온다(Matras, 2011: 2). 예를 들어 신체의 상체는 깨끗한 것, 수치스럽지 않은 것인 반면에 하체는 청결하지 못한 것, 수치스러운 것으로 인식된다. 따라서 상체의 일부를 드러내는 것은 무례하거나 다른 사람을 무시하는 행동이 아닌 반면, 하체를 드러내는 것은 수치스러운 행동으로 여겨진다. 따라서 로마 주민은 직접적이든 간접적이든 상체와 하체의 접촉을 어떤 식으로든 피하려 한다. 이러한 사고는 상의와 하의의 철저한 분리 세탁, 상체와 하체를 닦는 수건의 분리, 심지어 상체와 하체를 씻는 데 사용하는 세숫대야의 분리로 나타난다. 특히 하체가 음식 그릇에 닿는 것은 극도로 회피되어야 할 행동이다.

여성의 하체와 성기는 특히 생리와 출산 때문에 불결한 것으로 여겨진다. 여성은 생리를 시작하면서 불결해지므로 사춘기에서 폐경기 사이의 여성은 불결한 존재인 동시에 주변을 오염시키는 힘을 갖게 된다. 예를 들어 여성은 절대로 앉아 있는 남성 옆을 걸어가면 안 되는데, 여성의 성기가 남성의 얼굴과 같은 높이에 있게 되어 남성도 극히 불결해지는 최악의 상황이 되기 때문이다. 여성은 자신의 옷을 분리 세탁해야 하며, 특히 생리 동안에는 주변 환경과의 접촉을 피해야 한다(Asylum Aid, 2002: 41). 이러한 생각은 그 상징성이 확대되어 남성은 여성의 옷이 널려 있는 빨래줄 아래로 걸어가서는 안 될 뿐 아니라, 다층주택에 사는 로마 가족은 항상 맨 꼭대기 층에 살기를 원한다. 아래층에 사는 경우 위층 여성의 성기 밑에, 즉 불결한 것 밑에 있게 되기 때문이다. 임신은 다른 사람을 오염시킬 위험을 내포하므로 임신한 여성은 다른 사람을 위해 요리하면 안 되고, 남편과 같은 침대를 사용해서도 안 된다. 신생아는 오염된 장소인 산도를 통해 나왔기에 출생 후 6주 동안은 불결한 것으로 여겨진다(Asylum Aid, 2002: 42).

이와 같은 여성의 불결함에 대한 사고가 여성의 사생활을 보호하기 위한 것이라는 주장이 있다. 즉, 여성에게 사람을 오염시키는 힘이 있다는 것은 하나의 위협으로서 여성이 스스로를 보호하는 기제가 될 수 있다는 것이다. 그럼에도 이러한 가치관은 극히 성차별적인 인식으로, 교육이나 혼인 생활 등 실생활에서 여성에 대한 차별로 나타난다. 아들에 대한 뚜렷한 선호, 딸의 낮은 지위는 딸에 대한 교육투자가 적은 원인이 되고 있다. 나아가 로마 남성뿐 아니라 로마 여성 스스로도 여성이 남성보다 열등하다는 사고를 지녔으며, 그러한 기존 사고와 가치에 도전하려는 생각조차 품지 않는다.

4. 로마 여성을 둘러싼 다문화주의와 페미니즘의 갈등

1) 유럽연합과 동유럽 국가들의 로마에 대한 다문화주의 정책

유럽연합은 1993년 코펜하겐에서 열린 유럽위원회(European Council)

에서 유럽연합에 가입하려는 국가에 대한 가입 기준, 이른바 '코펜하겐 기준(Copenhagen criteria)'을 설정했다. 그중 정치적 기준으로 민주주의, 법치, 인권, 그리고 소수자에 대한 존중과 보호를 보장하는 제도의 안정성, 즉 상설 기구의 설치가 제시되었다.[7] 이에 의거해 로마의 인권과 법적 보호를 다루는 국가 차원의 상설 기구로서 루마니아에는 '국가로마기구', 폴란드에는 '정부로마위원회', 헝가리에는 '로마반차별민원서비스네트워크'와 '평등처우국', 체코에는 '정부로마사안위원회', 슬로바키아에는 '로마공동체전권사무소', 불가리아에는 '국가인종·인구문제위원회' 등이 설치되었다(European Commission, 2008: 132 ff).

차별과 인종주의에 대한 투쟁과 관련해 유럽연합에서 일어난 가장 중요한 사건은 유럽 공동체 수립 조약 수정조항 제13조에 준하는 일련의 반차별 지침(anti-discrimination directives)의 수용이다. 특히 로마와 관련해 중요한 점은 인종이나 민족에 대한 자의적 기준에 따른 차별적 처우를 종식하기 위한 목적으로 유럽연합 전체에 적용되는 법적 기준을 도입해 인종차별 추방에 관한 법률의 범위와 내용을 둘러싼 세부 사항을 제시하는 「지침(Directive) 2000/43/EC」이다(European Commission, 2004: 11). 2005년부터 유럽 12개국(알바니아, 보스니아 헤르체고비나, 불가리아, 크로아티아, 체코, 헝가리, 마케도니아, 몬테네그로, 루마니아, 세르비아, 슬로바키아, 스페인) 정부는 '로마 포용 10개년'(2005~2015)의 일환으로 교육·건강·주거·고용 영역에서 로마와 비(非)로마의 격차를 줄이기 위한 행동계획을 약속했다(Kócze, 2009: 45).

---

7 http://europa.eu/legislation_summaries/glossary/accession_criteria_copenhague_en.htm(검색일: 2015.6.13).

2009년 유럽의회는 「로마의 사회적 상태와 노동시장 접근 개선에 관한 결의안(A resolution on the social situation of the Roma and their improved access to the labour market)」을 채택했다(European Parliament, 2009). 이 결의안은 경제적 기회 증대, 인적 자본 형성, 사회적 자본과 공동체 발전 강화 등 3대 목적을 포함해 로마의 복잡한 노동 실태와 생활 상태를 개선할 수 있는 조율된 접근을 요구하며, 무엇보다 교육과 직업훈련의 질을 높이기 위한 방안에 초점을 맞추고 있다. 결의안은 특히 로마 여성이 겪는 문제를 지적하며 이를 타개하기 위한 젠더 정책을 각 회원국에 요구한다. 경제적 측면에서 로마 여성은 주로 비공식 경제 부문에서 일할 뿐 아니라 극히 낮은 고용률을 보이는데, 무엇보다도 그들이 겪는 다층적 차별과 높은 실업·빈곤을 극복하기 위해 회원국들이 로마 여성과 소녀에게 양질의 교육에 접근할 수 있는 기회를 제공하고, 직업훈련을 받을 기회를 개선하며, 지역 노동시장에 적응할 수 있도록 하고, 소액 신용(micro-credits)에 대한 접근을 용이하게 함으로써 자영업을 고취하도록 요구하고 있다. 사회적 측면에서는 로마 여성의 사회적 포용을 촉진하는 행동 방책, 즉 강제 불임수술 금지, 가정 폭력 희생자에 대한 도움 제공, 원거리 지역의 건강의료설비 이용 가능성 개선, 지역에서의 대표성 증진과 사회적 기업 모델의 발전 등을 촉구한다.

이 결의안은 로마가 자신들의 정체성을 보호하고 그들에 대한 편견을 줄일 수 있도록 로마의 특별한 문화적 특성들을 보존·인정하는 것의 중요성을 강조하며, 각 회원국이 그러한 로마의 전통을 적극적으로 지지하도록 요구함으로써 로마에 대한 다문화주의 정책이 시행되도록 촉구한다. 이와 동시에 로마 가정은 전통적인 젠더 역할을 강제하고 가족의 위계질서 속에서 여성의 지위가 낮다는 주장을 수용해 유럽연합과 유럽연합 회

원국들이 로마 여성을 전통적 위계질서에서 해방시키고 로마 여성의 사회
경제적 독립을 달성하는 데 초점을 맞추도록 요구한다. 그러나 이 두 가지
모순적 상황을 어떻게 화합시켜 모두 달성할 수 있을지에 관한 방안은 제
시되어 있지 않다.

2011년 4월 5일 유럽연합 집행위원회는 회원국들에게 '2020년까지 국
가로마통합전략을 위한 유럽연합 프레임워크(An EU Framework for national
Roma integration strategies up to 2020)'를 2011년 말까지 제시하도록 요구
했다. 이 「국가로마통합전략」에는 전략 목적과 행동 방안 및 재원 조달 등
에 관한 내용뿐 아니라 전략을 제대로 효율적으로 시행하기 위한 상설 모
니터링 메커니즘을 포함하도록 했다. 그리고 이를 위해 유럽연합 집행위
원회는 「2020년까지 국가로마통합전략을 위한 유럽연합 프레임워크」를
발표했고(European Commission, 2011), 6월 24일 유럽위원회가 이에 서명
했다.

유럽의회의 '여성 권리·젠더 평등위원회'가 2013년에 발간한 「국가로
마포용전략의 유럽 프레임워크에 대한 젠더 관련 보고서(Report on Gender
Aspects of the European Framework of National Roma Inclusion Strategies)」
는 지금까지 써온 '심각한(compound) 차별'이라는 용어 대신 '교차적(inter-
sectional) 차별'이라는 용어를 사용했다(European Parliament, 2013). 이 보
고서는 로마 여성이 젠더와 인종 때문에 로마 남성이나 주류 여성보다 더
욱 심각하게 다층적이고 교차적인 차별에 직면한다고 강조했다. 위원회는
로마 여성의 권리를 수호하고 사회의 모든 수준에서 로마 여성의 통합을
이룩하기 위한 방안으로 여성 단체들, 로마 시민단체들 및 관계자들을 통
해 로마 여성을 「국가로마통합전략(National Roma Integration Strategies:
NRIS)」에 참여시키도록 각 회원국 정부와 지자체에 호소했으며, 나아가

로마의 가부장적인 성차별주의적 전통에 대항할 것을 요구하고 있다.

요약하면, 유럽의회와 유럽집행위원회는 로마의 사회적 통합과 포용을 위한 정책을 적극적으로 지원하고자 노력하고 있다. 그러나 그 노력은 전반적으로 젠더 중립적인 소수 인종·민족 정책으로 나타나고 있으며, 젠더 평등을 위한 정책은 소홀히 취급되는 경향이 있다(Cukrowska and Kóczé, 2013: 7). 회원국들의 로마 정책에는 오히려 더욱 이러한 경향이 나타나는데, 로마에 관한 대부분의 정부 정책은 젠더 평등 이슈에 대해 침묵하거나 잘못된 방향을 담고 있다. 일례로 루마니아에서 로마 문제에 포괄적으로 접근하는 첫 번째 정부 발의는「루마니아 정부의 로마 상황 개선을 위한 전략(Romanian Government Strategy for Improving the Condition of the Roma)」이다. 이 전략에 따르면 루마니아 정부는 로마의 상황을 개선하기 위한 전략에 내포된 사회적 영역들에서 정책을 수행하고, 지자체, 시민사회단체, 기타 관계자와 협력·모니터링·평가한다. 그러나 이 국가 전략 속에 로마 여성에 관한 이슈와 정책은 직접적으로 언급되어 있지 않다(Bitu and Morteanu, 2010: 72). 통상 젠더 관련 정책들은 종종 결혼, 피임 또는 아동에 대한 부모의 책임과 관련된 이슈들에 한정되어 있다. 정부의 정책과 실천 전략은 로마 여성의 상황을 개선하는 데 매우 중요한 기능을 하기 때문에, 실로 모성 보호라는 전통적인 기능을 넘어 로마 여성의 이익과 이들에게 영향을 미치는 이슈들을 좀 더 정확히 파악하면서 젠더 관점을「국가로마통합전략」에 합체시키는 작업이 필요하다.

2) 페미니즘에서 본 로마 여성

다문화주의에서 여성의 권리에 대한 침해는 소수 인종·민족 집단이 그들의 가부장적 문화 속에 나타나는 여성에 대한 박해와 불평등한 처사를 집단의 자유 또는 전통이라는 이름으로 치장하고, 이것이 관용·수용됨에 따라 발생한다. 다문화주의와 페미니즘의 갈등은 소수민족의 특정한 권리인 문화적 자율성과 개인적 권리 사이의 가치 충돌이라는 상황에서 나타난다. 로마 공동체에 나타날 수 있는 다문화주의와 페미니즘의 충돌 지점을 로마 여성에 대한 페미니스트 시각에서 살펴보면 다음과 같다.

조혼의 경우 대부분의 동유럽 국가가 미성년자의 결혼을 법적으로 금지하지만, 매우 어린 나이에 결혼하는 로마의 조혼 전통은 관용하고 있다. 이것이 소수민족의 전통을 존중·관용한다는 다문화주의적 사고에 따른 것일지라도 이로 인해 로마 여성은 교육의 조기 단절, 조기 출산과 다산에 따른 건강 악화 등 여러 측면에서 많은 어려움을 겪고 있으며, 표현의 자유나 배우자를 선택할 자유 등 개인적 자유를 박탈당하고 있다. 로마 공동체 원로들은 조혼에 대한 전통적 관행을 포기하면 로마 문화가 소멸될 것이라 믿는다. 그들은 조혼이 젊은이들에게 책임감을 길러주며, 건강하고 도덕적인 로마 공동체의 정신을 보존하는 동시에 젊은이들이 마약, 성매매 등과 같은 현대사회의 악에 물들지 않게 하는 확실한 방법이라고 생각한다(Bitu and Morteanu, 2010: 11). 그러나 조혼은 미성년 아동이 교육받을 권리와 연령에 맞게 정상적으로 발전하며 인격을 완성시킬 권리를 제한한다. 동유럽 정부들은 로마의 전통을 존중한다는 미명하에 조혼에 따른 아동권 침해를 막거나 줄이기 위한 효과적·효율적 간섭을 하지 않는 상황이다.

로마 여성의 낮은 교육 수준과 전통적 성 역할에의 고착은 로마 여성의 노동시장 접근을 어렵게 하고, 그 결과 다수의 로마 여성이 실업 상태에 놓여 있다. 동유럽 국가의 정부들은 로마 여성이 노동시장의 수요에 상응하는 적절한 노동능력을 갖추어 경제적 독립을 도모하도록 로마 여성의 교육 수준 향상을 위한 정책들을 제시하고 있다. 그러나 이러한 정책은 한편으로 로마 공동체의 조혼 풍습이 사라질까 봐, 다른 한편으로는 학교교육을 통해 소녀들이 로마의 가치관과 다른 사고방식을 갖게 될까 봐 두려워하는 로마 부모들 때문에 난관에 부딪힌다. 즉, 일반 학교에서 가르치는 젠더 평등 교육과 좀 더 자유로운 생활 방식은 로마 소녀들에게 로마의 전통적인 가부장적 신념 체계와 대치되는 사고를 심어줄 수 있다. 또한 소녀들이 고등교육을 통해 노동시장에 진출할 능력을 갖추면 가정 외의 일에 관심을 둘 것이고, 로마 여성에게 전통적으로 부과되는 가정주부로서의 역할을 거부할 가능성이 커진다.

로마 여성이 많은 교육과 직업훈련으로 좀 더 양질의 일자리를 확보하거나 사업 경영 능력을 갖추어 남성에 대한 의존성에서 탈피한다면 로마 공동체의 전통적인 성 역할 분담에 회의를 품을 수 있고 이에 저항할 수도 있다. 경제활동을 통해 생계 부양자로서의 남성과 가장의 역할을 공유하는 인식이 생겨 남편의 권위를 인정하지 않을 수 있으며, 가사노동에 흥미를 잃을 수 있고, 출산을 꺼릴 수도 있다. 즉, 여성의 자기 계발과 사회적 실현은 로마의 전통문화에 대한 거부로 나타난다. 결론적으로 로마 여성의 높은 교육 수준은 로마 문화의 중요한 특징인 여성의 종속에 대해 의문을 품게 만들며 이른바 로마 여성의 세력화에 기여할 수 있지만, 로마의 전통적 신념 체계 및 문화와는 갈등을 일으키게 된다.

마지막으로, 다문화주의에 의거한 로마 문화 존중이 페미니스트적 관점과 갈등을 일으키는 또 하나의 예는 로마 여성의 건강 문제다. 로마 여성의 건강을 증진·강화하는 것은 출산 능력을 계속 보존케 한다는 점에서 로마 공동체의 가치와 합치한다. 그러나 로마 여성이 조혼으로 어린 나이에 출산하고 다산으로 건강이 악화되는 것을 막기 위해 성교육과 가족계획 교육을 실시할 경우, 이는 로마 문화가 추구하는 대가족제도와 충돌을 일으킨다.

그 밖에 로마 여성은 주류 사회의 여성보다 더 심각한 가정 폭력에 시달리는 것으로 알려져 있다. 세르비아에서 실시된 로마 가정의 가정 폭력에 관한 연구에 따르면 조사 대상자의 거의 90%가 어린 시절부터 가정에서 폭력을 경험했다고 응답했다. 이러한 것들을 다문화주의의 미명하에 로마의 전통으로 치부하고 방치하는 것은 페미니스트적 시각에서 볼 때 국가가 국민의 기본적 인권 보장이라는 최소한의 기본 의무조차 수행하지 않는 것으로 평가될 수 있다.

5. 나가며

지금까지 동유럽에 거주하는 로마 공동체를 중심으로 다문화주의와 페미니즘의 갈등에 대해 살펴보았다. 로마 여성은 로마라는 이유로 거주국의 주류 인종들로부터 차별받으며, 로마 공동체 내에서는 여성이라서, 또 사회적으로는 빈곤과 낮은 교육 수준 등 때문에 차별받는다. 로마 여성이 인종과 젠더, 빈곤 등 여러 측면에서 겪는 차별은 크렌쇼가 주장하는 이른바 교차성 때문에 로마 여성에게 더욱 가중된 어려움을 안겨주고 있다. 그들이 겪는 교차적 어려움은 정도의 차이는 있을지라도 이주의 시대인 오늘날 많은 여성 이민자가 지니고 있다.

한국의 경우 상당수의 결혼 이민 여성이 인종, 젠더, 빈곤 등에 따른 교차적 차별을 겪는다. 이들 여성과 로마 여성이 처한 상황은 기본 틀에서 상이하다. 로마 여성의 경우 동일한 민족으로 구성된 가족과 이를 기반으로 한 공동체 속에서 나타나는 교차적 차별인 반면, 한국의 결혼 이민 여성의 경우 다른 민족과 가족을 구성한다. 실로 결혼 이민 여성에 대해 다양한 정책이 제시되어왔지만, 로마 여성과는 다른 구조적 차이를 염두에 두고 교차성의 관점에서 정책에 대한 재검토가 이루어져야 할 것이다.

문화적 자율성을 보존한다는 다문화주의의 미명 아래 로마 공동체 내에서 여성의 기본 인권을 심각하게 훼손하는 관행이 자행되도록 묵인하면 안 될 것이다. 그렇다고 이를 근거로 로마 문화를 모두 야만적인 것으로 치부하고 비판해서도 안 될 것이다. 실로 각 인간 공동체의 문화는 바깥의 사람에게 비합리적으로 보일지라도 내적으로는 나름의 합리성을 지닌 경우가 많다. 앞서 언급했듯이, 로마 공동체 문화에서 임신은 다른 사람을 오염시킬 수 있는 힘이 있기 때문에 임신부는 다른 사람을 위해 요리할 수 없고, 남편과 같은 침대를 사용할 수도 없다. 신생아는 오염된 장소인 산도를 통해 나왔기에 출생 후 6주 동안은 불결한 것으로 여겨져 다른 사람들이 접근할 수 없다. 로마의 이러한 전통적 사고는 사실상 임신한 여성을 가사노동과 성생활에서 일정 정도 격리해 임신부의 건강을 보호하고, 신생아를 외부의 오염과 병균으로부터 격리하려는 조처로 볼 수 있다. 따라서 문제는 다문화주의와 페미니즘 간에 상호 수용할 수 있는 적절한 한계를 규정하는 것이라 할 수 있다.

페미니즘에 따르면 교육 수준, 여성의 노동시장 참여 여부, 개인행동에 대한 공동체의 통제 정도 등이 젠더 관계에 중요한 영향을 미친다. 교육 수준이 높고 여성이 노동시장에 참여하는 가족의 경우, 여성의 지위는 그렇지 않은 가정보다 일반적으로 높다. 또한 가족과 가족 구성원에게 강압적 통제나 영향력을 행사하지 않는 공동체일수록 젠더 평등을 허용하는 경향이 있다. 조혼이 관행이기는 하지만 청년들의 발전과 인격 완성에 좋지 않은 영향을 미치기 때문에 부정적으로 보는 경향이 로마 공동체 내에서 커지고 있다는 연구 결과(Voicu and Popescu, n.d.: 8)도 있듯이, 로마 공동체의 문화와 가치도 고정된 것은 아니기에 로마 여성의 지위가 장기적으로 향상되려면 동유럽 국가의 정부들이 로마 여성의 낮은 교육 수준을 높이는 정책을 적극 추진해야 할 것이다.

참고문헌

Asylum Aid. 2002. *Romani Women from Central and Eastern Europe: A 'Fourth World',
or Experience of Multiple Discrimination.* Refugee Women's Resource Project.

Baumgartner, Gerhard. 2004. "Sinti und Roma: Die gröbβte Minderheit wird europaweit
ausgegrenzt." http ://www.gfbv.it/3dossier/sinti-rom/rom.html(검색일: 2015.4.13).

Bitu, Nicoleta and Crina Morteanu. 2010. *Are the Rights of the Child Negotiable? The
Case of Early Marriages within Roma Communities in Romania.* UNICEF. Bucharest.

Council of Europe. n. d. *Protecting the rights of Roma.* Strasbourg.

_____. 2012. "Council of Europe Descriptive Glossary of terms relating to Roma Issue."
http://www.coe.int/en/web/portal/roma(검색일: 2015.5.11).

Crenshaw, Kimberle. 1989. "Demarginalizing the Intersection of Race and Sex: A Black
Feminist Critique of Antidiscrimination Doctrine, Feminist Theory, and Antiracist
Politics." http://politicalscience.tamu.edu/documents/faculty/Crenshaw-Demarginalizing.
pdf(검색일: 2015.4.28).

_____. 1991. "Mapping the Margins: Intersectionality, Identity Politics, and Violence
Against Women of Color." *Stanford Law Review*, 43(July), pp.1241~1299.

Cukrowska, Ewa and Angela Kóczé. 2013. *Interplay between gender and ethnicity:
Exposing Structural Disparities of Romani women.* UNDP. Roma Inclusion Working
Papers. Bratislava Regional Centre.

Davis, Kathy. 2008. "Intersectionality as buzzword: A sociology of science perspective
on what makes a feminist theory successful." *Feminist Theory*, 9(1), pp.67~85.

European Commission. 2004. The Situation of Roma in an Enlarged Europen Union.
Luxembourg: Office for Official Publications of the European Communities.

_____. 2008. *Ethnic minority and Roma women in Europe. A Case for gender equality?*
http://ec.europa.eu(검색일: 2015.5.11).

_____. 2011. "An EU Framework for national Roma integration strategies up to 2020.
COM(2011) 173 final. Brussels." http://ec.europa.eu/justice/policies/discrimination/
docs/com_2011_173_en.pdf(검색일: 2015.5.11).

_____. 2012. *What works for Roma inclusion in the EU.* Luxembourg: Publications Office of the European Union.

European Parliament. 2009. "European Parliament Resolution of 11 March 2009 on the social situation of the Roma and their improved access to the labour market in the EU (2008/2137(INI))." http://www.europarl.europa.eu/sides/getDoc.do?pubRef=-//EP//NONSGML+TA+P6-TA-2009-0117+0+DOC+PDF+V0//EN(검색일: 2015.5.12).

_____. 2013. *Gender aspects of the European framework of national Roma inclusion strategies.* Strasbourg.

Fleck, Gábor and Cosima Rughiniş. 2008. *Come Closer: Inclusion and Exclusion of Roma in Present-day Romanian Society.* National Agency for Roma. Bucharest.

Government of Bulgaria. 2012. *National Roma Integration Strategy of the Republic of Bulgaria 2012-2020.* http://ec.europa.eu/justice/discrimination/files/roma_bulgaria_strategy_en.pdf(검색일: 2015.4.28).

Government of Hungary. 2011. *National Social Inclusion Strategy: Extreme Poverty, Child Poverty, the Roma(2011-2020).* http://romagov.kormany.hu/ download/5/58/20000/Strategy%20-%20HU%20-%20EN.PDF(검색일: 2015.4.13).

Grienig, Gregor. 2010. "Roma in der EU." http://www.berlin-institut.org/fileadmin/user-upload/handbuch-texte/pdf-Grienig-Roma_Eu.pdf(검색일: 2015.4.13.)

Hanewinkel, Vera. 2013. "EU-Binnenmigration vor und während der Wirtschafts-und Finanzkrise: ein Überblick." http://www.bpb.de/gesellschaft/migration/dossier-migration/155393/eu-binnenmigration(검색일: 2015.4.13).

Heckmann, Friedrich. 1993. "Multiculturalism Defined Seven Ways." *The Social Contract,* Summer, pp.245~246.

Ilisei, Irina. 2013. "Education of Roma Women between Feminism and Multiculturalism Case study: Roma Women in Romania." *Journal of Social Science Education,* 12(1), pp.67~74.

Kócze, Angéla. 2009. *Missing Intersectionality: Race/Ethnicity, Gender, and Class in Current Research and Policies on Romani Women in Europe.* Center for Policy Studies: Central European University.

Kymlicka, Will. 1998. *Finding Our Way: Rethinking Ethnocultural Relations in Canada.*

Oxford University Press Canada.

Matras, Yaron. 2011. "Roma Culture: An Introduction." *Project Education of Roma Children in Europe.* Council of Europe.

Okin, Susan Moller. 1999. "Is Multiculturalism Bad for Women?" in J. Cohen, M. Howard and M. C. Nussbaum(eds.). *Is multiuculturalism bad for women.* Princeton, NJ: Princeton University Press.

Surdu, Laura and Mihai Surdu. 2006. "Boradening the Agenda: The Status of Romani Women in Romania." *A Research Report Prepared for the Roma Participation Program Open Society Institute-Budapest.* New York: Open Society Institute.

Unicef. 2010. *Are the Rights of the Child Negotiable?: The Case of Early Marriages within Roma Communities in Romania.* Bucharest.

UNDPI(United Nations Department of Public Information). 2001. "At the Crossroads of Gender and Racial Discrimination." http://www.un.org/WCAR/e-kit/gender.htm(검색일: 2015.4.13).

Voicu, Malina and Raluca Popescu. n.d. *Roma women - known and unknown: Family Life And The Position Of The Woman In The Roma Communities.* Research Report. http://www.euromanet.eu/upload/80/83/Research_Report_Roma_Women_engl_09__OSI-Romania_.pdf(검색일: 2015.4.13).

제9장

아시아 여성 이민자에 관한
일본의 사회 담론과 정책적 대응

인신매매를 중심으로

이지영

1. 들어가며

20세기 후반 급격하게 진행된 글로벌화와 탈사회주의화로 국제 이주는 더욱 증대했으며, 전 지구적 차원에서 사회의 다문화화를 촉발하고 있다. 최근 국제 이주에 나타나는 특징 중 하나는 여성 이민자 수가 남성 이민자 수를 큰 폭으로 능가하는 '이주의 여성화'다. 국제 이주의 증대와 다문화화가 진행되는 가운데 여성 이민자가 다문화 사회 통합의 매개로 인식되면서 이들의 인권과 사회적 지위는 이주 문제의 주요 이슈로 등장했다. 그러나 여성 이민자는 수용국 사회의 문화와 출신국 사회의 문화 사이에서 갈등을 겪고 있으며, 성을 이유로 남성 이민자보다 인권 보장에서 어려움을 경험한다(Oishi, 2005; 김민정, 2010). 그 대표적 사례 중 하나가 여성 이민자가 경험하는 다양한 형태의 폭력이다.

　그러나 각국 사회에서 여성 이민자에 대한 폭력을 바라보는 시각은 똑같지 않으며, 사회적 담론도 다양하게 형성된다. 각국 사회의 여성 이민자와 그들이 경험하는 폭력에 대한 담론이 어떠한가에 따라 각국의 정책적 대응도 다르다(Okin, 1998; 문경희, 2011). 따라서 여성이 어느 국가로 이주해 거주하는지는 여성 이민자를 폭력에서 구제하고 인권을 보장하는 데 커다란 영향을 미친다고 하겠다.

　전통적으로 국경 관리나 이민자 정책은 국민국가의 주권과 정체성 확립에 관련된 것으로, 국가가 사회에서 독립되어 자율적으로 정책을 수립하는 고유 영역으로 인식되어왔다. 그러나 세계화의 진행과 국제 이주의 증대, 그로 인한 사회의 다원화·다문화화가 가속화되면서 국경 관리나 이민자 정책은 더 이상 국가가 다른 정치 행위자의 영향을 받지 않고 독자적으로 결정·집행할 수 있는 영역이 아니다. 국제사회는 지속적으로 국적, 국경 관리, 국제 난민과 이민자 인권 보호 등 국제 이주에 관한 공통의 규범과 규칙을 형성·강화하며 국가에 이행을 촉구하고 있으며, 국내에서는 다양한 이민자 집단과 이민 관련 집단이 조직되어 이익을 표출하고 담론을 주도하며 영향력을 행사하고 있기 때문이다(久保山亮, 2009). 국가는 국제 이주 관련 규범과 규칙, 사회 담론의 영향을 받으며 문제에 대응하고 정책을 수립하게 되었다(Schmidt, 2000).

　이 글의 목적은 인신매매에 초점을 맞춰 일본의 여성 이민자에 대한 사회 담론과 정책적 대응을 고찰하는 데 있다. 국제 이주의 증대와 이주의 여성화 이면에는 저개발국 여성을 대상으로 하는 국제 인신매매 문제가 있으며, 그 피해의 심각성이 인식됨에 따라 2000년 유엔총회에서 「인신매매금지의정서(Palermo Protocol to Prevent, Suppress and Punish Trafficking in Persons, especially Women and Children)」[1]가 채택되기에 이르렀다. 인신매매를 매개로 이주한 많은 저개발국 여성이 수용국에서 성적 착취와 구타, 감금 등의 폭력을 경험하고 있다. 제2차 세계대전 종전 이후 일본은 단일민족주의와 혈통주의를 바탕으로 국가의 정체성 확립을 위해 강력한 체제 통합 정책을 펴왔다. 단순 취로와 거주 목적의 이주는 허용하지 않는 폐쇄적인 이민자 정책을 수립하고 유지해온 것이다.

그러나 폐쇄적인 이민자 정책에도 불구하고 1980년대 중반부터 이어진 일본의 장기 활황과 1990년대 아시아 경제 위기는 아시아 역내로부터 일본으로의 이주를 촉발했다. 외국인 노동자의 대량 수용을 통해 경제성장을 이룩한 서구에 비하면 일본으로의 이주 규모는 작다. 그러나 일본은 아시아 최대 이민 수용국이며, 1990년대 중반부터는 여성 이민자 수가 남성 이민자 수를 초월해 일본에서도 이주의 여성화 현상이 나타나고 있다. 그러나 일본은 국제노동기구(ILO)가 인신매매 목적지국으로 주목할 만큼 많은 아시아 여성이 인신매매를 매개로 일본에 이주해 성 산업에 종사하면서 강제 성매매, 감금, 감시 등 인권침해를 경험하고 있어(ILO駐日事務所, 2005), 여성 이주와 이주의 여성화가 안고 있는 문제를 잘 드러낸다고 할 수 있다.

이 글은 일본의 인신매매 아시아 여성 이민자에 대한 사회 담론과 일본의 정책적 대응을 검토하여, 인신매매와 이민 여성의 문제를 규명하고 여

---

1 정식 명칭은 「국제적인 조직범죄 방지에 관한 국제연합 조약을 보완하는 사람, 특히 여성 및 아동의 매매를 방지하고 억제 및 처벌을 위한 의정서(國際的な組織犯罪の防止に關する國際連合條約を補足する人, 特に女性及び兒童の取引を防止し, 抑止し及び處罰するための議定書)」다.

성 이민자에 대한 수용국 정책의 개선 방안에 시사점을 제시할 것으로 기대된다. 우선 일본으로의 아시아 여성 이주 중 한 유형으로서 국제 인신매매와 그 원인을 검토하고, 다음으로 인신매매 이민 여성을 둘러싼 사회 담론과 정책적 대응을 살펴본 뒤, 마지막으로 그 한계와 문제점에 대해 논의한다.

2. 아시아 여성의 일본 이주 유형

1) 국제결혼과 흥행 자격으로의 이주

일본은 1952년 샌프란시스코 강화조약 비준 이후 연합군 점령 통치로부터 벗어나면서 단일민족주의를 바탕으로 구 식민지 출신 이민자를 차별·배제하는 폐쇄적 이민자 정책을 지속해왔다. 그러나 1980년대 중반부터 아시아 각국에서 일본 이주가 증가하기 시작, 1990년대에 들어와서는 그 증가 폭이 확대되고 있다. 2008년 현재 외국인등록자 수[2]는 221만 7426명

---

2 일본은 샌프란시스코 강화조약 발효로 주권을 회복한 후 출입국관리법과 외국인등록법을 시행함으로써 일본 입국 후 90일 이상 체류하는 외국인의 주거지 관청 등록을 의무화해왔다. 일본 법무성이 매년 발표하는 외국인등록자 통계는 90일 이상 체류하는 외국인의 수, 국적, 거주지, 재류 자격 등 외국인 실태 파악에 유용한 자료로 활용되어왔으나, 2012년 7월 외국인등록법이 폐지되어 90일 이상 일본에 거주하는 외국인은 일본인 주민과 함께 주민기본대장법의 대상으로 세대별로 주민표를 작성하게 되었다. 외국인등록법의 폐지로 외국인은 외국인등록증 대신 재류카드를 발급받으며, 출입국관리법과 외국인등록법상 특별영주자로 분류되던 재일 한국인은 특별영주자증명서를 발급받게 되어 재일 한국인에 대한 차별·관리 강화라는 비판도 있다. 일본에는 별도의 이주민 통계가 없는 관계로 이주

〈표 9-1〉 외국인등록자 수의 추이 　　　　　　　　　　　　　　　　　　　(단위: 년, 명)

구분	1990	2000	2010
여성	536,552	889,516 (697,015)	1,161,670 (968,789)
남성	538,765	796,928	972,481

주: 괄호 안은 아시아 여성의 외국인등록자 수.
자료: 法務省(1990, 2000, 2010)에서 필자 작성.

으로, 외국인이 인구에서 차지하는 비율은 1.74% 정도다. 그러나 2005년
부터 인구가 감소 추세인 데 비해 최근 10년간 외국인 증가율은 47.7%에
달한다. 이런 변화와 더불어 일본에서도 이주의 여성화가 나타난다. 1996
년에 처음으로 여성 외국인등록자 수가 남성을 넘어섰고, 2010년 현재 여
성 외국인등록자 수는 116만 1670명으로 전체 외국인등록자의 53.5%를,
남성 외국인등록자 수는 97만 2481명으로 46.5%를 점하고 있다.

　국적별 여성 외국인등록자 수를 보면 재일 한국인이 대다수 포함된 한
국과 북한, 그리고 일본인 이민 1세대 후손의 이민환류자[3]가 다수 포함된
브라질을 제외하면 중국, 필리핀, 태국의 순으로 많다. 그러나 일본으로의
여성 이주는 서구에서 일반적으로 발생하는 가족 결합이나 돌봄 노동 이
주의 유형이 아니다. 단순 취로와 거주를 허용하지 않는 일본의 출입국관
리법상 가사·돌봄 노동, 비숙련노동에 관한 재류 자격 규정이 없기 때문

민 현황에 대해서는 외국인등록자 통계를 원용하며, 통계자료의 일관성을 위해 2012년 제
도 변화 이전까지의 외국인등록자 통계를 바탕으로 한다.
3　일본은 경제난 해소를 위해 국가적 차원에서 1893년 과테말라 이주를 필두로 1897년 멕
시코와 브라질 등 남미로의 집단 이주를 장려했는데, 이들 이민 1세대의 후손들이 1980년
대부터 일본으로 환류하고 있다. 일본 정부는 1989년 출입국관리령을 개정해 이민환류자
들을 위한 재류 자격을 신설했다.

<표 9-2> 국적별 외국인등록자 수의 추이 (단위: 년, 명)

구분	2000		2010	
	여성	남성	여성	남성
한국·북한	333,016	302,253	308,228	257,761
중국	188,234	147,341	401,124	286,032
필리핀	123,209	21,662	163,965	46,216
태국	21,523	7,766	30,915	10,364
브라질	105,261	125,291	113,909	140,485

자료: 法務省(2015)를 바탕으로 필자 작성.

이다. 출입국관리가 엄격할수록 불법 이민을 조장하고, 여성 이민자의 경우 성을 이유로 남성보다 취약한 위치에 놓이기 때문에 수용국 사회에서 인권침해와 차별 등 부당한 처우를 받는다.

2000년대 중반까지 일본에서 여성 이민자의 재류 자격 중 가장 높은 비중을 차지한 것은 일본인 배우자 자격이다. 일본인 배우자는 취로에 제한이 없어 국제결혼을 통해 일본으로 이주하는 여성이 증가한 것이다. 일본에서 국제결혼은 1980년 결혼 총수 77만 4702건 중 7261건으로 전체의 0.9%였으나, 2006년에는 73만 971건 중 4만 4701건으로 전체의 6.1%를 차지했다. 국제결혼 중 대부분은 일본 남성과 외국인 여성의 결혼으로 3만 5993건을 차지한다. 국적별로는 중국(1만 2131건), 필리핀(1만 2150건), 한국·북한(6041건), 태국(1676건), 브라질(285건), 미국(215건) 순이다. 일본 남성과 결혼하는 외국인 여성이 대부분 아시아 국가 여성임을 알 수 있다.

일본으로의 여성 이민 중 결혼 이민을 제외하면 상당수는 '흥행(entertainment)' 자격으로 이주하는 경우다. 일본의 입국관리법 별표 해설에 따르면 '흥행'이란 관람객을 모아 입장료를 받고 연극·연예·연주·스포츠·영화·관람물 등을 개최하는 것을 말하며, 바·카바레·클럽에 출연하는

〈표 9-3〉 국제결혼과 외국인 아내의 국적별 추이 　　　　　　　　　(단위: 년, 명)

구분	1995	2000	2005
국제결혼	27,727	36,263	41,481
한국·북한	4,521	6,214	6,066
중국	5,714	9,884	11,644
필리핀	7,188	7,519	10,242
태국	1,915	2,137	1,637
브라질	579	357	311
미국	198	202	177

자료: 厚生勞動省(2006)에서 필자 작성.

〈표 9-4〉 일본인 배우자와 흥행 자격 외국인등록자 수 추이 　　　　(단위: 년, 명)

구분	1996	2000	2004
일본인 배우자	258,847	279,625	257,292
흥행	20,103	53,847	64,742

자료: 法務省(2005)에서 필자 작성.

가수 등의 활동도 포함된다. 취득 요건은 세 가지로 국가 또는 지자체, 이에 준하는 공적·사적 기관이 인정하는 자격 취득, 교육기관에서 당해 활동에 관한 과목을 2년 이상 전공, 외국에서의 2년 이상 경험 등이다. 흥행 자격은 다른 재류 자격에 비해 취득이 용이하게 규정되었다. 흥행 자격 취득의 용이함은 젊은 아시아 여성들의 이주를 증가시켰다.

흥행 자격의 외국인등록자 수는 1990년대 중반부터 증가해 1996년에 2만 103명을 기록했으며, 2000년대 들어 급증해 2004년에는 최고치인 6만 4742명을 기록했다. 아시아 중에서도 필리핀과 태국이 가장 높은 비중을 차지한다. 흥행은 일본 남성의 아시아 섹스 관광이 비난받자 1980년대 초에 신설된 재류 자격으로, 단순 취로와 거주 목적의 이민은 받아들이지 않

는 엄격한 출입국관리법에서 전문 분야로 분류되면서도 쉽게 취득할 수 있도록 규정되어, 일본 남성이 해외로 나가는 대신 아시아 여성을 일본으로 유인해온 것이다(Oishi, 2005: 35; 佐竹眞明, メアリー・アンジェリン・ダイノ, 2006: 16; 이지영, 2012a: 275 ff).

2) 인신매매

취로에 제한이 없는 국제결혼이나 취득이 용이한 흥행 자격은 인신매매 브로커에 의해 이용되고 있으며, 일본은 주로 아시아 여성의 인신매매 목적지국으로 인식된다. 일본에서 번 돈을 송금하면 가족을 부양하고 집도 지을 수 있다고 속이거나 유인하는 브로커에게 국제결혼이나 흥행 자격으로 위장 여권을 발급받고 인신매매되어 이주하는 여성이 증가하고 있다(ILO駐日事務所, 2005: 11).

일본으로 오는 아시아 여성에 대한 인신매매는 국제 조직을 통해 이루어지고 성적 착취가 주된 목적이라는 데 특징이 있다. 필리핀이나 태국 여성의 경우 현지에서 활동하는 '모집 브로커', '교육 브로커', '동행 브로커'를 거쳐 일본에 입국한 뒤 일본의 '수수 브로커'와 '공급 브로커'에게 인도된다. 우선 모집 브로커가 도시와 농촌을 돌며 학생, 점원, 호스티스, 웨이트리스 등 젊은 여성을 대상으로 일본에서 호스티스로 일하면 월 20~30만 엔을 벌 수 있다고 유인하며, 때로는 성 산업에서 일한다는 사실을 숨긴 채 사기로 모집한다. 모집이 끝나면 교육 브로커가 입국에 필요한 절차와 지식을 전달하고, 흥행 자격의 경우 춤과 노래 등의 연수를 시키는 동안 위장 여권, 비행기 티켓, 여비 등이 준비된다. 다음으로 동행 브로커가 여성을 출국시키는데, 태국의 경우 방콕에서 출발해 홍콩, 마닐라, 대만, 싱

가포르를 경유하고 때로는 인도, 파키스탄, 이집트 등을 경유하기도 한다. 일본에 입국하면 수수 브로커가 공항에서 이들을 인수받아 국내의 공급 브로커에게 넘기는데, 공급 브로커는 관리 조직으로서 여성을 직접 관리하며 성매매를 시키거나 일본 전국에 리스(lease)하기도 한다(ILO駐日事務所, 2005).

여성들은 비행기 티켓, 위장 여권 등 출국 준비 명목으로 빚을 지게 되는데, 각 단계의 브로커를 거칠 때마다 수수료가 가산되어 최종 공급 브로커에게 인도될 때는 1인당 500~600만 엔의 빚을 떠안게 된다. 게다가 일본에서의 생활비, 주거비, 의상비, 식비까지 빚에 추가되어 아무리 일을 해도 빚이 줄지 않는 데다 빚을 다 갚는다 해도 '전매(轉賣)'가 이들을 기다리고 있다. 전매는 공급 브로커가 새로운 공급 브로커나 관리 조직에 이들을 되파는 것으로, 성적 착취와 임금 착취로부터 벗어날 수 없게 하는 구조로서 아시아 여성들이 조직적으로 인신매매되고 있는 것을 잘 나타내는 사례라고 하겠다. 인신매매 여성들은 관리 조직에 의해 관리되고 성적 착취와 임금 착취뿐 아니라 감금·감시·구타를 당하며 인간의 가장 기본적인 권리를 침해받고 있어 현대판 노예 상태에 놓여 있다고 할 수 있다(大津惠子, 2007).

그러나 일본 국내법에는 인신매매를 처벌하거나 피해자를 구제할 수 있는 법규가 없어, 인신매매 이주 여성이 인신매매의 피해자로서 심각한 인권침해 상황에 처해 있었다는 점은 고려되지 않은 채 기존의 형법, 출입국관리법, 성매매방지법이 적용되어 불법체류자, 성매매자 등 범죄자로 다루어졌다. 한편 인신매매에 관여한 브로커나 폭력단, 업주의 인신매매를 처벌할 법적 근거 또한 없어 기존의 형법, 출입국관리법, 직업안정법, 풍속영업적정화법 아래 인신매매가 아닌 상해, 불법취로조장, 유해업무소개, 무

<표 9-5> 〈여성의 집 사라〉에서 보호한 인신매매 피해자 　　　　　　　(단위: 년, 명)

구분	1992	1993	1994	1995	1996	1997	1998	1999	2000	2001	합계
태국	40	72	52	17	7	6	5	18	6	10	233
필리핀	2	5	6	13	12	10	9	25	18	14	112
동아시아		1	7		2	2			1	1	14
기타 아시아		1	1	1	1		1		2	2	9
중남미			1	1	6	5	4	5	7	14	43
아메리카, 아프리카						1		1			1
일본							2	2	8	9	21
불분명								1			1
총계											434

자료: 女性の家サーラー(2002: 122).

허가영업죄로 경미한 벌금형과 금고형을 받을 뿐이었다(杉浦明道, 2005: 23).

　정부 차원의 정책적 대응이 필요한 상황이지만 일본은 인신매매 대책에 소극적이었다. 정부의 대책이 부재한 가운데 인신매매 이민 여성을 보호하고 지원해온 것은 여성 단체와 인권 단체다. 이들은 취약한 재정적·조직적 자원에도 불구하고 인신매매 여성 이민자를 보호하며, 자신들의 경험을 바탕으로 인신매매 관련 자료를 출간·공표하고 상호 연계하며 인신매매 문제에 대한 사회 인식을 환기시키는 등 인신매매 관련 행정의 공백을 메워왔다. 인신매매 여성 이민자를 보호하고 지원해온 대표적인 시민 단체로는 '여성의 집 HELP'와 '여성의 집 사라' 등이 있다.

〈표 9-6〉 '여성의 집 HELP'에서 보호한 인신매매 피해자 (단위: 년, 명)

구분	1996	1997	1998	1999	2000	2001	2002	2003	2004	2005	합계
태국	9	7	8	5	2	17	16	19	25	21	129
콜롬비아	5	5	3	4	9	17	7				50
홍콩	1										1
대만		1		7							8
한국		1	1	1							3
중국		1									1
멕시코				1							2
루마니아				1							2
페루											1
총계											197

자료: 人身賣買禁止ネットワーク(2005: 72).

3. 일본 사회의 인신매매 아시아 이민 여성에 대한 담론

1) 인신매매를 매개로 한 아시아 여성의 일본 이주 원인

엄격하고 폐쇄적인 출입국관리법에도 불구하고 일본이 아시아 여성의 인신매매 목적지국 중 하나인 이유로 첫째, 일본과 아시아 국가들 간 경제적 격차를 들 수 있다. 경제 격차가 큰 만큼 인신매매를 통해 착취할 수 있는 경제적 이익도 크다. 인신매매는 마약, 무기 거래에 이은 세계경제의 어두운 부분으로서, 국제 인신매매 조직이 다수 형성되어 있는 것으로 알려져 있다. 흥행 자격의 경우 일본인과 동일한 임금 조건으로 고용계약을 체결하는 것이 전제이지만, 실제로 일본인과 동일한 임금이 지급되는 경우는 거의 없다. 업종에 따라 다르지만 일반적으로 한 달 임금은 20~30만

엔 정도인데, 인신매매 피해자의 경우 고용 기간이 완료되면 귀국 후 20만
엔 정도를 받는다고 한다. 2002년에 검거된 태국-일본 인신매매 브로커는
이러한 방식으로 2년간 약 1억 5000만 엔의 폭리를 취한 것으로 밝혀졌다
(警察廳, 2005: 121).

둘째, 일본 국내의 수요다. 일본에는 수천 개에 달하는 호스티스 바가
있고, 그 일부를 포함하는 방대한 성 산업이 존재한다. 일본 성 산업의 연
간 총수입에 대해 2000년 11월 ≪아시아월스트리트저널(The Asian Wall
Street Journal)≫은 4~10조 엔 규모, 2003년 2월 ≪파이낸셜타임스(Financial
Times)≫는 10조 엔에 달한다고 추계한 바 있다. 1999년 7월 국제이주기
구(IOM)는 일본이 아시아 여성들의 최대 성 산업 시장이며, 필리핀과 태국
여성을 중심으로 15만 명 이상의 외국인 여성이 관여한다고 보도한 바 있
다(ILO駐日事務所, 2005). 그러나 일본의 성 산업이 활성화되어 있다고 해
서 반드시 아시아 여성이 인신매매되는 것은 아니다. 대규모 성 산업의 이
면에는 일본 남성이 아시아 여성에 대해 가지고 있는 정형화된 이미지가
있다. 가난한 나라에서 온 "온화하고 순종적이며 인내심 강한 전통적인 아
시아 여성"이라는 이미지로, 이러한 이미지는 "성 역할 분업을 포기한 오만
하고 히스테릭한 일본 여성"에 대비되며, 일본 남성에 의해 구축되어 그들
의 남성성을 보강하는 수단으로서 작용한다는 것이다(大野聖良, 2008: 470).

셋째, 아시아 여성 이민자의 출신국 내 계급 문제다. 인신매매 대상이
되는 여성 중 교육 수준이 높고 경제적으로 안정적 지위를 누리며 해외여
행에 대한 정보와 비자 취득에 관한 지식을 갖춘 여성은 드물다. 대부분은
가난한 농촌이나 도시 빈민 출신으로, 성 산업에 종사하게 되더라도 국제
이주를 통해 빈곤에서 벗어나려는 여성들이다.

마지막으로 젠더 문제를 들 수 있다. 인신매매의 대상은 여성이 압도적

으로 많다. 인신매매가 성 산업에 집중하는 것도 '여성의 일'인 재생산 노동이 다른 노동보다 상대적으로 착취가 쉽다는 점에 기인한다. 재생산 노동은 여성의 일이자 무상으로 제공되는 것이라는 인식이 국제 이민의 장(場)에서 발생하는 인신매매의 기저에 작용한다. 또한 출신국 내 가정의 가부장적 의사 결정도 아시아 여성의 인신매매에 영향을 주고 있다. 즉, 아들은 국내에서 교육을 시키지만 딸의 경우 성 산업인 것을 알면서도 아들의 교육비와 가족의 생계비를 송금시키기 위해 해외로 내보낸다는 것이다(稻葉奈々子, 2008: 64). 이와 같이 세계경제구조, 계급, 인종, 젠더의 문제가 교차하는 지점에서 아시아 여성의 일본 인신매매가 발생한다.

2) 인신매매 아시아 이민 여성에 대한 담론과 다문화 공생

아시아 여성의 일본 인신매매와 이들에 대한 인권침해 실태가 알려지면서 사회적으로 문제가 된 것은 1990년대다. 1990년대 들어 흥행 자격으로 이주해온 필리핀 여성의 사망 사건과 폭력 사건, 태국 여성들에 의한 살해 사건이 잇달아 발생한 것이다. 이 가운데 1991년 9월에 일어난 시모다테(下館) 사건은 인신매매 아시아 여성 이민자를 둘러싼 다양한 사회 담론이 형성되는 계기였다. 현지 브로커로부터 일본의 태국 레스토랑과 공장에서 일하며 생활비가 들지 않는다는 조건을 제시받고 일본에 입국한 태국 여성 3명은 이바라키 현(茨城縣) 시모다테의 일본인 부부가 경영하는 한 야간 업소에 인도되었는데, 도항 비용 350만 엔과 매월 가산되는 생활비를 성매매로 갚아야 한다는 사실을 알게 되었다. 이들 여성은 강제 성매매와 감금·폭력을 견디다 못해 자신들을 관리하는 태국 여성, 속칭 '마마'를 살해하고 도주하기에 이른다. 결국 그들은 강도살인죄로 기소되어 1994년 5

〈표 9-7〉 인신매매 관련 주요 형사사건

1991	시오슨 사망 사건	후쿠시마(福島) 현에서 필리핀 여성 댄서 시오슨 사망
	필리핀 댄서 폭력 사건	에히메(愛媛) 현에서 필리핀 여성 댄서 5명이 폭력을 당함
	시모다테 사건	이바라키 현 시모다테에서 태국 여성 3명이 업주인 태국 여성을 살해
1992	신코이와 사건	도쿄(東京) 도 신코이와(新小岩)에서 태국 여성 5명이 업주인 싱가포르 여성을 살해
	모바라 사건	치바(千葉) 현 모바라(茂原) 시에서 태국 여성 5명이 업주인 대만 여성을 살해
1994	구와나 사건	미에(三重) 현 구와나(桑名) 시에서 성매매 남성에게 강간·폭행·협박·감금당한 태국 여성이 성매매 남성을 살해
	이치카와 사건	치바 현 이치카와(市川) 시에서 태국 여성이 업주인 태국 여성을 살해
2000	요카이치 사건	미에 현 요카이치(四日市) 시에서 태국 여성이 업주인 태국 여성을 살해

자료: 佐竹眞明, メアリー・アンジェリン・ダアイノ(2006); 齋藤百合子(2006)에서 필자 재구성.

월 지법에서 징역 10년, 1995년 6월 항소심에서 징역 8년을 언도받았다. 이들 여성은 형기를 마치고 본국으로 귀국했다(下館事件タイ3女性を支える會, 1993).

이러한 인신매매 이민 여성에 대한 사회 담론은 일본에서 주로 인신매매의 강제성 여부를 둘러싸고 촉발되었다. 하나는 이민 여성의 자기 선택과 자발성을 강조하는 담론이다. 이는 특히 일본 정부가 일관되게 주장해 온 것으로, 이민 여성 개인의 자발적 선택에 반하는 이주나 강제 성매매는 없으며, 따라서 일본에 인신매매나 인신매매 피해자는 없다는 것이다. 일본의 이러한 주장은 인신매매 관련 형사사건을 취조하는 과정에서 나온 진술에 근거한다. 현지에서 모집 브로커가 여성에게 접근했을 때 여성이 일본에서 성 산업이나 성매매에 종사하게 된다는 점을 대부분 인지하고 있었다는 것이다. 실제로 성 산업이나 성매매가 아닌 다른 업종에 종사한

다고 속여 여성을 모집해 사기에 해당되는 경우는 상대적으로 적으며, 사기당한 것을 안 시점에서 귀국한 여성은 거의 없었다(人身賣買禁止ネットワーク, 2005). 시모다테 사건의 태국인 여성들 또한 자신들이 인도된 야간 업소가 성매매 업소임을 알게 된 후에도 일을 했다는 것이다(下館事件タイ3女性を支える會, 1993).

그러나 자발성을 전제하는, 자기 선택에 반하는 인신매매가 없다는 주장은 인신매매의 판단 기준을 여성 개인의 애매한 의지에 둠으로써 인신매매 문제의 본질을 가린다는 비난이 제기되었다. 어디까지 여성이 인지해야 강제성이 인정되는가. 성 산업이나 성매매에 종사한다는 것을 알고 있었다면 인신매매에 해당하지 않는 것인가, 아니면 브로커를 거칠 때마다 빚이 늘어나고 전매 때문에 빚을 탕감할 수 없으며, 체중이 증가하거나 업주의 말에 고분고분하지 않으면 벌점제 때문에 빚이 가산되고 감금에 폭력을 당하는 것까지를 포함하는가. 여성의 자발성을 문제시하는 것은 인신매매의 구조적·복합적 원인과 권력 불균형 문제를 이민 여성 개인의 문제로 환원하게 된다(稲葉奈々子, 2008: 50~52).

이러한 인신매매의 강제성, 여성 이민자의 자발성 논의는 형사사건의 책임 문제로 이어졌다. 돈을 벌려고 몸을 팔러 와 범죄를 저질렀으니 응당 법적 책임을 져야 한다는 개인 책임론이 사회 일각에서 형성되었다. 이러한 개인 책임론에는 이민자, 특히 아시아에서 온 이민자를 치안에 대한 위협이나 범죄 예비군으로 보는 인종차별적 인식도 작용한다. 일본 남성이 떠올리는 아시아 여성 이민자의 이미지 역시 성적 대상일 때는 가난한 나라에서 온 온화하고 순종적이며 인내심 강한 전통적인 아시아 여성으로, 형사사건의 피고일 때는 범법자·살해자로서 불온한 여성으로 바뀐다.

한편 일본에서는 인신매매 이민 여성을, 성매매하는 일본 남성에 대한 비판의 재료로 삼는 담론이 형성되었다. 즉, 인신매매를 여성에 대한 남성의 성적 착취에서 기인하는 문제로 인식하며 젠더의 시각에서 논의를 제기하는 것이다. 그러나 여기에는 아시아 여성 이민자를 둘러싼 상반된 담론이 병존했다. 하나가 '성매매로 돈을 버는 일탈한 여성', '가족 붕괴의 적'이라는 전통적 여성상 틀 내에서 구축된 담론이라면, 다른 하나는 '자국 사회로부터도 튕겨져 나온 가난한 아시아 여성', '남성에게 속고 유린당한 가여운 아시아 여성'이라는 계급주의적 시각의 담론이다. 두 담론 모두 여성의 입장에서 아시아 이민 여성을 대상으로 한 일본 남성의 성매매를 문제시하면서도 자신들과 아시아 이민 여성은 결코 동일하지 않다고 주장함으로써 일본 여성과 아시아 여성 간 서열과 분열을 나타내고 있다(大野聖良, 2008: 470~472). 일본에서 인신매매 여성 이민자의 문제는 젠더 문제인 동시에 인종 문제임을 알 수 있다.

이에 대해 인권 차원에서 아시아 이민 여성이 처한 상황은 국제적·조직적·구조적 인신매매임을 사회에 인식시키고 이들을 인신매매 피해자로 호명한 것이 일본의 여성 단체와 인권 단체다. 시모다테 사건 피해자들을 지원하기 위해 1992년에 조직된 '시모다테 사건 태국 여성 3인을 지원하는 모임'(이하 '지원모임')은 피해 여성이 경험하는 인신매매의 실태와 일본의 상황을 알리며 이들 여성을 '피해자'로 언어화했다. 폭력단과 국제 인신매매 조직이 관여되었다는 점, 인신매매 여성이 강제 성매매 등 노예 상태에 놓여 있다는 점, 여기에는 인신매매 목적지국으로서 일본 정부의 책임이 있다는 점을 환기시켜 인신매매 이민 여성에 대한 보호의 필요성을 강조한 것이다. 지원모임을 중심으로 한 피해자 보호 담론은 인신매매 이민 여성을 범법자·살해자에서 구출·보호해야 하는 피해자로 전환시키고, 이들에 대한 사회의 이해와 지원을 확대시키는 등(下館事件タイ3女性を支える

會, 1993) 일정한 역할을 했다. 그러나 피해자 보호 담론은 인신매매 문제를 강제 성매매 등 성적 착취에만 집중시킨 나머지, 오히려 인신매매 문제를 주변화하고 인신매매 여성을 순진무구하며 무력한 약자로 표상해냄으로써 시혜적 보호만 강조한다는 한계가 지적되었다(Kempadoo, Sanghera and Pattanaik, 2005; 靑山薫, 2007).

인신매매 이민 여성을 순진무구하고 무력한 약자가 아니라 인권을 보장받아야 하는 권리의 주체로 인식하며 인권 차원에서 인신매매를 논하는 담론을 제기한 단체가 '인신매매금지네트워크(Japan Network Against Trafficking in Persons: JNATIP)'다. 인신매매금지네트워크는 2003년에 인신매매, 여성에 대한 폭력, 재일외국인 인권침해와 관련된 전국 시민사회단체와 연구자, 법률가가 연계해 결성한 조직이다. 지원모임이 인신매매의 성적 착취 문제에 집중하며 피해 여성을 성적 착취로부터 보호해야 한다고 주장했다면, 인신매매금지네트워크는 인신매매를 일본으로 오는 아시아 여성 이민 유형의 하나로 파악하고, 국제 이주와 연계된 인신매매는 피해 여성에 대한 시혜적 보호만으로 근절할 수 없으며 좀 더 근본적인 인신매매 대책을 정부 차원에서 강구해야 한다고 주장했다. 인신매매 여성 이민자에 대한 단순 보호를 넘어 인권 보장과 귀국 후 사회 복귀, 권한 강화의 지원까지 포괄한 정책적 대응이 이루어져야 인신매매 방지와 근절이 가능하다는 것이다(JNATIP, 2009).

그러나 인신매매 여성 이민자에 대한 피해자 보호 담론이나 인권 담론은 인신매매의 실태와 구조적 문제, 이민 여성에 대한 인권침해의 심각성을 가시화하고 이슈화하는 데 영향을 미쳤지만, 실제로 일본 정부의 정책 대응을 이끌어내지는 못했다. 일본 정부는 이민 여성의 자기 선택과 자발성에 기인한 자기 책임론을 견지했기 때문이다. 인신매매 문제의 개인화를 우려하는 피해 담론이나 인권 담론은 인신매매와 관련된 일련의 형사 사건에 대해 극한 상황에서의 우발적 정당방위로 인정해야 한다고 주장했으나, 일본 사법부에서 정당방위가 인정된 경우는 없었다. 특히 요카이치 사건의 경우 2000년 국제사회가 「인신매매금지의정서」를 채택해 인신매매의 심각성을 인지하고 근절을 위한 대응의 필요성을 공유하는 상황에서 발생했지만, 일본은 「인신매매금지의정서」를 비준하지 않았고 정책적 대응을 위한 노력을 기울이지 않았다. 요카이치 사건 공판에서 "피고는 폭력단과 연계된 국제 인신매매 조직의 영리 목적의 유괴, 감금, 강제 성매매의 피해자로, 피고의 행위는 정당방위"라는 변호인의 주장이 기각되어 1심 (2003년 5월)과 2심(2004년 7월)에서 징역 7년형이 선고되었다. 2004년 10월 최고심에 상고되었으나 최고심은 불과 1개월 만에 상고 기각 결정을 내렸다(杉浦明道, 2005: 23). 피고가 인신매매의 피해자로 고려될 기회는 없었던 것이다.

한편 일본 사회에 외국인 이민자가 증가하고 이민자의 정주화가 진행되면서 일본이 강력한 체제 통합을 기조로 이민자를 치안 유지 목적의 관리 대상, 노동력으로만 파악하던 데서 나아가 다양한 문화적 배경을 지닌 생활자로 인식하는 변화가 나타나기 시작했다. 즉, 1990년대 중엽 다문화 공생 담론의 등장이다. 다문화 공생이란 다양한 국적과 문화적 배경을 지닌 주민이 상호문화적 차이를 인정하고 대등한 관계를 구축하며 더불어 사는 것이다(総務省, 2006). 이러한 일본의 다문화 공생 담론은 문화적 차이에 대한 인정만 강조하고 이민자의 문화적 권리나 시민권에 대한 논의는 누락되었다는 특징이 있다.

국제 이주가 증가하면서 서구의 이민 국가들은 시민권[4]을 재조정하며, 주류 시민에게 제한한 권리를 주변적 시민과 소수자에게 보편적으로 확대해왔는데, 그 과정에서 소수자가 지닌 문화적 권리의 중요성을 강조한 것이 다문화주의다. 이에 비해 일본의 다문화 공생은 시민권의 재조정 논의 없이 이민자의 문화적 차이만을 강조한다. 따라서 이민자의 문화적 차이는 인정되지만, 선주민과 이민자가 대등한 관계를 구축하는 단계에 이르지 못하고 언어적 수사 단계에 머무는 한계 또한 일본의 다문화 공생 담론에 내재되어 있다. 이러한 다문화 공생 담론은 아시아 인신매매 여성 이민자의 문제 등 현실적인 이민자 문제와 분리된 채 다문화 사회 일본의 긍정적 미래상을 제시하며 긍정적 이미지를 생산해나갔다.

4. 일본의 정책적 대응

1) 인신매매에 대한 국제사회의 대응

일본 정부가 인신매매에 관한 정책적 대응에 나선 것은 비판과 제도 정비의 노력을 촉구하는 국제사회의 압력 때문이다. 인신매매는 세계적 현상으로, 이미 반세기 전부터 국제사회가 공동으로 대처해야 할 과제로 인식되어 1949년 「인신매매 및 타인의 성매매로부터의 착취 금지에 관한 조약(人身賣買及び他人の賣春からの搾取の禁止に關する條約)」(이하 '1949년 조

---

4 여기에서 시민권은 포괄적 의미의 성원권(memberhship), 즉 특정 공동체에 소속된 구성원이 공유하는 일정한 수준의 삶과 기회를 누릴 권리를 의미한다. 토머스 험프리 마셜(Thomas Humphrey Marshall)의 고전적 논의에 따르면 시민권은 서구 역사에서 시민적 권리, 정치적 권리, 사회적 권리로 확대되어왔다.

약)이 체결되었다. '1949년 조약'은 노예제·인신매매를 금지하고 이를 위해 협약국의 국내법 정비와 국제 협력을 의무화했다. 그러나 이 조약은 인신매매가 무엇인지 명확히 규정하지 않은 상태에서 인신매매와 '타인의 성매매로부터의 착취'를 같은 의미로 사용했으며, 성매매로부터의 착취나 성매매업을 범죄행위로서 처벌하도록 협약국에 의무화할 뿐이었다. 인신매매에 대한 정의가 명확히 규정된 것은 2000년 11월 유엔총회에서 채택된 「인신매매금지의정서」에서다. 「인신매매금지의정서」 제3조는 인신매매에 대해 "착취를 목적으로 폭력, 기타 형태의 강제력에 의한 협박 및 그 행사, 유괴, 사기, 기망, 권력의 남용 또는 약한 입장의 악용 및 타인을 지배하에 두면서 사람을 채용, 운반, 이송, 수수하는 것"으로 명기하고, 인신매매의 유형으로 성적 착취, 강제 노동, 장기 매매를 든다(齋藤百合子, 2006: 67).

인신매매 문제가 현대판 노예제도로 국제사회에서 새롭게 부각된 것은 사람·상품·자본·정보가 국경을 쉽게 초월·이동하는 글로벌화가 심화되면서 인신매매가 국제 이주의 한 유형으로 가속적으로 확대되어 매년 전 세계에서 100~200만 명이 인신매매되고, 그 결과 폭리를 취하는 자와 새로운 피해자가 급증하고 있기 때문이다. 특히 피해자의 대다수는 저개발국가의 아동과 젊은 여성으로, 이들을 대상으로 국제 조직이 암약하고 있어 인신매매는 개별 국가 차원에서 대처하기 어려운 국제 이슈가 되었다(ILO駐日事務所, 2005). 인신매매를 국제 이주와 연계된 문제로 인식하고, 인신매매 여성 이민자가 처한 인권침해 상황에 주목한 국제이주기구는 각국에 인신매매 대책을 강구하도록 요청하는 한편, 1994년부터 인신매매 이민 여성 보호·지원·자립을 위한 국제적인 프로젝트를 기획·운영해 85개국에서 약 500개 사업을 실시하고, 1만 5000명의 피해자를 지원해왔다(IOM, 2009: xiii). 유엔 또한 2014년부터 7월 30일을 '세계 인신매매 반대

<표 9-8> 일본에 대한 국제사회의 비판

1994	유엔 여성차별철폐위원회 권고	일본 정부의 보고서에 아시아 국가들에서 온 여성 이민자에 대한 성적 착취 등의 문제가 반영되어 있지 않은 것에 실망의 뜻을 표명, '상업적 성적 착취' 또는 '이주 여성의 매매'에 대해 구체적이고 효과적인 조처를 취할 것을 권고
1998	유엔 자유권규약위원회 최종 견해	'풍속영업 등의 구제 및 업무의 적정화 등에 관한 법률'을 개정했지만 여전히 "여성에 대한 부정거래"가 존재하며 피해 여성 보호가 불충분한 것에 우려 표명
2000	인권 NGO '휴먼라이츠워치' 보고서	일본의 법제도에 가해자 처벌 조항이 불충분하고 불법체류자인 점을 들어 피해자를 범죄자로만 다루는 것을 비판하며, 인신매매에 특화된 정책이 없고 경찰관이나 출입국관리 직원이 이 문제에 무관심하다고 지적
2001	미 국무성 「인신매매보고서」	일본을 전체 3단계 중 2단계로 평가. 2003년까지 일본을 2단계 국가로 평가
2003	유엔 여성차별철폐위원회 최종 견해	일본 정부의 제5차 보고서를 심사한 최종 견해에서 인신매매 문제 확산에 대한 정보의 불충분함과 현행법하에 가해자 처벌이 관대한 것에 우려를 표명하고, 인신매매 대책을 강화할 것을 권고
2004	미 국무성 「인신매매보고서」	일본을 '특별감시대상국'으로 지정
	ILO 주일사무소 보고서	성적 착취를 목적으로 하는 일본의 인신매매에 대해 2003년 후반부터 2004년 3월까지 조사한 결과를 발표한 보고서. 실태를 확인하고 최근 일본 정부의 대응을 평가하면서도 보다 적극적인 대응을 촉구

자료: 岡村美穂子·小笠原美喜(2005: 5).

의 날'로 정하고 유엔 사무총장과 ILO 사무총장이 인신매매 근절을 위해 노력하겠다고 표명했다. 세계 각국도 1990년대 중반부터 국내 차원에서 인신매매 관련 정책을 입안하고 추진해오다 「인신매매금지의정서」를 비준하면서 본격적이고 체계적인 인신매매 대책을 수립하고 있다.

이러한 가운데 인신매매 목적지국이면서도 적극적인 정책 대응에 나서지 않는 일본을 향한 국제사회의 비판이 계속되었다. 1970년대부터 일본 남성의 아시아 섹스 관광에 대한 국제적 비판 여론이 비등하자, 일본은 1981년 출입국관리법을 개정해 쉽게 취득할 수 있는 흥행 자격을 신설함으로써 일본 남성이 해외로 나가는 대신 젊은 아시아 여성의 이주를 유인해왔다. 흥행 자격이나 일본인 배우자 자격을 이용해 인신매매된 아시아 이민 여성의 인권침해 상황에 대한 지적과 인신매매 근절을 위한 정책을 마련하라는 촉구가 이어졌지만, 일본은 개인의 자율적 선택에 반하는 인신매매나 그 피해자가 없다는 입장을 고수하며 「인신매매금지의정서」에도 서명하지 않았다.

일본이 이러한 입장에 변화를 나타낸 것은 2004년 미국 국무성의 「인신매매보고서(Trafficking in Persons Report)」에서 일본이 인신매매 특별감시대상국으로 지정되면서부터다. 「인신매매보고서」는 연차 보고서로, 2000년 법제화된 미국의 국내법인 인신매매피해자보호법에 근거해 2001년부터 매년 발표되고 있다. 세계 약 180여 개국의 인신매매 대책을 3단계로 평가하며 2단계에 속한 국가 중 피해자 수가 많거나 증가한 국가, 개선 대책이 충분하지 않은 국가는 특별감시대상국으로 별도 지정한다. 일본은 2001년에 2단계 평가를 받은 이후 2003년까지 2단계 국가에 위치했으나 2004년 보고서에서 인신매매 대책이 미흡하다는 이유로 특별감시대상국으로 지정된 것이다. 선진국 중 인신매매 특별감시대상국으로 지정된 곳은 일본이 유일하다(岡村美穗子·小笠原美喜, 2005: 4). 일본 정부는 특별감시대상국으로 지정된 2004년부터 인신매매 대책 마련에 착수했다.

2) 일본의 인신매매 대책과 다문화 공생 정책

우선 일본 정부는 2004년 내각에 '인신매매대책에 관한 관계부처연락회의'(이하 '연락회의')를 설치하고 「인신매매대책행동계획(人身取引對策行動計畫)」(이하 「행동계획」)을 책정했다. 연락회의의 의장은 내각관방부 장관보[5]이며, 일본의 여성 정책 기구인 남녀공동참획국과 경찰청 생활안전국, 법무성 종합외교정책국, 외무성 영사국, 외무성 출입국관리국, 문부과학성 생애학습정책국, 후생노동성 고용균등·아동가정국의 각 국장과 해상보안청 차장이 그 구성원이다. 연락회의는 2004년 4월부터 2011년 3월 현재까지 11차례 회의를 개최했고, 2004년 12월에 「행동계획」을 발표했다. 「행동계획」의 골자는 다섯 가지로, 첫째 「인신매매금지의정서」 비준, 둘째 인신매매 방지, 셋째 인신매매자 적발, 넷째 피해자 보호, 다섯째 홍보와 관계 기관과의 연계다. 일본 정부는 이와 같은 「행동계획」의 골자를 기본으로 2005년에 형법, 출입국관리법, 풍속영업적정화법을 개정하고 정부 차원의 인신매매 대책을 수립해, 2005년 「인신매매보고서」에서는 특별감시대상국에서 해제되어 2단계 국가로 평가되었다(內閣官房, 2008).

그러나 일본의 정책적 대응은 인신매매 방지와 인신매매자 적발에 중점을 두고 있어 피해자 보호가 불충분하다. 인신매매 방지와 적발을 위한 시책 또한 여성 이민자의 인권 보장 관점이 결여되어 치안 유지 차원에서 범죄 가능성이 있는 이민자의 입국을 차단하는 출입국관리 강화에 편중되어 있다. 인신매매 방지와 관련해 구체적으로 살펴보면, 우선 비판 대상이 되어온 흥행 자격의 입국을 통제하기 위해 법무성령을 개정해 취득 조건 중

---

5   일본의 정부 조직 중 하나인 내각관방(內閣官房)은 내각의 보조 기관으로 내각의 수반인 총리를 보좌·지원하는 기관이다. 구체적으로는 내각의 중요 정책을 기획·입안하고 부처 간 조정과 정보 수집·조사를 담당한다. 이 가운데 중요 정책에 관한 기획·종합·조정을 주요 임무로 수행하는 것이 내각관방부 장관보(內閣官房副長官補)다.

<표 9-9> 국제결혼과 외국인 아내의 국적별 추이 (단위: 년, 명)

구분	2006	2008	2010
국제결혼	44,701	36,969	30,207
한국·북한	6,041	4,558	3,664
중국	12,131	12,218	10,162
필리핀	12,150	7,290	5,212
태국	1,676	1,338	1,096
브라질	285	290	247
미국	215	215	233

자료: 厚生勞働省(2010)에서 필자 작성.

<표 9-10> 일본인 배우자와 흥행 자격 외국인등록자 수 추이 (단위: 년, 명)

구분	2006	2008	2010
일본인 배우자	260,955	245,497	196,248
흥행	21,062	13,031	9,247

자료: 法務省(2010)에서 필자 작성.

송출국의 국가 또는 지자체, 이에 준하는 공적·사적 기관이 인정하는 자격 취득을 제외시켜 심사 기준을 강화했다. 그리고 일본인 배우자 자격이 취로 활동에 제한을 받지 않아 인신매매 브로커들에 의해 이용되는 점을 감안해 위장·변조 여권을 단속하도록 여행법을 개정했으나, 일본인 남성과 위장 결혼한 아시아 여성의 적발이 주로 강조되었다(移住勞動者と連帶する全國ネットワーク, 2009).

이러한「행동계획」시행과 출입국관리 강화로 국제결혼은 2006년을 정점으로 급감하고 있으며, 일본인 배우자 자격이나 흥행 자격의 외국인등록자 수도 대폭 감소했다.

인신매매자의 적발과 처벌에 관해서는 형법 개정으로 인신매매죄가 신

구분		2001	2002	2003	2004	2005	2006	2007	2008	2009	2010	2011	합계
검거 건수		64	44	51	79	81	72	40	36	28	19	25	539
검거 인원		40	28	41	58	83	78	41	33	24	24	33	483
브로커		9	27	8	23	26	24	11	7	6	3	6	130
피해자	총수	65	55	83	77	117	58	43	36	17	37	25	613
	인도네시아	4		3		44	14	11					76
	필리핀	12	2		13	40	30	22	7	4	24	8	162
	태국	39	40	21	48	21	3	4	18	8		12	214
	대만	7	3	12	5	4	10		5	1		1	48
	루마니아					4							4
	콜롬비아	3	6	43	5	1							58
	한국				3	1	1	5				1	11
	호주					1							1
	에스토니아					1							1
	러시아				2								2
	라오스				1								1
	중국		4	2					1				7
	캄보디아			2									2

자료: 警視廳(2012).

설되어 인신매매가 범죄로 규정되었고, 미성년자 약취·유괴죄의 법정형과 체포·감금죄의 법정형 상한이 각각 징역 5년에서 7년으로 연장되었다. 이로써 인신매매가 범죄로 규정되고 인신매매자를 처벌할 수 있는 법적 근거가 마련되었으나, 인신매매 피해의 심각성을 고려할 때 2년의 형기 연장만으로는 미흡한 수준이라 할 수 있다. 개정법의 실제 운용에서도 지금까지 공공연히 인정되어온 성매매 등 성 산업에 대한 직접적 통제와 규제가 주를 이루었다. 이러한 점은 풍속영업적정화법 개정 내용에서도 나타난다. 인신매매 전과자는 풍속영업을 할 수 없도록 하고, 성 풍속영업자에 대해 취로자의 재류 자격 확인을 의무화해 불법체류 여성을 고용하지 못하도록 한 것이다.

일본의 인신매매 대책 중 가장 취약한 부분이 피해자 보호다. 인신매매 방지와 처벌은 법적 근거에 따라 추진되지만 피해자 보호를 의무화한 법제는 없기 때문이다. 피해자 보호는 경찰과 관할 부서의 인신매매 피해자 인지를 전제로 하며, 인지된 피해자가 원할 경우 일시 보호를 받을 수 있고, 국제이주기구의 귀국 지원 절차를 밟아 본국으로 귀국하게 된다.

이를 위해 후생노동성은 각 도도부현(都道府縣)[6]에 설치된 여성상담소에 기본적으로 피해자에게 상담 실시, 정보 파악, 귀국 절차 지원과 일시 보호를 시행하도록 통지했다. 피해자 보호와 관련해서는 출입국관리법상 인신매매 피해자로 인지된 경우에 한해 불법체류자일지라도 강제 퇴거를 면할 수 있도록 일정 기간 특별 재류를 허가하는 조항을 두었다. 이는 인신매매 피해자 대부분이 불법체류 상태인 탓에 피해자임에도 범죄자로 강제송환되어 귀국할 수밖에 없는 상황을 개선하기 위해 도입된 정책 수단이다. 그러나 보호의 필수 요건으로서 피해자 인지는 명확한 규정이 없어 경찰과 관할 부서의 재량에 따라 이루어지고 있으며, 인지 절차 자체가 매우 엄격해 인신매매 피해자로 인지되는 건수가 많지 않다. 피해자로 인지되더라도 일본에 재류할 수 있는 선택권은 없다. 피해자로 인지되면 합법적으로 귀국할 수 있고, 인지되지 못하면 불법체류자로 강제송환되어 귀국하는 것이다(人身賣買禁止ネットワーク, 2009).

---

6 도도부현은 일본의 광역자치체로 1도, 1도, 2부, 43현으로 구성되어 있다.

또한 인신매매 피해자 보호에서 주체를 행정기관인 여성상담소로 한정하고 민간의 여성의 집이나 여성 단체와 인권 단체를 배제한 것도 문제로 지적된다. 오랫동안 피해자를 보호하고 피해자의 인권 보장을 주장해온 시민단체의 경험이 인신매매 대책에 반영되지 못하고 있는 것이다. 성매매방지법 시행에서 성매매 여성의 일시 보호와 선도를 담당해온 여성상담소는 인신매매와 이민 여성에 대한 인식이 약하고 행정편의주의에 입각해 접근하는 경향을 나타낸다(渡邊美穗, 2009).

인신매매 특별감시대상국에서 제외된 이후에도 미국 국무성의 「인신매매보고서」는 일본의 인신매매 피해자 인지 건수가 적으며 피해자 보호 측면의 대책이 미흡하다고 지적했다. 일본 국내에서도 인신매매금지네트워크 등이 피해자의 인권 보호 등 인신매매 대책 강화를 요구하는 제안서를 제출하자 일본 정부는 2009년에 제2차 「행동계획」을 수립·발표했다. 새로 발표된 「행동계획」은 피해자 인지를 위한 조치를 추가했으며, 피해자 보호를 강화한 내용을 담고 있다. 그러나 제2차 「행동계획」에서도 인지 기준의 법제화 요구, 피해자에게 일시 보호뿐 아니라 의료, 심리적 케어, 법적 지원, 취업 훈련 등 중장기적 지원이 필요하며 인신매매 대책의 수립과 피해자 지원에 시민단체를 적극 참여시켜야 한다는 요구는 받아들여지지 않았다(JANTIP, 2009). 여성상담소에서 보호한 피해자 수는 2005년 117명에서 2006년에 36명, 2007년 36명, 2008년 8명으로 감소하고 있으며, 인신매매자 검거 건수도 전반적으로 감소 중이다(內閣官房, 2008).

한편 2005년부터 총무성에 '다문화공생추진에 관한 연구회'가 설치되어 2006년에는 이 연구회의 보고서를 바탕으로 「지역의 다문화 공생 추진 플랜(地域における多文化共生推進プラン)」이 작성되었다. 다문화 공생 담론이 중앙정부 차원에서 수용된 것이다. 다문화 공생 사회는 정보의 다언어

화, 일본어와 일본 사회에 관한 학습을 근간으로 하는 커뮤니케이션 지원과 거주·교육·노동환경·의료·복지·방재 등의 생활 지원, 그리고 지역 사회의 의식 개선과 외국인 주민의 자립·사회참여를 내용으로 하는 다문화 공생 지역 만들기를 통해 구축된다. 이를 추진하는 체계로 지자체에 다문화 정책 담당 기구를 설치해 지역의 국제교류협회, 기업, 시민단체와 연계·협동하는 방안이 모색되어 각 지자체에서 실시 중이다(總務省, 2006).

여성 이민자에 대한 지원과 보호는 이러한 다문화 공생 정책을 통해 추진된다. 광역지자체 대부분에서 다문화공생정책과나 국제교류과가 시민단체와 협력해 여성 이민자에게 생애 주기별 서비스를 제공하거나 생활 지원, 지역사회 참여를 제도화하고 있다. 그러나 모든 여성 이민자가 대상이라기보다는 결혼 이민 여성의 다문화 가정과 자녀 중심으로 시행된다. 국제결혼으로 매년 2만 명의 자녀가 출생하고 있어 결혼 이민 여성이 사회 통합의 매개로 인식되었기 때문이다. 다국어 지원을 통해 다문화 가정에 대한 상담 실시, 다문화 가정의 출산과 육아 지원, 결혼 이민 여성의 취직과 기업(起業)에 관한 정보 제공, 지역사회 만들기나 지역사회의 국제 교류에 결혼 이민 여성이 적극적으로 참여할 수 있는 방안 등이 지자체 정책의 공통 내용이지만 여성 이민자 개인에 대한 권리 보장은 약하다.

가가와 현(香川縣) 마루가메 시(丸龜市)처럼 지역사회의 양성평등을 추진하기 위해 여성 이민자 개인을 중시하는 정책을 실시하는 사례도 있다. 마루가메 시는 「남녀공동참획플랜마루가메(男女共同參畵プランまるがめ)」를 책정해 지역사회의 국제 교류, 여성 이민자의 자립 지원, 여성 이민자에 대한 기회 평등 보장과 정보 공개를 시행하고 있다(佐竹眞明, メアリー·アンジェリン·ダアイノ, 2006: 144~145). 그러나 성 인지적 이민자 정책을 수립하거나 주류 정책에 여성 이민자를 통합시키는 지자체는 많지 않다.

요컨대 다문화 공생 정책에는 폭력 피해를 입은 여성 이민자나 인신매매 피해자를 구제하는 수단이 결여되어 있다. 여성 이민자의 인권과 사회적 지위를 보장하기보다는 그때그때의 필요에 따라 여성 이민자를 선별·관리하며 아시아 여성의 이주를 유인해왔기 때문이다.

5. 나가며

지금까지 일본의 인신매매 여성 이민자에 대한 사회 담론과 일본의 정책적 대응을 살펴보았다. 인신매매는 일본으로 유입되는 아시아 여성 이주의 한 유형으로, 세계적인 경제구조, 계급, 인종, 젠더가 교차하는 곳에서 발생하는 문제이며, 이주하는 여성의 취약한 권력관계를 배경으로 한다. 일본 내 인신매매 아시아 여성 이민자에 대한 담론도 두 가지, 즉 개인의 자발성에 근거한 개인 책임론과 여성 이민자의 취약성을 중시해 피해자로서 보호해야 한다는 피해자 보호 담론이 형성되었다. 이와 달리 인권 차원에서 이들 여성을 인신매매 피해자로 규정하고 이들에 대한 보호와 인권 보장을 주장하는 담론이 여성 단체와 인권 단체에 의해 형성되는 가운데, 인신매매의 실태와 여성 이민자가 처한 인권침해 상황이 가시화·이슈화되기도 했지만, 일본 정부의 정책적 대응을 이끌어내지는 못했다.

일본 정부가 인신매매 대책을 본격적으로 추진한 것은 국제적인 비판이 계속되고 미국 국무성의 「인신매매보고서」에 일본이 특별감시대상국으로 지정되면서부터다. 그러나 일본의 인신매매 대책은 피해 여성의 인권을 보호하기보다는 출입국관리 강화를 통해 범죄 예비군의 이주 자체를 통제하는 방향으로 진행되었다. 이러한 치안 유지와 범죄 방지 차원의 인신매매 대책으로 인신매매 기소 건수와 피해자 발생 건수 등 인신매매 자체는 감소하고 있는 듯 보인다. 그러나 2010년 미국 국무성의 「인신매매보고서」가 지적하듯이 인신매매는 더욱 교묘히 잠재화되고 있으며, 여성의 성적 착취에서 노동 착취로 인신매매의 양태가 변화하고 있다. 강력한 출입국 관리가 일본 이주 자체를 감소시켜 외국인등록자 수는 2008년에 정점을 찍고 2010년에 213만 4151명으로 대폭 줄었다. 또한 2011년 3월 동일본 대지진의 여파는 일본으로의 국제 이주를 더욱 감소시켜 외국인등록자 수가 207만 8480명으로 줄었지만 여성의 이주는 여전히 증가하고 있다(法務省, 2015). 일본으로 이주한 아시아 여성은 성 산업에서 제조업으로 옮겨가고 있으며, 여성 이민자가 이제는 제조업에서 강제 노동, 임금 착취, 감금, 폭력을 경험하는 것으로 지적된다(U.S. Department of State, 2010). 치안 유지와 범죄 방지 차원의 접근만으로는 인신매매를 근절할 수 없고 피해자를 줄여나갈 수 없음을 나타내는 것이라 하겠다.

이러한 변화와 비판을 수용해 2014년 제3차 「인신매매대책행동계획」에는 노동 착취를 목적으로 한 인신매매 방지가 추가되었으며, 인신매매의 새로운 대상으로 지목된 외국인기능실습생에 대한 법적 보호를 주지시킬 것과 외국인기능실습생제도의 발본 개정, 노동기준관계법령의 엄중한 적용을 강조한다. 그러나 여전히 이민자의 입국 규제와 철저한 불법체류자 관리 등 양적 규제가 주요 수단이어서 인신매매 대책이 양적 감소에 치중되었다는 점에는 변화가 없다. 또한 인신매매 피해 여성을 위한 쉼터와 그 운용에서 여전히 시민단체의 참여를 인정하지 않는다(人身賣買禁止ネットワーク, 2014). 이제 일본의 인신매매 대책은 성적 착취에서 강제 노동까지 포괄하는 대책으로 확대되어야 하며 여성 이민자의 인권 차원에서 접근되어야 할 것이다. 그 과정은 지금처럼 국가가 배타적으로 독점하는

것이 아니라, 피해자 인권 보호에 대한 실질적 경험을 축적하고 담론을 형성·발전시켜온 여성 단체와 인권 단체를 위시한 다양한 사회 행위자와의 거버넌스 아래 추진되어야 한다.

한편 일본의 다문화 공생 정책은 시행된 지 10년 이상이 지나면서 최근 주민 통합을 강조하고 있다. 그 이유는 우선, 다문화 공생이 오히려 이민자 집중 거주 지역의 게토화와 이민자 우대라는 비판을 초래한다는 것이다. 일본의 경우 다른 서구 수용국들과 달리 전체 이민자 중 아시아인이 차지하는 비율이 높은 가운데, 아시아인의 집주 지역이 게토화하는 경향이 나타나며 지역 주민과 마찰이 발생하고 있다. 도쿄(東京) 신주쿠(新宿)의 경우 프랑스인 집주 지역인 가구라자카(神樂坂)에는 지역 주민과의 마찰이 없으나 한인 타운이 있는 오쿠보(大久保)에서는 증오 연설(hate speech)이 벌어진다. 아시아인 집주 지역의 게토화나 아시아인에 대한 증오 연설의 배경에는 인종주의도 있지만 다문화 공생이 아시아인에게 특혜를 베푼다는 주장도 있다. 다문화 공생은 국적과 문화적 다양성을 상호 인정하고 대등한 관계를 구축한다는 의미이지만, 실제로는 일본인이 지원하고 가르치는 입장이며 아시아인은 도움을 받고 배우는 입장에 머무른다는 것이다. 다문화 공생에 대한 비판은 일본의 장기 불황과도 관련이 있다. 20년간 지속된 경기 침체 속에서 일본의 지자체는 재정 건전화를 위해 지역 주민에게 고통 분담을 호소하며 낭비를 없애려 노력해왔다. 그러한 가운데 이민자의 일본어 학습 등 커뮤니케이션을 지원·상담하고, 주거와 의료 등에 생활 지원을 하며, 다문화 공생 지역 만들기에 이민자를 참여시키는 것이 아시아인에 대한 특혜처럼 여겨져 재정 낭비로 인식되는 측면도 있다.

이에 일본은 주민 통합에 힘을 기울이고 있다. 다문화 공생이 이민자를 대상으로 지원하는 정책이었다면 주민 통합은 모든 정책에서 이민자와 일본인의 구분을 없애는 것이다. 이러한 변화는 우선 법제도의 변화로 나타났다. 1952년 제정 이래 50년간 유지되어온 외국인등록법이 2012년 7월에 폐지되었다. 이제 이민자도 세대별로 주민기본대장의 작성 대상이 되어 주민표의 기초 정보를 기반으로 국민건강보험, 개호보험, 국민연금 등 사회보장 서비스와 기타 행정 서비스를 받게 되었다(總務省, 2013).

그러나 주민 간의 문화적 차이와 다양성 공존을 지향한다는 다문화 공생 정책과 마찬가지로, 이제 내국인과 이민자의 구별을 없애고 지역공동체의 주민으로서 이민자를 주류 정책에 통합시키겠다는 주민 통합에 이민자의 시민권 논의는 결여되어 있다. 이민자의 문화적 차이와 다양성은 인정하지만 주민 통합의 대전제로서 대등한 관계 구축을 위한 시민권은 여전히 논외인 것이다. 따라서 재일 한국인은 4세대에 걸쳐 일본 사회의 구성원임에도 불구하고 여전히 선거권을 부여받지 못하고 있다. 일본은 주민 통합을 표방하면서도 기타 이민자와 달리 재일 한국인에게 특별영주카드를 발급한다. 이러한 인종주의는 몰성적인 다문화 공생 정책하에서 성을 매개로 여성에게 더욱 억압적으로 작용해왔다. 일본이 생산해온 긍정적인 다문화 공생과 주민 통합이 가능하려면 인신매매 문제를 포함한 이민자 문제에 시민권과 여성의 인권을 근거로 접근할 필요가 있다.

참고문헌

김민정. 2010. 「여성이민자는 이민의 수혜자인가?: 프랑스 내의 북아프리카 출신 여성이민자의 경우」. ≪유럽연구≫, 28권 2호, 25~61쪽.

문경희. 2011. 「명예살인을 둘러싼 스웨덴의 논쟁과 정책적 대응」. ≪국제정치논총≫, 51집 2호, 135~159쪽.

이지영. 2012a. 「일본의 이주자정책이 여성이주에 미치는 영향: 출입국관리정책, 이주노동자정책, 통합정책을 중심으로」. ≪국제정치논총≫, 52집 2호, 257~287쪽.

_____. 2012b. 「일본에서의 아시아 이주여성에 대한 사회 담론과 정책적 대응: 인신매매를 중심으로」. ≪아시아여성연구≫, 51권 2호, 73~101쪽.

青山薫. 2007. 『セックスワーカーとは誰か-移住・性労働・人身取引の構造と経験』. 東京: 大月書店.

移住労働者と連帯する全国ネットワーク. 2009. 『多民族・多文化共生社会のこれから』. 東京: 現代人文社・大学図書.

稲葉奈々子. 2008. 「女性移住者と移住システム-移住の商品化と人身賣買」. 伊藤るり・足立真理子 編. 『国際移動と連鎖するジエンダー』. 東京: 作品社.

大野聖良. 2008. 「「ジャパゆきさん」をめぐる言説の多様性と差異化に関する考察」. ≪お茶の水女子大学人間文化創成科学論叢≫, 11号.

大津恵子. 2007. 「[第二回講演会] 人身賣買の現状と法的課題」. ≪神奈川大学研究年報≫, 25号.

岡村美穂子・小笠原美喜. 2005. 「日本における人身取引対策の現状と課題」. ≪調査と情報≫, 485号.

久保山亮. 2009. 「人の国際移動をめぐる国家主権概念と多国間主義の再検討」. 日本比較政治学界 編. 『国際移動の比較政治学』. 京都: ミネルヴァ書房.

警察庁. 2005. 『平成16年度警察白書』.

_____. 2012. 「平成23年中における人身取引事犯」.

厚生労働省. 2006. 「夫妻の国籍別にみた婚姻件数の年次推移」.

_____. 2010. 「夫妻の国籍別にみた婚姻件数の年次推移」.

斎藤百合子. 2006. 「人身賣買被害者とは誰か-日本政府の「人身取引」対策における被害者認知に関する課題」. ≪アジア太平洋レビュー 2006≫, 67号.

佐竹真明, メアリー・アンジェリン・ダアイノ. 2006. 『フィリピン-日本国際結婚』. 東京: めこん.

女性の家サーラー. 2002. 『女性の家サーラー10年のあゆみ』.

人身賣買禁止ネットワーク・お茶の水女子大学21世紀COEプログラム「ジェンダー研究のフロンティア」. 2005. 『日本における人身賣買の被害に関する調査研究』.

人身賣買禁止ネットワーク. 2009. 「人身賣買禁止ネットワーク提案 2009」.

_____ 2014. 「「人身取引対策行動計画2014」案に対する意見」.

杉浦明道. 2005. 「なぜ被害者が裁かれるのか-四日市タイ女性人身賣買事件から見えてくるもの」. ≪部落開放≫, 548号.

総務省. 2006. 「多文化共生の推進に関する研究会報告書-地域における多文化推進に向けて」.

_____. 2013. 「外国人住民に係る住民基本台帳制度について」.

法務省. 1990/2000/2010. 「外国人登録者数統計について」.

_____. 2005/2010/2015. 「在留資格別外国人登録者数推移」.

_____. 2015. 「國籍別外國人登録者數の推移」.

下館事件タイ3女性を支える会. 1993. 「下館事件・タイ3女性の記録」.

渡邊美穂. 2009. 「女性関連施設における人身取引に関する教育啓発事業-実態調査から」.

ILO駐日事務所. 2005. 『日本における性的搾取を目的とした人身取引 日本語版』.

IOM. 2009. 『人身取引被害者支援のためのIOMハンドブック 日本語版』.

JNATIP. 2009. *Observation by JNATP We need the new legislation*.

Kempadoo, K., J. Sanghera and P. Pattanaik. 2005. *Trafficking and Prostitution Reconsidered: New Perspectives on Migration, Sexwork, and Human Right*. Boulder: Paradigm Publishers.

Oishi, N. 2005. *Women in Motion*. Stanford: Stanford University Press.

Okin, S. M. 1998. "Feminism and Multiculturalism: Some Tention." *Ethics*, 108(4).

Schmidt, V. A. 2000. "Values and Discourse in the Ploitics of Adjustment." in F. W. Scharpf and V. A. Schmidt(eds.). *Welfare and Work in the Open Economy*. Oxford: Oxford University Press.

U.S. Department of State. 2010. *Trafficking in Persons Report 2010*.

알리는 글

이 책의 일부 글들은 다른 지면을 통해 이미 발표된 바 있다. 글들은 책의 편제에 맞게 일부 수정되어 재수록되었다. 원래 저자, 제목, 발표 지면은 다음과 같다.

서론 최현덕. 2010. 「다문화주의와 여성주의 사이의 갈등에 전제되어 있는 문화개념에 관하여: 여성 디아스포라의 관점에서」. ≪사회와 철학≫, 20호, 259~284쪽.

제1장 문경희. 2011. 「명예살인을 둘러싼 스웨덴의 논쟁과 정책적 대응」. ≪국제정치논총≫, 51집 2호, 135~159쪽.

제2장 김민정. 2012. 「여성성기절제(Female Genital Mutilation)를 둘러싼 프랑스의 논쟁」. ≪21세기정치학회보≫, 22집 2호, 171~193쪽.

제3장 김욱. 2012. 「다문화주의와 여성주의의 충돌: 미국의 문화적 항변 사례를 중심으로」. ≪아시아여성연구≫, 51권 2호, 49~72쪽.

제4장 전복희. 2012. 「독일에서 이슬람 이주민의 강제결혼에 대한 사회적 논의와 사회통합정책에 미친 영향」. ≪21세기정치학회보≫, 22집 2호, 153~168쪽.

제5장 문경희. 2012. 「호주 무슬림 여성의 베일과 '호주성' 논쟁: 문화적 인종주의 시각에서」. ≪아시아여성연구≫, 51권 2호, 7~48쪽.

제7장 박채복. 2013. "Cultural Diversity and Gender Equality: Discourse on Muslim Women's Veil in Europe." *The Korean Journal of Area Studies*, Vol.31, No.2, pp.179~208.

제8장 김경미. 2015. 「동유럽 로마(Roma)공동체에서의 다문화주의와 페미니즘의 갈등」. ≪한독사회과학논총≫, 25권 3호, 75~100쪽.

제9장 이지영. 2012. 「일본에서의 아시아 이주여성에 대한 사회담론과 정책적 대응: 인신매매를 중심으로」. ≪아시아여성연구≫, 51권 2호, 73~102쪽.

찾아보기

지은이

최현덕
이화여자대학교 철학과 졸업
독일 브레멘 대학교 철학 박사
코스타리카 대학교 철학과 교수, 한국 및 동아시아학 담당 교수
사회철학 전공, 여성철학, 상호문화철학, 한국학에 관심

문경희
부산외국어대학교 언어학과 졸업
호주 국립대학교 정치·국제관계학 박사
창원대학교 국제관계학과 교수
젠더정치 전공, 호주 정치, 감정의 정치에 관심

김민정
연세대학교 정치외교학과 졸업
프랑스 파리 2대학교 정치학 박사
서울시립대학교 국제관계학과 교수
비교정치 전공, 유럽 정치, 프랑스 정치, 여성 정치에 관심

김욱

연세대학교 정치외교학과 졸업

미국 아이오와 대학교 정치학 박사

배재대학교 정치언론안보학과 교수

비교정치(선거, 정당, 의회) 전공, 여성 정치, 다문화주의에 관심

전복희

이화여자대학교 정치외교학과 졸업

독일 마르부르크 대학교 정치학 박사

한국항공대학교 강사, 한국여성정치문화연구소 이사

정치사상 전공, 여성 정치, 독일 정치에 관심

최정원

연세대학교 정치외교학과 졸업

연세대학교 정치학 박사

연세대학교 학부대학 선임연구원 겸 동서문제연구원 객원교수

의회정치 전공, 여성 정치, 복지 정책에 관심

박채복

숙명여자대학교 정치외교학 석사

독일 마르부르크 대학교 정치학 박사

숙명여자대학교 아시아여성연구소 연구교수

유럽 정치 전공, 독일 정치, 여성 정치에 관심

김경미

서강대학교 정치외교학과 졸업

독일 마르부르크 대학교 정치학 박사

한국여성의정 전문위원

정치경제 전공, 여성 정치, 중유럽·동유럽 정치에 관심

이지영

한국외국어대학교 통번역대학원 한일과

일본 쓰쿠바 대학교 정치학 박사

연세대학교 미래사회통합연구센터 연구교수

일본 정치 전공, 여성 정치에 관심

한울아카데미 2015

다문화주의와 페미니즘

ⓒ 김민정·김경미, 2017

엮은이 김민정·김경미 ㅣ 펴낸이 **김종수** ㅣ 펴낸곳 한울엠플러스(주)

초판 1쇄 발행 **2017년 7월 20일** ㅣ 초판 2쇄 발행 **2018년 10월 25일**

주소 **10881 경기도 파주시 광인사길 153 한울시소빌딩 3층**
전화 **031-955-0655** ㅣ 팩스 **031-955-0656** ㅣ 홈페이지 www.hanulmplus.kr ㅣ 등록번호 제406-2015-000143호

Printed in Korea.
ISBN 978-89-460-7015-8 93330

* 책값은 겉표지에 표시되어 있습니다.
* 이 책은 강의를 위한 학생용 교재를 따로 준비했습니다. 강의 교재로 사용하실 때는 본사로 연락해주시기 바랍니다.